Andreas Speit (Hrsg.)

Reichsbürger

Die unterschätzte Gefahr

bpb:
Bundeszentrale für
politische Bildung

Hinweise zum Herausgeber sowie zu den Autorinnen und Autoren finden sich ab Seite 213.

Editorische Bemerkung:
Da sich der Begriff Reichsbürger im Alltagssprachgebrauch durchgesetzt hat, haben sich Herausgeber und Verlag dafür entschieden, ihn zum Zwecke der besseren Lesbarkeit durchgängig und ohne Anführungszeichen zu verwenden, auch wenn uns bewusst ist, dass darunter verschiedene Strömungen zu fassen sind und einige Akteure aus der Szene ihn für sich selbst nicht verwenden.

Bonn 2018
Sonderausgabe für die Bundeszentrale für politische Bildung
Adenauerallee 86, 53113 Bonn

Umschlaggestaltung: Naumilkat – Agentur für Kommunikation und Design, Düsseldorf
Umschlagfoto: © Daniel Karmann / picture-alliance / dpa. Das Haus des Reichsbürgers, der im Oktober 2016 tödliche Schüsse auf einen Polizeibeamten abfeuerte, Georgensgmünd, Bayern, 20.10.2016.

Satz: Eugen Lempp, Ch. Links Verlag
Druck und Bindung: Druckerei F. Pustet, Regensburg

ISBN 978-3-7425-0184-4

www.bpb.de

Inhalt

Andreas Speit

Reichsbürger – eine facettenreiche, gefährliche Bewegung

Einleitung

Mord. Der Urteilsverkündung des Landgerichts Nürnberg-Fürth hörte Wolfgang Plan ohne sichtbare Regung zu. Lächelnd hatte er den Schwurgerichtssaal 600 betreten. Das muntere Gesicht des 50-Jährigen wurde aber schnell zur starren Maske. Am 23. Oktober 2017 verurteilte ihn das Gericht zu einer lebenslangen Haftstrafe: wegen heimtückischen Mordes, zweimal versuchten Mordes und gefährlicher Körperverletzung. In den frühen Morgenstunden des 19. Oktobers 2016 war das Spezialeinsatzkommando (SEK) zu Plans Haus im fränkischen Georgensgmünd vorgerückt, um 31 Lang- und Kurzwaffen zu beschlagnahmen. Bei den Behörden galt er wegen seiner Reichsbürgerideologie als nicht mehr zuverlässig. Ohne Vorwarnung eröffnete Plan, geschützt durch eine schusssichere Weste, aus dem Hinterhalt das Feuer auf die Polizisten. Der Beamte Daniel E. versuchte gerade mit einen Hydraulikgerät die teilverglaste Wohnungstür im ersten Stock zu öffnen – ohne Waffe und Schutzschild. Elf Kugeln feuerte Plan ab, sieben davon trafen E. Eine verwundete den 32-Jährigen tödlich. Das Gericht wertete dies als Beweis dafür, dass der Angeklagte nicht in Panik, sondern sehr gezielt geschossen habe. Seine Verteidigung hatte dagegen auf Notwehr plädiert und von fahrlässiger Tötung gesprochen, da ihr Mandant von Einbrechern ausgegangen sei. Vor der Erstürmung des Gebäudes hatte das SEK allerdings Blaulicht und Martinshörnen eingeschaltet, »Achtung Polizei« war vor dem Haus erschallt. Bei dem Schusswechsel verletzte Plan einen weiteren Beamten schwer und zwei Beamte leicht. Die Richterin hob als weiteren Beweis, dass Plan sich auf einen Polizeieinsatz vorbereitet hatte, die Aussage eines Zeugen hervor, wonach Plan zuvor gesagt habe: »Bei mir kommen die nicht rein«, und: »Ein paar von denen nehme ich mit.«

Niedere Beweggründe sah das Gericht durch die Reichsideologie angelegt. Die Richterin führte aus, dass Plan »die Gesetze der Bundesrepublik nicht anerkennen« würde. Er habe seinen eigenen Staat gegründet und in einer »Proklamation« angekündigt, seinen »Besitz und sein Eigentum« mit »Blut, Eisen und Feuer« und der »Gewalt, die notwendig ist« zu verteidigen. In Plans Weltsicht sei nicht der Mensch Daniel gestorben, so die Richterin, sondern bloß ein Amtsträger.

In den Wochen vor der Verurteilung waren Anhänger der heterogenen Bewegung der Reichsbürger immer wieder durch militante Aktionen aufgefallen. Im bayerischen Memmingen verurteilte das Amtsgericht einen Reichsbürger zu zwei Jahren Haft wegen gefährlicher Körperverletzung. Der 73-jährige Rentner hatte 2016 bei einer Durchsuchung einen Polizeibeamten mit Pfefferspray attackiert. In der mecklenburg-vorpommerischen Landeshauptstadt Schwerin fragt ein Postbote einen Reichsbürger, ob er ein Paket für den Nachbarn annehmen könne. Daraufhin parkte der 40-Jährige den Postboten zu und schlug auf eine Scheibe des Transporters ein. Den Boten verletzte er. Mehrere Einsatzkräfte mussten anrücken.

Die Bewegung der Reichsbürger mit sehr unterschiedlichen Akteuren expandiert und radikalisiert sich. Dieses Milieu mit mehr als 15 000 Anhängern hat viele Differenzen – politische und persönliche. Sie alle eint aber die Ideologie, dass ein deutsches Reich in den Grenzen von 1871, 1918 oder 1933 weiter bestehen würde und die Bundesrepublik kein völkerrechtlich anerkannter Staat, sondern vielmehr nach 1945 ein unsouveränes Staatskonstrukt der Alliierten oder eine Firma »BRD GmbH« entstanden sei.

Etwa 900 Anhänger dieser Reichsvorstellungen ordnete das Bundesinnenministerium im September 2017 der extremen Rechten zu. In einem vertraulichen Lagebericht für die Jahre 2016 und 2017 mit dem Titel »Reichsbürger/Selbstverwalter« schreibt das Bundeskriminalamt (BKA), dass die Bewegung zur »äußersten Gewalt bis hin zu terroristischen Aktionen« bereit sei. Das BKA registrierte im Berichtszeitraum 13 000 Straftaten, 750 Delikte waren Gewalttaten. Über 700 Taten richteten sich gegen Mitarbeiter von Behörden.

Militanz

Seit dem 19. Oktober 2016, dem Tag des tödlichen Schusses in Georgensgmünd, betrachten Staatsapparat und Sicherheitsorgane die Reichsbürger-Bewegung anders. Nicht alle Reichsbürger, Selbstverwalter und Souveränisten hängen einer geschlossenen, extrem rechten Ideologie an. Die staatlichen Reaktionen und auch die mediale Resonanz auf die Tat von Plan spiegelten aber eine gesellschaftliche Entwicklung wider, die Beratungsstellen von Opfern rechter Gewalt schon länger beklagt hatten. Für das Jahr zuvor schätzte das Bundesinnenministerium die rechtsextreme Szene auf 12 100 Anhänger, wovon mehr als die Hälfte potenziell gewaltbereit sei. Es ist »der höchste Stand, seit diese Zahl statistisch erfasst wird«, bekannte Bundesinnenminister Thomas de Maizière (CDU). Auch die Zahl rechtsextremistischer Gewalttaten stieg nach der besonders starken Zunahme im Jahr 2015 weiter auf 1600 an, so de Maizière bei der Vorstellung des Bundesverfassungsschutzberichts 2016.

Doch die alltägliche Gewalt gegen Andersdenkende, wozu auch Übergriffe von Reichsbürgern gehören, findet nach Einschätzung der Opferberatungen keine ausreichende Beachtung in der Öffentlichkeit. In den Beratungsnetzwerken für Demokratie und in den Expertenkreisen zu Rechtsextremismus wurde schon länger darauf hingewiesen, dass die Reichsbürger-Bewegung nicht beim »Papierterrorismus« stehen bleibe. Reichsbürger fielen nicht nur dadurch auf, dass sie ihre Personalausweise abgaben oder Behördenpost ungeöffnet zurücksandten. Sie griffen Behördenmitarbeiter in den vergangenen Jahren wiederholt verbal und körperlich an.

Im Februar 2012 hatte die *Reichsbewegung – Neue Gemeinschaft von Philosophen* bereits Drohbriefe an Moscheen und jüdische Gemeinden verschickt, in denen sie »alle raum-, wesens- und kulturfremden Ausländer in Deutschland, insbesondere (…) Türken, Muslime und Negroide«, zur Ausreise aufforderten und zugleich drohten, die Zuwiderhandelnden nach der gesetzten Frist standrechtlich zu erschießen. Doch die gesamte Bewegung wurde lange Zeit von den Behörden als Ansammlung von Spinnern und Verrückten abgetan.

Pathologisierung einer politischen Bewegung führt erfahrungsgemäß zu einer Relativierung ihrer Ideologien, Radikalität und Etablierung. Längst finden sich aber heute Anhänger der verschiedenen Reichsideen auch in der Mitte der Gesellschaft – vom Polizeibeamten bis zum Anthroposophen. In Süddeutschland ermittelte im Fall von Wolfgang Plan die Staatsanwaltschaft Nürnberg-Fürth auch gegen einen Polizeikommissar, der per Handy-Chat-Gruppe Kontakt zu dem Reichsbürger gehabt haben soll. Sie hält dem 51-jährigen Beamten vor, Plan gekannt und die Polizei nicht vor dessen Gefährlichkeit gewarnt zu haben. Insgesamt zehn Disziplinarmaßnahmen leitete das bayerische Innenministerium inzwischen gegen Polizeibeamte wegen deren Nähe zur Reichsbürger-Bewegung ein. Einzelne besaßen Reichsbürger-Ausweise, in denen »Königreich Bayern« oder »Königreich Sachsen« als Geburtsorte angegeben waren.

Im hohen Norden trennte sich die Freie Waldorfschule Rendsburg von einem Mitarbeiter der Schulverwaltung. Am 18. September 2014 suspendierte der Vorstand den Geschäftsführer, da er seine Beziehungen zur Reichsbürger-Bewegung »nicht überzeugend« ausräumen konnte. Über Wochen belasteten die Kontakte des ansonsten geschätzten Kollegen zur Gruppe *Neudeutschland* und zum *Deutschen Polizei Hilfswerk* die Stimmung an der Schule mit anthroposophischer Ausrichtung. Im April 2015 bestätigte das Arbeitsgericht Kiel die fristlose Kündigung. Nach der erzielten Einigung muss die Waldorfschule dem 61-Jährigen allerdings 17 666 Euro Abfindung zahlen. Erfolglos hatte der ehemalige Geschäftsführer versucht, im Gerichtsprotokoll aufnehmen zu lassen, dass die Vorwürfe »nicht weiter aufrechtgehalten« würden.

Eine gesamtdeutsche Studie zur Personalstruktur der Reichsbürger-Bewegung liegt bisher nicht vor. Eine Erhebung in Brandenburg, basierend auf polizeibekannten 121 Reichsbürgern, ergab allerdings, dass 80 Prozent Männer und 20 Prozent Frauen in der Bewegung vertreten sind. Das Durchschnittsalter liegt bei 50 Jahren. Zwei Drittel bewegen sich in der Altersspanne von 39 bis 60 Jahren. »Der Anteil alleinstehender, sozial isolierter Personen ohne Arbeit bzw. im Ruhestand oder Vorruhestand scheint deutlich erhöht«, schreibt Jan-Gerrit Keil 2015 unter dem Titel »Zwischen Wahn und Rollenspiel« in dem Handbuch »Reichsbürger«, herausgegeben von Dirk Wilking. In der Bewegung seien zugleich auch Ehepaare und familiäre Dyaden (z. B. Vater und Sohn oder Brüder) vertreten. 70 Prozent der polizeibekannten Anhänger waren zuvor strafrechtlich nicht aufgefallen.

Inspirateure

Die Daten sind ernüchternd. Die Sehnsucht nach dem untergegangenen Deutschen Reich ist aber noch immer bei vielen vorhanden. Schon bald nach der Niederlage des Nazi-Reiches am 8. Mai 1945 propagierten extrem Rechte den Fortbestand des Reiches und gründeten entsprechende Parteien, die teilweise jedoch wieder verboten wurden. Eine nachhaltige Wiederbelebung des Reichsgedankens erfolgte am 12. September 1985. An diesem Tag übergab Wolfgang Gerhard Günter Ebel aus Berlin-Zehlendorf nach eigenen Angaben dem Regierenden Bürgermeister von Berlin eine von ihm selbst formulierte Ernennungsurkunde. Der ehemalige Reichsbahn-Fahrdienstleiter ernannte sich darin zum »Generalbevollmächtigten des Deutschen Reiches«, was die Ämter des »Reichskanzlers« und des »Reichspräsidenten« des 2. Deutschen Reichs, also der Weimarer Republik, mit einschloss. Am Briefkasten am Gartenzaun seines Reichsbahn-Häuschens am Königsweg brachte er die Aufschrift an: »Kommissarische Reichsregierung (KRR). Der Reichskanzler. Wolfgang Gerhard Günter Ebel«. Auf dem Anrufbeantworter meldete sich eine Stimme mit den Worten: »Büro der Kommissarischen Reichsregierung. Provisorischer Amtssitz des Reichskanzlers. Wenn Sie eine Nachricht hinterlassen wollen, melden Sie sich bitte mit Namen, Dienststelle und Datum.« Angeblich sei der 1939 Geborene von der britischen Besatzungsmacht für dieses Amt bestimmt worden. Als dies später von London bestritten wurde, berief er sich auf die »Hauptsiegermacht« USA. Dem US-amerikanischen Stadtkommandanten hatte er seine Sicht der Dinge per Einschreiben mit Rückschein geschickt. Da innerhalb von 21 Tagen kein Widerspruch gekommen war, sah der »Reichskanzler« seine Ansprüche und Anträge als genehmigt an. Bis heute eine gängige Praxis in der Bewegung. Ebel, der 1980 nach einem S-Bahn-Streik seine Anstellung verloren hatte, erfand als »Reichskanzler« eine neue Einnahmequelle, die auch andere Reichsbewegte bis heute nutzen: Er bot gegen Geld Personalausweise, Reisepässe, Führerscheine und weitere Papiere an, die angeblich alle rechtsgültig seien. Eine Staatsbürgerschaftsurkunde gab es für 20 Euro, für einen Reichspersonalausweis und ein Kfz-Kennzeichen verlangte er anfangs 40, später bis zu 100 Euro. Für die Teilnahmegebühr von 250 Euro hielt er Lehrgänge zum »reichsrechtlichen Rechtsbeistand« ab. Zudem betrieb er einen »Reichsgerichtshof«, der per Post gegen Beamte und Gegner Haftstrafen und Todesurteile aussprach.

Mit dem Bezug zur Weimarer Republik begründete Ebel die Nichtanerkennung der aktuellen deutschen Grenzen. In seinem Büro hing eine Deutschlandkarte in den Grenzen zwischen 1919 und 1933. Er wusste auch, wer Deutschland und die Welt in Wirklichkeit regiere: »Amerika hat den Staat Deutsches Reich beschlagnahmt. Hinter Amerika steht die geheime Weltregierung. Wer die geheime Weltregierung ist, das weiß man ja. (…) Der Präsident, der sitzt in Israel!«

Mit dem Internet gewann Ebel mehr Resonanz. Um die 100 Anhänger soll die KRR nach Recherchen der »taz« im Jahr 2000 gehabt haben. Doch im Jahr 2008 musste Ebel seinen vermeintlichen Amtssitz aufgeben – er wurde zwangsgeräumt.

Vier Jahre zuvor war eine Strafanzeige gegen Ebel wegen Betrugs eingestellt worden. Die Staatsanwaltschaft Mühlhausen hatte ihn am 24. Juni 2004 für schuldunfähig erklärt, da seine »Aktivitäten für die sogenannte *Kommissarische Reichsregierung* die Ausprägung einer geistigen Erkrankung« seien. Ebel, der seine Aktivitäten immer gut zu vermarkten wusste, prägte über längere Zeit das Bild der Reichsbürger. Die Einstufung seiner Schuldunfähigkeit dürfte die pauschale Einschätzung der Bewegung als verschroben befeuert haben. Ebel verstarb mit 75 Jahren am 29. Dezember 2014. Seine geistigen Nachfolger trieben nicht nur die Ideologie des Reiches voran, sie begannen auch, die Konfrontation mit dem Staat zu suchen, dessen Legitimität sie nicht anerkannten.

Projekte

Bereits zu Lebzeiten musste der »Reichskanzler« mit ansehen, dass Abtrünnige neue Regierungen gründeten, darunter Norbert Schittke seine *Exilregierung Deutsches Reich* oder Volker Ludwig die *Kommissarische Reichsregierung* (KRR). Viele der späteren Reichsregierungen sind Abspaltungen von der KRR, wobei sie Titel, Argumentationen und Aktionsformen übernommen haben. Inzwischen hat sich ein äußerst heterogenes Spektrum herausgebildet, das feste Organisationen, zeitweilige Projekte, locker strukturierte Unterstützergruppen und eigene Medien umfasst. In den vergangenen Jahren fielen unter anderem die folgenden Projekte auf (in alphabetischer, nicht historischer Abfolge):

- Amt für Menschenrechte
- Arbeitsgemeinschaft Staatlicher Selbstverwaltungen
- Aufbruch Gold-Rot-Schwarz
- Bewusst TV (Johannes »Jo« Conrad)
- Das Deutschlandprojekt
- Der Honigmann (Webblog, Ernst Köwing)
- Deutsche Nationalversammlung (Partei)
- Deutsche Pressestelle für Völkerrechte und Menschenrechte
- Deutsches Kolleg
- Deutsches Polizei Hilfswerk (Volker Schöne)
- Europäische Aktion
- Exilregierung Deutsches Reich (Norbert Schittke)
- Freistaat Preußen (Rigolf Hennig)
- Geschäftsführende deutsche Reichsregierung
- Interim Partei Deutschland Das Reich
- Kommissarische Reichsregierung, 2tes Deutsches Reich, Amtierende Reichsregierung (Wolfgang Gerhard Günter Ebel)
- Königreich Deutschland, Neudeutschland, Lichtzentrum Wittenberg (Peter Fitzek)
- Neue Ordnung
- Recht und Wahrheit (Meinolf Schönborn)
- Reichsbewegung – Neue Gemeinschaft von Philosophen
- Reichsbewegung, Völkische Reichsbewegung (Horst Mahler, Sylvia Stolz)

- Republik Freies Deutschland, Freies Deutschland (Peter Frühwald)
- Runder Tisch Berlin
- Selbstverwaltung Thomas Patzlaff
- Staat Germanitien
- Staat Ur
- Staatenlos.info, Der blaue Punkt (Rüdiger Klasen – früher Hoffmann)
- Unglaublichkeiten Neuschwabenland Forum (Dr. Axel Stoll)
- Vereinigung Einiges Deutschland
- Volksbundesrat
- Volksdeutschland

Einzelne Akteure streiten ab, Reichsbürger zu sein oder zur Bewegung zu gehören. »Wir sind keine Reichsbürger. Wir sind Regimekritiker«, erklärte so auch Rüdiger Klasen (heute Hoffmann) vom Verein *Staatenlos.info*. Man nenne sie nur »Reichsbürger«, weil sie die »wirklichen Fragen« stellen. »Wenn Frieden Krieg ist, Umweltschutz Naturzerstörung und Aufklärung keine Aufklärung, dann muss nachgefragt und nachgefasst werden«, so Hoffmann, der in juristischen Verfahren gegen ihn »nationalsozialistisches Vorgehen« erkennen will, »weil man im Dritten Reich die Juden genauso angegangen ist«. Hoffmann, der früher Klasen hieß und beim *Neuen Forum* und später bei der NPD aktiv war, will anhand »interner Dokumente« eine »geheime staatsrechtliche Weiterführung des 3. Reichs von Adolf Hitler durch dessen Rechtsnachfolger Bundesrepublik Deutschland« beweisen können.

Reichsbürgernah will auch nicht die *Vereinigung Einiges Deutschland* sein. Am 25. Juli 2017 entschied das Bundesverfassungsgericht, dass die *Vereinigung* nicht zur Bundestagswahl im September des Jahres kandidieren durfte. Die Karlsruher Richter des Zweiten Senats verwiesen darauf, dass die *Vereinigung* um Uwe Knietzsch notwendige Dokumente nicht vorgelegt habe, da sie denken würde, dass die Haager Landkriegsordnung von 1899 zur Regelung des Landkrieges auch zu Friedenszeiten rechtsgültig sei. Schon vor der Entscheidung erklärte die *Vereinigung* auf ihrer Website, dass die »Aussage der Lügenpresse«, wonach »*Einiges Deutschland* der ›Reichsbürgerbewegung‹ nahesteht«, falsch sei.

Unabhängig davon, wer sich selbst subjektiv zu den Reichsbürgern rechnet und wer nicht, werden in der Fachliteratur gegenwärtig vier Milieus, wie Jan Rathje vorschlägt, rund um die Reichsideologie idealtypisch ausgemacht:

1. Rechtsextreme, die seit 1945 verschiedene Reichsideen in der Tradition des Kaiserreichs, der Weimarer Republik oder des Dritten Reiches vertreten,
2. Reichsbürger, die eine eigene, heutige Reichsregierung propagieren,
3. Selbstverwalter, die als »souveräne Menschen« unabhängige Reiche oder Staaten gründen,
4. Souveränisten, die die Bundesrepublik nicht als souveränen Staat anerkennen und sich für ein anderes, souveränes Deutschland einsetzen.

Grenzgänge(r)

Diese idealtypische Klassifizierung schließt nicht aus, dass Positionen sich überlagern und widersprechen, Personen von einem Spektrum ins andere wechseln können. Bei den Akteuren gibt es Grenzgänger, die Ansichten aus den verschiedenen Milieus vertreten. Auch Prominente aus der Mitte der Gesellschaft hängen diesen Ideen an. Seit Jahren irritiert beispielsweise der Musiker Xavier Naidoo mit politischen Statements. Im Oktober 2011 überraschte er im ARD-»Morgenmagazin« mit der Aussage, dass Deutschland ja »noch keinen Friedensvertrag« habe und »dementsprechend auch kein echtes Land und nicht frei« sei. 2014 sprach der Popstar in Berlin am Tag der Deutschen Einheit bei einer rechtspopulistischen Kundgebung erneut davon, dass die Bundesrepublik kein souveräner Staat, sondern von den USA besetzt sei, und rief zum Widerstand auf. »Freiheit für Deutschland« prangte auf seinem T-Shirt. Im Mai 2017 befeuerte der Musiker als Mitglied der Band »Söhne Mannheims« wieder eine Debatte um die Nähe zur Reichsbürger-Ideologie. In dem Song »Marionetten« geht es um deutsche Volksvertreter, und Naidoo singt dazu im Refrain:

»Wie lange wollt ihr noch Marionetten sein?
Seht ihr nicht? Ihr seid nur Steigbügelhalter
Merkt ihr nicht? Ihr steht bald ganz allein
Für eure Puppenspieler seid ihr nur Sachverwalter
Wie lange wollt ihr noch Marionetten sein?«

Und die Band intoniert weiter:
»Teile eures Volkes nennen euch schon Hoch-
beziehungsweise Volksverräter
Alles wird vergeben, wenn ihr einsichtig seid
Sonst sorgt der wütende Bauer mit der Forke dafür,
dass ihr einsichtig seid
Mit dem Zweiten sieht man besser.
(…)
Und bei näherer Betrachtung steigert sich doch das Entsetzen
Wenn ich so ein'n in die Finger krieg', dann reiß' ich ihn in Fetzen
Und da hilft auch kein Verstecken hinter Paragraphen und
Gesetzen«.

Bereits nach der Kritik an seiner Rede 2014 sagte Naidoo in einem Interview mit dem Südwestrundfunk, dass er sich als »Systemkritiker« betrachte und auf alle Menschen zugehen wolle, ob sie nun Reichsbürger seien oder Mitglieder der NPD. Die negative Reaktion auf den Song bewegte Naidoo zu erklären, dass es sich bei dem Lied um »eine zugespitzte Zustandsbeschreibung gesellschaftlicher Strömungen« handele, »also um die Beobachtung bestimmter Stimmungen, Auffassungen und Entwicklungen«, die er im Rahmen einer künstlerischen Auseinandersetzung bewusst überzeichnet habe. »Das mag missverständlich gewesen sein«, räumte der 45-Jährige ein.

Positionen

Das Fundament der Reichsideologie bilden sechs vermeintliche Argumentationen. In unterschiedlichen Variationen greifen die Milieumacher und Anhänger auf sie zurück. Die Amadeu Antonio Stiftung hat sie knapp umrissen – und überprüft:

1. Das Grundgesetz (GG) sei keine Verfassung. Auf den Artikel 146 GG wird sich gern bezogen: »Dieses Grundgesetz, das nach Vollendung der Einheit und Freiheit Deutschlands für das gesamte deutsche Volk gilt, verliert seine Gültigkeit an dem Tage, an dem eine Verfassung in Kraft tritt, die von dem deutschen Volke in freier Entscheidung beschlossen worden ist.« Das Argument gegen die Verfassung greift nicht. Die Alliierten forderten nach 1945 explizit eine verfassungsgebende Versammlung, wofür die Form des Parlamentarischen Rates gewählt wurde. Die Namenswahl Grundgesetz und der Artikel 146 waren der Hoffnung auf eine baldige Wiedervereinigung von West- und Ostdeutschland geschuldet. Die Wortwahl machte für die Alliierten keinen rechtlichen Unterschied. Sie genehmigten die erstellte »constitution« – als Verfassung.

2. Das Grundgesetz beruhe auf keiner »direkten demokratischen Legitimation«. Dieses Argument trifft zu, wenn man die Legitimation ausschließlich als Volksabstimmung (Referendum) versteht. Dies ist aber für eine Verfassung nicht zwingend notwendig. Eine indirekte Legitimation war durch die Mitglieder des Parlamentarischen Rates gegeben, denn die Delegierten waren demokratisch gewählte Landtagsabgeordnete aus den Jahren 1945 bis 1948.

3. Das Grundgesetz sei nicht mehr gültig, »da sein Geltungsbereich zusammen mit dem Artikel 23 GG der alten Fassung aufgehoben wurde«. Am 17. Juli 1990 soll US-Außenminister James Baker die Bundesregierung angewiesen haben, den Artikel 23 GG – räumlicher Geltungsbereich des GG/Der Bund und die Länder – in der damaligen Fassung aufzuheben, damit wäre auch das GG insgesamt aufgehoben worden. Dieses Argument stimmt nicht. Die Aufhebung erfolgte wegen der sich anbahnenden Vereinigung der Deutschen Demokratischen Republik mit der Bundesrepublik Deutschland. In Paris fand am 17. Juli 1990 ein Vorverhandlungstreffen zum Zwei-plus-vier-Vertrag statt, der die Zustimmung der vier alliierten Siegermächte zur Vereinigung der beiden deutschen Staaten regelte. Diesen Staatsvertrag handelten die Bundesrepublik Deutschland und die DDR sowie Frankreich, Großbritannien, die Sowjetunion und die Vereinigten Staaten von Amerika aus und regelten darin alle völkerrechtlichen Fragen in Bezug auf Deutschland.

Verfassungen könnten im Übrigen aber auch ohne räumlichen Geltungsbereich gültig sein, und die sogenannte Ewigkeitsklausel des Grundgesetzes sichert dieses zusätzlich ab.

4. Die Bundesrepublik sei nicht souverän und weiterhin besetzt. Das Argument greift nicht. Die Souveränität der DDR und der BRD ist seit 1954 durch eine Erklärung der UdSSR gegenüber der DDR und den Deutschlandvertrag der BRD mit den drei alliierten Westmächten 1955 gegeben. Mit dem Zwei-plus-vier-Vertrag ist die Bundesrepublik spätestens seit 1990 ein souveräner Staat.

5. Deutschland habe keinen Friedensvertrag. Zwei Varianten werden vorgetragen. Einerseits wird auf den Versailler Vertrag nach dem Ersten Weltkrieg verwiesen, den der US-Kongress nicht ratifiziert hat. Mit den USA befinde sich Deutschland folglich noch im Krieg. Das Argument ist richtig und falsch zugleich. Zwar ist der Versailler Vertrag in der Tat nicht ratifiziert worden, doch 1921 haben die USA und das Deutsche Reich einen Separatfrieden abgeschlossen. Zum anderen wird angeführt, dass nach dem Zweiten Weltkrieg kein Friedensvertrag abgeschlossen worden ist. Dieses Argument ist zwar richtig, aber unbedeutend, denn die Alliierten haben einseitige Friedenserklärungen abgegeben, und durch den Zwei-plus-vier-Vertrag 1990 ist ein gesonderter Friedensvertrag zwischen der Bundesrepublik und den früheren Alliierten obsolet geworden.

6. Die Bundesrepublik sei eine Firma, man könne sie als »BRD GmbH« sogar in Firmenverzeichnissen finden. Dieses Argument greift nicht. Die Behörden von Bund, Ländern, Kommunen und die Verfassungsorgane sind zwar in Firmenverzeichnissen zu finden, aber das nur, weil sie zugleich auch Akteure im Wirtschaftssystem sind. Sie unterliegen den allgemeinen rechtlichen Regeln genau wie Unternehmen.

Dass der Personalausweis im Namen den Begriff »Personal« führt, sei ebenso ein Beleg dafür, dass die Inhaber Personal eines Unternehmens seien. Dieses Argument verfängt nicht. Das Wortfragment »Personal« bezieht sich auf die angegebenen Personalien im Ausweis.

Buchüberblick

In dem vorliegenden Sammelband stellen die Autorinnen und Autoren diese Argumentationsmuster und -varianten detailliert vor und widerlegen sie exemplarisch bei der Behandlung zentraler Personen und Projekte der Bewegung.

Im Kapitel zum »Heiligen Deutschen Reich« skizzieren David Begrich und Andreas Speit die Reichsideen und -ideologien der extremen Rechten. Hier werden das *Deutsche Kolleg* und die *Europäische Aktion* genauso vorgestellt wie die Gruppierung *Recht und Wahrheit,* Horst Mahler und Rigolf Hennig. Ein historischer Exkurs offenbart die Relevanz des Reiches auch als ein Sehnsuchtsort.

Gabriela Keller schildert im Kapitel »Sonnenstaat und Lichtgestalten« ihre Begegnungen mit Thomas Patzlaff und Thomas Mann sowie mit Jo Conrad und Peter Frühwald. Sie stellt deren Projekte vor und hinterfragt die vertretenen Positionen. Deutlich werden die ideologischen Gemeinsamkeiten trotz unterschiedlicher Aussagen herausgearbeitet.

Im Kapitel »Wenn er König von Deutschland wär'« hinterfragt Jean-Philipp Baeck die Aktivitäten Peter Fitzeks, den vor Kurzem ein Gericht zu einer Haftstrafe ohne Bewährung verurteilte. Lange konnte er ungestört ein Imperium mit eigenem Geld, eigener Bank und eigener Gesundheitsversicherung betreiben. Dessen ideologische Kontexte, die bis zu äußerst rechten Ressentiments reichen, werden hier sichtbar.

Christa Caspar und Reinhard Neubauer berichten in ihrem Beitrag über Rechtsstreitigkeiten der Reichsbürger mit diversen Verwaltungen. Sie zeigen zugleich konkrete Handlungsmöglichkeiten und Rechtswege für die öffentlichen Verwaltungen auf. Die konkreten Verweise auf Gerichtsentscheidungen und jüngste Urteile in den Fußnoten geben dem Text den Charakter von Praxistipps.

Im Kapitel über Reichsbürgeraktivitäten in den ländlichen Regionen schildert Dirk Wilking die Auseinandersetzung mit schwierigen Mischszenen auf der kommunalen Ebene Brandenburgs. Dabei werden zugleich die Beziehungen von Reichsbürgern zur AfD über *Pegida* bis zur NPD beleuchtet.

Carsten Janz und Andreas Speit beschreiben im Kapitel »Wir sind im Krieg« nicht bloß die Präsenz von Waffen in der Szene. Sie hinterfragen auch die Einschätzung der Sicherheitsorgane. Der »Druide Burgos von Buchonia« und der Gründer des *Staates Ur* werden vorgestellt. Näher eingegangen wird auf das *Deutsche Polizei Hilfswerk* mit seinen gewalttätigen Aktionen.

Im Kapitel über die »vermeintlichen Mächte im Hintergrund« greift Jan Rathje die antisemitischen Positionen in der Bewegung auf. Er belegt, dass diese Ressentiments in dem Milieu nicht randständig sind, sondern ein zentrales Strukturelement der Ideologie bilden.

Susann Bischof stellt im Kapitel »Männersache? Gender, Reichsbürgerinnen und Reichsbürger« die Rolle von Frauen in den Netzwerken exemplarisch vor. Sie hinterfragt die Werte und Vorstellungen der Bewegung zwischen der Selbstausrufung einer harmonischen Gemeinschaft und der Sorge um sexuelle Früherziehung bis hin zum Recht, die eigene Familie auch mit Gewalt zu schützen.

Für das Kapitel »Kein Frühwarnsystem« hat sich Paul Wellsow auf die Spurensuche nach den Reichsbürgern in den Verfassungsschutzberichten gemacht. Eine äußerst ambivalente Wahrnehmung der Geheimdienste wird sichtbar. Er kann nachweisen, dass die von den Reichsbürgern ausgehende Gefahr über lange Zeit unterschätzt wurde. In der Reflexion greift Wellsow die behördliche Klassifizierung »Rechtsextremismus« auf, wobei sie zugleich als problematisch verhandelt wird.

Hinnerk Berlekamp schaut in seinem Kapitel über die bundesdeutschen Grenzen hinweg, benennt dabei besonders Personen und Projekte in Österreich und der Schweiz. Er geht außerdem auf die »Freie Männer«-Bewegung in den USA ein, schaut nach Skandinavien und nach Australien.

In den Kapiteln schwingt immer mit: Ein Dialog auf Augenhöhe ist bei den Anhängern der fundamentalistischen Reichsideologie schwierig. Die Konstruktion einer vermeintlich gegen Deutschland und die Deutschen gerichteten Verschwörung führt zu der Selbstüberhöhung, einer besonderen Gruppe anzugehören, die Einsichten in Zusammenhänge hat, welche anderen verborgen bleiben, weshalb es gleichwertige Gespräche kaum geben kann.

Ein gesellschaftliches Ignorieren der Reichsbürger ist allein schon wegen ihres verstärkten radikalen Agierens fahrlässig. Die Bewegung sucht die politische Auseinandersetzung, umso mehr sollten ihre politischen Intentionen bekannt sein, um ihnen offensiv begegnen zu können. In Schleswig-Holstein hat das Innenministerium eine kreative Verwaltungsidee erlassen. Durch eine Rechtsverordnung hat das Ministerium für die Verwahrung noch gültiger Ausweise eine Gebühr von fünf Euro pro Tag eingeführt. Knapp 70 Prozent der Abgabewilligen nahmen ihre Personalausweise oder Reisepässe wieder mit. Eine behördliche Maßnahme, die die Reichsbürger verstimmt. Die Selbsterhebung zum »Souverän«, die auch eine Selbstermächtigung ist, geht aber dennoch in ein vermeintliches Selbstverteidigungsrecht gegen den angeblich unrechtmäßigen Staat über. Eine weitere Radikalisierung ist in der Reichsideologie angelegt.

David Begrich und Andreas Speit

»Heiliges Deutsches Reich«

Reichsidee und Reichsideologie der extremen Rechten

»Solidarität ist eine Waffe! Freiheit für alle Nationalisten«, steht auf dem in Hell- und Dunkelblau gehaltenen Transparent. Bei strahlendem Sonnenschein hat sich die NPD »spontan« vor dem Honorargeneralkonsulat der Republik Ungarn in nobler Hamburg-Lage positioniert. Am Alsterufer Höhe Nummer 45 stellte sich die kleine Gruppe auf. Der Landesvorsitzende Lennart Schwarzbach hält ein selbst gemaltes Plakat hoch. Dessen Botschaft, schwarz auf weiß, erklärt, warum die älteste rechtsextreme Partei Deutschlands vor dem Konsulat aufgelaufen ist: »Freiheit für Horst Mahler«, prangt dort. Wenige Tage vorher, am 15. Mai 2017, war bekannt geworden, dass der Rechtsextremist, der den Holocaust leugnet und der Reichsidee anhängt, in Ungarn in Haft sitzt. In Sopron, gleich hinter der österreichischen Grenze, war der 81-Jährige an diesem Montag gegen 8:40 Uhr festgenommen worden.

Im Internet hatte Mahler verkündet, bei dem »Führer der Ungarischen Nation, Viktor Orbán, (…) als politisch Verfolgter Asyl« erbitten zu wollen. Im Vertrauen »auf den Freiheitssinn des Volkes der Ungarn lege ich mein Schicksal in die Hände seiner Regierung«. Mit seiner Politik gegen Geflüchtete ist Orbán ein neuer Hoffnungsträger der Rechten. Schon am Montagmorgen hatte Ungarns Regierungssprecher Zoltán Kovács allerdings erklärt, dass es »rechtlich ausgeschlossen« sei, dass Mahler Asyl erhalte. Dies sei unmöglich, da er aus einem anderen EU-Staat komme. Einen Asylantrag habe Mahler bisher auch nicht gestellt. Zügig wurde der Rechtsanwalt, der eigentlich die Rechtslage kennen müsste, zurück nach Deutschland gebracht.

Die deutschen Behörden hatten Mahler mit einem europäischen Haftbefehl gesucht. Knapp vier Wochen lang war er untergetaucht. Ohne Hilfe? Am 19. April sollte er erneut seine Haft in der JVA Brandenburg an der Havel antreten. Aber er erschien nicht. Seit 2009 saß er dort wegen wiederholter Leugnung des Holocaust ein. 2015 wurde er wegen seines Gesundheitszustandes von der Haft verschont. Mahler ist schwer an Diabetes erkrankt, der linke Unterschenkel musste amputiert werden. Im September desselben Jahres entschied die Strafvollstreckungskammer des Landgerichts Potsdam, dass Mahler wegen seines Gesundheitszustandes nach Verbüßung von zwei Dritteln der zehnjährigen Haftstrafe auf Bewährung freikommen könne. Die Staatsanwaltschaft München legte Beschwerde ein. Mit Erfolg, das Oberlandesgericht Brandenburg hob im Januar 2016 die Strafaussetzung auf Bewährung auf. Das Gericht folgte damit der Staatsanwaltschaft, die Mahler eine »verfestigte kriminelle Persönlichkeitsstruktur« bescheinigte.

Die Aussetzung der Haft hatte er zwischenzeitlich genutzt, um in Ludwigshafen einen Vortrag zu halten. Am 9. April empörte er sich: »Wir lassen uns von den Juden auf der Nase herumtanzen, uns ein schlechtes Gewissen einreden mit Auschwitz.« Er rechnete vor: »Wenn ihr 6 Millionen Juden als ermordet anmeldet, um uns ein Schuldgefühl einzuimpfen, dann müßte man eine Gegenrechnung machen, daß schon allein die Entvölkerung Afrikas im Wege des Sklavenhandels – das war ein jüdisches Geschäft – Afrika im Mark zerstört hat. Es waren 11 Millionen Menschen, die man da herausgerissen und in die Neue Welt geschafft hat.« Die Rede hat »nordland.TV« online gestellt. Das Portal betreibt der niedersächsische NPD-Vorsitzende Manfred Dammann. In der Rede würdigt Mahler einen Menschen ganz besonders: »In der Person von Adolf Hitler« hätte Deutschland jemanden gehabt, der die Gefahr der »Umvolkung« erkannt und »einen Schutz dagegen entwickelt« habe. Um diesen Widerstand zu »vernichten, haben die Juden die Mächte der Welt gegen Deutschland geführt«. Die »Umvolkung«, das hätte er schon vor 15 Jahren erkannt, sei die »Waffe zur Vernichtung des Deutschen Reiches«.

»Denkorgan des Deutschen Reiches« – *Deutsches Kolleg*

Die Sorge um das Reich treibt Mahler schon länger um. 1994 gehörte er zu den Akteuren des *Deutschen Kollegs*, die das »Vierte Reich« errichten wollten. Schon früh forcierte er zusammen mit Reinhold Oberlercher nicht bloß eine Reichsidee. Sie hatten auch bereits für das *Kolleg* eine Fahne für sich wiederentdeckt, die später mit *Pegida* bekannter wurde: die Wirmer-Flagge mit einem leicht nach links stehenden schwarzen Kreuz mit goldener Umrandung auf rotem Grund. Die Fahne geht auf den Widerstandskämpfer des 20. Juli 1944, Josef Wirmer, zurück. Anton Wirmer, der Sohn von Josef Wirmer, zeigte sich am 3. August 2015 gegenüber »Spiegel Online« entsetzt. Sein Vater, Jurist und Zentrumspolitiker, wurde nach dem gescheiterten Attentat auf Hitler von dessen Gefolge hingerichtet. »Es ist im Grunde die Verdrehung all der Ideen, die seine Flagge darstellt«, sagte er und betonte: »Die Wirmer-Fahne steht nicht für einen abstrakten Widerstandsbegriff. Sie steht vor allem für eine freiheitliche und tolerante Gesellschaft.«

Das *Kolleg* mit dem Beititel »Schwert und Schild des Deutschen Geistes« ging aus einem Lesekreis der »Jungen Freiheit« hervor. In Berlin fanden um die neurechte Wochenzeitung Reinhold Oberlercher, Uwe Meenen und Mahler zusammen. Im »Manifest« bezeichnen sie sich selbst als »Studien- und Kampfgemeinschaft«. Einen »Reichsverfassungsentwurf« (RVerfE99) veröffentlichte das *Kolleg* 1999 mit 18 Artikeln. Unter Artikel 4 Absatz 3 schrieben sie: »Alle Staatsgewalt des Deutschen Reiches wird von den Reichsdeutschen ausgeübt.« Vor der Aufnahme in das »Vierte Reich« hätte jeder Deutsche einen Eid zu leisten: »Ich schwöre, dass ich dem Deutschen Volke und dem Deutschen Reich die Treue halte, mit meinem Gut und Blut seine Freiheit schützen und alle meine Pflichten gewissenhaft erfüllen werde. Dies schwöre ich, so wahr mir Gott helfe.« Im Absatz 5 des Artikels legten sie gleich fest: »Volksfremden Ausländern, die seit vier Generationen in Deutschland ansässig sind, kann in ihrer Landschaft Heimatrecht verliehen werden. Ausländer germanischer Abstammung können durch Erhebung in den Privatstand mit den Volksdeutschen gleichgestellt werden.« Mehrfache Staatsangehörigkeiten seien unzulässig.

In seiner Selbstbeschreibung betont das DK: »Das Deutsche Kolleg ist eine geistige Verbindung reichstreuer Deutscher und reichstreuer Schutzgenossen des Deutschen Volkes.« Es sei »ein Denkorgan des Deutschen Reiches«, und wie jeder Deutsche so habe auch das DK »alle Rechte des Deutschen Reiches einschließlich der Souveränität und des Rechts zum Kriege bis zu dem Tage, an dem das Deutsche Reich auch durch besondere Staatsorgane wieder handlungsfähig wird«. Sie wollten aber nicht den »materiellen Teil der Staatsgewalt« ausüben, sie würden sich »auf theoretische, pädagogische und programmatische Reichstätigkeit« beschränken, legten sie dar. »Das DK begreift, urteilt und schließt, aber es verzichtet darauf, materialiter anzugreifen, Urteile körperlich zu vollstrecken und die Reichsfeinde militärisch unter Beschluß und Beschuß zu nehmen.« Man war sich offenbar bewusst, dass ein Umsturz und der aktive Aufbau eines »Vierten Reiches« durch Waffengewalt die Staatsanwaltschaft auf den Plan rufen würde. Das *Kolleg* wolle »durch Theorien, Schulungen, Programme, Erklärungen und Wortergreifungen seinen Beitrag zur Wiederherstellung der vollen Handlungsfähigkeit des Deutschen Volkes als Deutsches Reich« leisten, heißt es am 25. Juli 2017 auf der DK-Website. Hier kann man auf der Startseite auch lesen: »Alle Reichszerteilungsregime auf deutschem Boden sind Lager und keine Staaten. Das größte Lager ist die BRD.« Dies ist ein Zitat aus dem Text »Konzentrationslager BRD« von 2004, in dem die Vertreibung aus den »deutschen Ostgebieten« beklagt wird und weitere Gebiete im Westen als deutsch benannt werden.

Die Reichsidee ist nicht das Einzige, was Oberlercher und Mahler gemein haben. Beide kamen von ganz weit links, bevor sie nach äußerst weit rechts abbogen. Oberlercher, 74 Jahre alt, war in den 1960er-Jahren in Hamburg einer der Theoretiker des *Sozialistischen Deutschen Studentenbundes* (SDS) und wendete sich dann in den 1980er-Jahren nach rechts. 1993 veröffentlichte er in der rechtsextremen Zeitschrift »Staatsbriefe« ein »Hundert-Tage-Programm der nationalen Notstandsregierung«, in dem er Maßnahmen des »nationalen Lagers« für den Fall einer Machtergreifung vorschlug: »Einstellungsverbot für ausländische und volksfremde Arbeitskräfte«, »die standrechtliche Erschießung von Rauschgiftbesitzern«, »Verbot der Ideologie der Menschlichkeit« und »Verbot des Pazifismus«. Und er forderte die »Wiedereinsetzung des Deutschen Reiches«. Das Programm verbreitete das *Deutsche Kolleg* auf seiner Website.

Dem SDS gehörte auch Mahler an. Der Rechtsanwalt, der zeitweilig SPD-Mitglied war, verteidigte 1968 die späteren Gründungsmitglieder der *Rote Armee Fraktion* (RAF) Andreas Baader und Gudrun Ensslin, half bei der Befreiung Baaders, tauchte unter und wurde nach einem Banküberfall verhaftet. 14 Jahre Haftstrafe sprach ein Gericht gegen ihn aus. 1975 wollte die *Bewegung 2. Juni* ihn und andere durch die Entführung von Peter Lorenz, des CDU-Spitzenkandidaten bei der Wahl zum West-Berliner Abgeordnetenhaus, freipressen. Mahler lehnte den Austausch in der ARD-»Tagesschau« jedoch ab. Die Entführung sei »Ausdruck einer von den Kämpfen der Arbeiterklasse losgelösten Politik, die notwendig in einer Sackgasse enden muss. Die Strategie des individuellen Terrors ist nicht die Strategie der Arbeiterklasse«, verkündete er. 1977 sagte er sich vom »revolutionären Marxismus« los, kam 1980 frei und wendete sich in der Folgezeit immer weiter nach rechts. Vor Gericht stand er als Beschuldigter bald wieder.

Am 6. Februar 2004 mussten sich Oberlercher, Mahler und Meenen vor dem Landgericht Berlin wegen des Vorwurfes der Volksverhetzung verantworten. Im »Aufruf zum Aufstand der Anständigen« hätten sie zur Gewalt gegen Minderheiten angestiftet und behauptet, der Hass auf Juden sei ein Zeichen geistiger »Volksgesundheit«. Mahler forderte – ganz der Reichsidee folgend – einen Sachverständigen, der belegen sollte, dass die Bundesrepublik als Völkerrechtssubjekt nicht bestehe und so auch keinerlei Gerichtshoheit besitze.

Im selben Jahr hat sich das Trio des *Deutschen Kollegs* allerdings politisch auseinanderentwickelt. Der Kampf für die Leugnung des Holocaust ist für Mahler zum zentralen Schlachtfeld geworden. Diesen Schwerpunkt, verbunden mit der Taktik, vor Gericht bewusst die Auseinandersetzung zu suchen, teilten Oberlercher und Meenen nicht. Auf dem Gelände des KZ Auschwitz-Birkenau wollte Mahler 2003 ein »Verdener Manifest« verlesen, mit dem ein »Feldzug gegen die Offenkundigkeit des Holocaust« gestartet werden sollte. Ein Ausreiseverbot unterband die Aktion. Am 30. Juli dieses Jahres versammelten sich Anhänger dann auf der Wartburg – statt an der »Jüdischen Kultstätte« am »Tatort des Seelenmordes am Deutschen Volk«, wie sie schrieben. Mahler hielt ein Transparent hoch: »Den Holocaust gab es nicht.« Nach eigenem Bekunden wollen sie nach einer »stillen Besinnung« mit den anwesenden Reichsbürgern zusammen ausgesprochen haben: »Das Deutsche Reich kommt im Aufstand des Deutschen Volkes zu sich.« Am 9. November 2004 wirkte Mahler schließlich bei der Gründung des *Vereins zur Rehabilitierung der wegen Bestreitens des Holocaust Verfolgten* (VRBHV) mit. Dies fand in Vlotho statt, im *Collegium Humanum* der Grande Dame der Holocaustleugner-Szene Ursula Haverbeck, wohlbedacht am 65. Jahrestag der antijüdischen Novemberpogrome von 1938. Vier Jahre später ließ der damalige Bundesinnenminister Wolfgang Schäuble das Netzwerk deutscher und internationaler Holocaustleugner verbieten. Damit einher ging auch die Schließung des *Collegium Humanum*.

Schon im März 2004 sprach Oberlercher von einem »Irrweg« Mahlers. Mit Meenen wollte er das Netzwerk um das *Deutsche Kolleg* nicht länger mit Holocaust-Debatten belastet sehen. Heute ist Meenen außer beim *Kolleg* bei der NPD stark involviert, er ist Landeschef in Berlin und bei dem NPD-Europaabgeordneten Udo Voigt wissenschaftlicher Referent. Im ersten Verbotsverfahren der NPD trat Mahler als Rechtsanwalt der Partei auf, war kurzzeitig auch ihr Mitglied.

Die Anhänger von Mahler brachten sich dann bei der schon Ende 2003 von Mahler ausgerufenen *Reichsbürgerbewegung* (RBB) ein. Die meisten Aktivitäten gingen damals von der RRB-Region Hamburg bzw. Nord aus. Keinen großen Zuspruch sollen damals jedoch ihre »Reichsbürgerstammtische« und »Reichsbürgerrunden« erfahren haben. Ab 2006 rechnet der Hamburger Verfassungsschutz Oberlercher und Meenen zu den »bekanntesten Vertretern des Deutschen Reichsgedankens«.

Das Reichsbürger-Netzwerk rund um das *Deutsche Kolleg* ist bis heute aktiv. Neben den Veranstaltungen finden auch regelmäßig Feste statt. Das Sommerfest 2017 fand beispielsweise vom 23. bis zum 25. Juni im thüringischen Mosbach statt. Der Landgasthof »Frische Quelle« war mal wieder der Tagungsort, die Teilnahmegebühr betrug laut Einladung 10 Euro. Bei diesen Treffen diskutieren sie auch, wie sie sich bei *Pegida* und *Legida* stärker einbringen und wie sie Jürgen Elsässer und sein Magazin »Compact« in ihrem Kampf gegen den »jüdischen Zeitgeist« besser unterstützen können. Aus internem E-Mail-Verkehr geht hervor, dass das *Deutsche Kolleg* mit Anhängern von der NPD, den *Freien Kameradschaften* und der AfD vernetzt ist. Zum *Deutschen Kolleg* gehört nach einer WDR-Fernsehdokumentation vom 11. Januar 2017 auch Markus Stangenberg-Haverkamp, Gesellschafter des Merck-Konzerns, eines der Wissenschafts- und Technologieunternehmen in den Bereichen Healthcare, Life Sciences und Performance Materials.

Im April 2016 wird Mahler in ihr Diskussionsnetzwerk wieder aufgenommen: »Willkommen zurück, Herr Mahler«, heißt es. Der harte Streit scheint beendet, gestritten wird dennoch – zwischen Oberlercher und Mahler. Mahler meint, dass das »fortexistierende Deutsche Reich« unter »Fremdherrschaft« stehe, und spricht von einer »Geschäftsführung ohne Auftrag«. Er erklärt: »Daß der Nationalsozialismus eine Weltanschauung ist, damit müssen wir wieder ernst machen, d. h. wir müssen ihn in G e d a n k e n tiefer fassen, als das den historischen Nationalsozialisten gegeben war.« Dies sei eine »Befreiungstat, denn der Jüdische Zeitgeist hat – gestützt auf Panzer und Raketen – mit seinem Heer von hilfswilligen Tintenklecksern uns das Deutsche Denken als unzeitgemäßen ›Mystizismus‹ verleidet«. Am 26. April des Jahres schreibt Oberlercher: »Ein kluger Beobachter hat irgendwo geschrieben, Horst Mahler habe schon viele verschiedene Standpunkte vertreten, jeden einzelnen aber zu 150 Prozent. Jetzt also den N-NS. Daß die geforderte Gedankenarbeit im DK bereits vor Jahren geleistet wurde und der Nationalmarxismus auch den historischen Nationalsozialismus theoretisch und politisch eingeordnet hat, muß er verschweigen.«

Am 13. Januar stellt Meenen klar: »Wer einen demokratischen Klub sucht, hat die Auswahl, das DK zählt nicht dazu.« Bis heute führe Oberlercher dieses Netzwerk an. Der erklärte am 19. Oktober 2016 in feinem Unterschied zu Mahler: »Wir sind keine Reichsbürger. Wir sind Reichsdeutsche.« Seine Begründung: »Das Deutsche Reich ist seit der Kapitulation der Deutschen Wehrmacht handlungsunfähig«, damit hätten »alle Deutschen mit einem Schlag ihren staatlichen Schutz durch das Reich verloren«.

Der Totschlag am Deutschen Reich sei »gleichzeitig der Totschlag an allen Reichsbürgern als Staatsbürgern des Reiches«. Das Reich würde sich »gegenwärtig in jedem Deutschen« personifizieren, »der dadurch ein Reichsdeutscher ist«. Und seine Schlussfolgerung: Der »Reichsdeutsche hat den ganzen deutschen Staat in sich, er ist souverän, er darf jede andere Staatsgewalt überwältigen oder notfalls vernichten«.

»Mögliches Reich« als antimoderner Sehnsuchtsort – *Völkische Bewegung* bis *Neue Ordnung*

Die Sehnsucht nach dem Reich hat in der rechtsextremen Szene eine lange Tradition. Das Reich als Idee begeisterte schon die völkische Bewegung 1871. Der Begriff ist neben dem des Volkes, der Nation und der Rasse einer der Schlüsselbegriffe der extremen Rechten. Das Reich wird dabei nicht nur geografisch gedacht, sondern auch ideologisch. Dieses Reich ist zugleich ein antimoderner Sehnsuchtsort, das Gegenstück zu der von ihnen wahrgenommenen Entfremdung in der jeweils aktuellen nationalen Existenz Deutschlands. Im Verlauf von anderthalb Jahrhunderten haben extrem rechte Ideologen und Akteure die Idee des Reichs immer wieder neu besetzt. Uwe Puschner, Walter Schmitz und Justus H. Ulbricht stellten in ihrem 1996 herausgegebenen »Handbuch zur ›Völkischen Bewegung‹ 1871 – 1918« fest, dass Kunst und Religion eine besondere Rolle bei der verklärten Aufladung der Geschichte erhielten. Die Schlacht im Teutoburger Wald oder der Widerstand Luthers gegen den Papst werden als Kampf um die nationale Erlösung gedeutet. Der Aufrichtung des Reiches geht eine Auslese jener voraus, die berufen seien, an seinem Aufbau teilzuhaben, und jener, die ausgeschlossen sind. Die Begründung des Reiches geht so mit einer Ausgrenzung nach religiösen und rassistischen Kriterien einher.

Diese Feinderklärung kreist um ideengeschichtliche Traditionslinien, in denen die Gleichheit des Menschen im Zentrum steht. Aus diesem Grunde verortet die exklusive Idee des Reiches dessen Feinde gleichermaßen in Judentum, Christentum, Liberalismus und Marxismus als Weltanschauungssystemen und in Institutionen wie katholischer Kirche und Freimaurerlogen. Dieser Feind mag in verschiedenen Gewändern auftreten, er ist jedoch stets der Gleiche. Die Konzeption des Reichszugehörigen schließt die Konstituierung der Reichsfremden zwangsläufig mit ein. Die völkische Bewegung des Spätwilhelminismus wird zum Katalysator für die Radikalisierungsprozesse des deutschen Reichsnationalismus am Vorabend des Ersten Weltkrieges. Massenorganisationen mit radikal-nationalistischer Programmatik wie der *Deutsche Handelsgehilfen-Verband* oder Bestseller wie Heinrichs Claß' millionenfach verkauftes Buch »Wenn ich der Kaiser wär'« popularisieren einen Reichsgedanken, in dem Imperialismus und völkischer Nationalismus den Treibstoff für einen soldatischen Nationalismus liefern.

Nach dem Ende des Ersten Weltkrieges und dem Beginn der Weimarer Republik erschien das Reich der völkischen Rechten als mythischer Ort der Wiederherstellung vordemokratischer Verhältnisse im Land. Die völkisch-nationalistische Rechte der Zwischenkriegszeit begriff die Weimarer Demokratie nicht als Gewinn, sondern als eine Abfolge von Verlusten, schreibt Stefan Breuer 2008 in »Die Völkischen in Deutschland«. Der neue Nationalismus, den Arthur Möller van den Bruck propagierte, richtete sich aber nicht auf die Wiederherstellung des Kaiserreiches. Auch Ernst Jüngers soldatischer Nationalismus strebte kein altes Reich in neuer Form an. Den Herren der Konservativen Revolution ging es um einen autoritär-hierarchischen Ständestaat völkisch-ethnischer Ordnung. Eine berufene Führungselite sollte dem Staat vorstehen – statt von Geburt her der Kaiser. Dass es nicht einfach um die Wiederherstellung der alten kaiserlichen Ordnung gehen könne, formulierte niemand schärfer als Moeller van den Bruck 1923 in das »Dritte Reich«: »Der deutsche Nationalismus ist Streiter für das Endreich. Es ist immer verheißen. Und es wird niemals erfüllt. Es ist das Vollkommene, das nur im Unvollkommenen erreicht wird. (…) Es ist die besondere Verheißung des deutschen Volkes, die ihm andere Völker streitig machen. (…) Sie haben im Kriege (…) unser materielles Reich vernichtet. (…) Aber das Reich mußten sie lassen stehen. (…) Der deutsche Nationalismus kämpft für das mögliche Reich.« Dieses Zitat kann als Programmschrift der antidemokratischen, völkischen Rechten der Zwischenkriegszeit angesehen werden. In der Demokratie erblickte Moeller van den Bruck nur eine äußere Staatsform, die den gesellschaftlichen Verfall, die Dekadenz des Zeitgeistes bemäntele. Nicht in der technologischen Moderne erblickte die extreme Rechte ihren Feind, sondern in der reflexiven Moderne und den mit ihr einhergehenden Umbrüchen der sozialen und politischen Kultur, betont Stefan Breuer in »Anatomie der Konservativen Revolution« 1993. Im Reich, welches es zu errichten gelte, erblickte das völkische Milieu das Gegenbild zu einer Demokratie, die von ihr als stumpfe Massengesellschaft und geschwätzige Feuilleton-Nation geschmäht wurde. Das Reich erscheint als nationaler Sonnenaufgang einer zu neuem Leben erweckten Nation. Organisationen wie der *Jungdeutsche Orden*, die *Deutschnationale Volkspartei* (DNVP) oder der *Deutschvölkische Schutz- und Trutzbund* wiesen für sich zwar eine Nähe zur Ideologie des Nationalsozialismus zurück, doch ihre Reichsideologie gehörte zum breiten Spektrum antidemokratischen Denkens und revanchistischer Rachegelüste, das auch von der national-konservativen Rechten gemehrt wurde.

Mit dem Machtantritt der Nationalsozialisten 1933 sahen jene extrem rechten Milieus die Wiedergeburt des Reiches gekommen, aber die anfängliche Euphorie zerschlug sich bei einer Vielzahl völkischer, bündischer und nationalrevolutionärer Schwärmer in dem Maße, in welchem die Nationalsozialisten ihren Monopolanspruch auf die Auslegung des Reichsgedankens durchsetzten. Bis 1937 war in der Auslegung des Reichsgedankens noch ein gewisser Binnenpluralismus innerhalb der NS-Ideologie gegeben. Mit der Etablierung von Heinrich Himmlers Weltanschauungsinstitutionen der SS (*Schutzstaffel*) war die Pluralität aber vorbei. Die SS übte fortan die Deutungshoheit darüber aus, was unter dem »Reich« zu verstehen sei. Für die SS als weltanschaulichem Stoßtrupp des Nationalsozialismus jedoch war die Ideenwelt eines neugermanischen Reiches maßgebend, wie Nicholas Goodrick-Clarke in »Die okkulten Wurzeln des Nationalsozialismus« 1997 herausgearbeitet hat. Der Begriff des Reiches war in der SS-Ideologie mit einer Neuordnung Europas durch das Großdeutsche Reich verbunden. Wer am Neubau des deutschen Europas mitwirken dürfe, wurde in der SS-Theoriezeitschrift »Das schwarze Korps« diskutiert, das Ziel eines ethnisch homogenen europäischen Großraumes unter deutscher Vorherrschaft stand aber nicht infrage. Mit den europäischen Freiwilligendivisionen umwarb die SS Anhänger aus Frankreich, Belgien, Kroatien, Dänemark und Norwegen. Auch sie seien als rassisch wertvolle Indogermanen zur Teilhabe an der deutschen Weltvorherrschaft berufen.

Die Wirkungsmacht des »Mythos vom Reich« band einen Teil der Anhänger des Nationalsozialismus auch über das Ende des Dritten Reichs hinaus an die Ideenwelt eines germanischen Reiches. Die »Nationale Frage« dominierte nach 1946 in den Programmen aller rechtsextremen Organisationen. Sie verstanden die Teilung Deutschlands als willkürlichen Akt der Besatzungsmächte und sahen diese Trennung als völkerrechtswidrig an. Der Grundgedanke war, dass das Reich als Ganzes fortbestehe, bis der im Potsdamer Abkommen angekündigte Friedensvertrag mit Deutschland abgeschlossen sei.

Die am 2. Oktober 1949 gegründete *Sozialistische Reichspartei Deutschlands* (SRP) um Otto Ernst Remer hatte nicht nur im Namen das Bekenntnis zum Reich. Zu den Forderungen der am 23. Oktober 1952 verbotenen Partei gehörte: »Treue zum Reich« und »Anspruch auf die Gesamtheit des Reichsraumes«. Ihr Ordnerdienst hieß *Reichsfront*. Nach dem Verbot wandten sich viele Mitglieder der *Deutschen Reichspartei* (DRP) zu, die die Wiederherstellung des 1867–1871 von Otto von Bismarck gegründeten »Deutschen Reiches« forderte. Knapp ein Jahr nach der Gründung der NPD am 28. November 1964 löste sich die DRP am 4. Dezember 1965 auf, um in einer »Union alle nationaldemokratischen Kräfte« zu bündeln. In einer der ersten Studien »Die NPD. Strukturen, Ideologien und Funktion einer neofaschistischen Partei« zeigten Reinhard Kühnl, Rainer Rilling und Christine Sager 1969 die Virulenz der Reichsidee auf. Diese Sehnsucht nach einem Reich findet sich bis heute in NPD-Materialien, so in der zentralen »Handreichung für die öffentliche Auseinandersetzung« mit dem Titel »Argumente für Kandidaten & Funktionsträger«. Zu der Frage »Was meint die NPD, wenn sie vom ›Reich‹ redet?« heißt es: »Wenn wir vom ›Reich‹ reden, meinen wir weder die Wiederherstellung des Dritten Reiches, noch die Schaffung eines Vierten Reiches, sondern die Wiederherstellung deutscher Staatlichkeit und nationaler Selbstbestimmung in Gestalt des Deutschen Reiches. Das Deutsche Reich besteht nämlich völkerrechtlich fort.« 2006 legt das Amt für Öffentlichkeitsarbeit des NPD-Parteivorstandes die Handreichung vor, deren Argumentationen 2017 immer noch gelten. In der Reichsbürger-Bewegung jenseits der ausgemachten Rechtsextremen ist diese Sichtweise auch präsent.

Lange vor der Reichsbürger-Bewegung ernannte sich 1975 ein Rechtsextremist zum neuen »Reichsverweser«. Anfang des Jahres hatte Manfred Roeder den Nachfolger Adolf Hitlers als Reichspräsident und Oberbefehlshaber der Wehrmacht, Karl Dönitz, angeschrieben. In dem Brief legte Roeder dar, dass am Tage der Kapitulation, dem 8. Mai 1945, das Reich gar nicht untergegangen sei, sondern vielmehr fortbestehe. Die Bundesrepublik sei kein legitimer Staat, das Grundgesetz keine gültige Verfassung. Dönitz könnte, so Roeder, der Jura studierte, das deutsche Staatsoberhaupt sein, auch wenn er von den Alliierten an der Ausübung seines Amtes gehindert werde. Der 83-jährige Dönitz lehnte ab: »Ich erkläre Ihnen daher ausdrücklich, dass ich mich nicht als Reichspräsident des Deutschen Reiches betrachte.« Roeder, der da schon die Holocaustleugner-Szene unterstützte, übernahm das in seinen Augen vakante Amt prompt selbst. Für den 23. Mai 1975 berief er einen »Reichstag zu Flensburg« ein und ernannte sich zum »Reichsverweser«. Der Ort und das Datum waren kein Zufall: In der Marinesportschule auf der Flottenbasis in Flensburg-Mürwik hatte die letzte Reichsregierung ihren Sitz. An jenem Maitag 1945 nahmen die Alliierten dort Dönitz, Regierungsmitglieder und die Generäle des Oberkommandos der Wehrmacht fest.

Der »Reichstag« von Roeder war zwar als Versammlung verboten, das hinderte ihn aber nicht, sich als »Sprecher der Reichsvertretung« wählen zu lassen. Allerdings mit rechtlichen Folgen: Dutzende Ermittlungsverfahren begannen. Das Flensburger Amtsgericht verhängte im November 1975 gegen Roeder wegen der Ausrichtung einer verbotenen Veranstaltung einen Strafbefehl von 3000 D-Mark, und in West-Berlin verurteilte ihn das Amtsgericht Tiergarten wegen Vergehens gegen die Militärregierungsverordnung 511 zu einer Geldstrafe von 2000 D-Mark. Die Verurteilungen waren für Roeder ein Beweis, dass in Deutschland weiterhin das Besatzungsrecht gelte. Im November 1977 bestätigte der Bundesgerichtshof ein wenige Monate zuvor ergangenes Urteil des Landesgerichts Flensburg, das Roeder wegen Verbreitung von NS-Propagandamaterial und Verunglimpfung des Staates anlässlich seines »Reichstages« zu sechs Monaten Freiheitsstrafe verurteilt hatte. Roeder tauchte ab, erhielt Asyl im Iran und reiste dennoch stetig nach Deutschland, um die *Deutsche Aktionsfront* aufzubauen.

In der Nacht zum 22. August 1980 warfen in Hamburg drei Anhänger dieser *Aktionsfront* Brandsätze. Vor dem Haus in der Halskestraße hatten Dr. Heinz Colditz, Raymond Hörnle und Sibylle Vorderbrügge zunächst gewartet, bis die Putzwolle in drei Flaschen wirklich brannte. Der Brand sollte nicht – wie bei einem anderen Anschlag drei Wochen zuvor auf ein von äthiopischen Flüchtlingen bewohntes Hotel in Leinfelden-Echterdingen – schnell gelöscht werden können. Im Haus, das zu dieser Zeit von 211 Flüchtlingen bewohnt wurde, hatten zwei Anwohner keine Chance: Ngoc Nguyên und Anh Lân Dô, 22 und 18 Jahre alt, starben.

Nicht nur die direkten Täter wurden verurteilt. Am 28. Juni 1982 stellte das Oberlandesgericht Stuttgart fest, dass Roeder der Rädelsführer einer terroristischen Vereinigung war, und sprach eine 13 Jahre lange Haftstrafe aus. Nach Auffassung des Gerichts hatte er die Anschlagsobjekte ausgewählt, die unmittelbar ausführenden Täter bestimmt und als Führer der Gruppe die aufsehenerregenden Anschläge vom Anfang bis zum Ende als eigene Taten gewollt und beherrscht. Nach der Haft nutzte Roeder das »Haus Richtberg« für Treffen. Bereits 1975 hatte er das ehemalige Hotel mit 15 Zimmern und 32 Hektar Land im hessischen Schwarzenborn erworben. »Reichshof« nannte er das Anwesen am Knüllgebirge, auf dem bis zu seinem Tod 2014 immer wieder Veranstaltungen stattfanden. Vor vier Jahren hat die Tochter der international bekannten Holocaustleugnerin Lady Michèle Renouf das Anwesen gekauft. Heute nutzt das edel renovierte Gebäude Meinolf Schönborn, der aus der verbotenen *Nationalistischen Front* (NF) kommt. Bis zum Verbot 1992 leitete er diese »weltanschaulichgeschlossene Kaderpartei«. Die NF stand wegen ihres *Nationalen Einsatzkommandos* im Verdacht, eine terroristische Vereinigung aufzubauen. Seit 1984 verantwortet Schönborn das Zweimonatsmagazin »Recht und Wahrheit« (RuW). In Herzebrock-Clarholz in Nordrhein-Westfalen gibt der 61-Jährige heute das Magazin heraus. In einer Selbstdarstellung »Was wollen wir« heißt es: »Wir sind kein Verein, keine Partei, sondern ein durch den Reichsgedanken und durch den Willen zum Widerstand gegen Verwahrlosung, Landnahme durch Migranten und durch die über 66-jährige Fremdherrschaft zusammengefügte freiheitsliebende Deutsche, die noch Deutsche sein wollen.« Außer nach Schwarzenborn laden sie nach Ilfeld im thüringischen Harz zu »Lesertreffen« ein. RuW bietet auch Stammtische in den Regionen Berlin, Gütersloh, Pfalz und Schwarzwald an. »Report Mainz« berichtete am 5. Februar 2013, dass Schönborn auch noch der Reichsbürger-Bewegung *Neue Ordnung* vorsteht. Die Gruppe hält die Bundesrepublik für ein Besatzungskonstrukt, tritt für das Reich ein und fordert ebenfalls zum Widerstand gegen »Fremdherrschaft«, »Verwahrlosung« und »Landnahme durch Migranten« auf. Sie empfiehlt, Schützenvereinen und Kampfsportschulen beizutreten, soll doch die »Elite für den Entscheidungskampf« vorbereitet werden. Dem Fernsehmagazin antwortete Schönborn auf die Frage, wie der Kampf für das Deutsche Reich denn konkret aussehen solle: »Lassen Sie sich überraschen.«

Auf der Website prahlt Schönborn am 25. April 2017 mit seiner »70. Hausdurchsuchung«. »Geschafft«, postet er mit Bild von sich und verkündet: »Nun war es mal wieder soweit. Heute Morgen klingelte der BRD-SS und ich hatte wahrhaftig nun endlich meine 70. Hausdurchsuchung.« Der Anlass war ein Titelbild von einem Ritterkreuzträger, schreibt er. Im Mai folgte gegen den 61-Jährigen die Anklage wegen der Verwendung von Kennzeichen verfassungswidriger Organisationen. Ganz solidarisch steht Schönborn auf seiner persönlichen Website zu Mahler. Am 4. Juli hat er ein Flugblatt von RuW zur Unterstützung von Mahler gepostet – eine »Handreichung« zum Downloaden und Verbreiten.

»Die Bundesrepublik vernichtet das Deutsche Volk« – *Freistaat Preußen*

Der ehemalige NPD-Stadtrats- und Kreistagsangehörige im niedersächsischen Verden Rigolf Hennig träumt nicht nur vom Reich. Am 15. Juli 1995 gründete er den *Freistaat Preußen,* mit dem Ziel der »Wiederherstellung der Handlungsfähigkeit des Deutschen

Reiches«, und erklärte sich wenig später zu dessen »Staatspräsident«. In dieser Eigenschaft gratulierte er 2009 dem iranischen Präsidenten Mahmud Ahmadinedschad zu dessen Wiederwahl. In dem Schreiben wünscht Hennig seinem vermeintlichen Amtskollegen viel »Glück und Erfolg«, insbesondere gegen die Machenschaften der USA und Israels. »Wir wissen die Wahrheit, die Freiheit und das Recht der Völker bei Ihnen in guten Händen«, schrieb er und erklärte bei dieser Gelegenheit, dass der *Freistaat Preußen* das »nie untergegangene Deutsche Reich so lange völkerrechtlich« vertrete, bis dieses selbst seine »volle Handlungsfähigkeit« wieder zurückerhalten habe. Hennig, der zeitweilig bei den *Republikanern* war, gehörte 1997 zu den Unterzeichnern des »Aufrufs an alle Deutschen zur Notwehr gegen die Überfremdung«. In der mehrseitigen Hetzschrift gegen Flüchtlinge werden auch »die Juden« offen angefeindet. Die Stärkung der jüdischen Gemeinden sei »kein Gewinn für das wiedervereinte Deutschland (…) Nein, es ist Landraub, Hochverrat, Masseninvasion Fremder und Völkermord!«

Im Interview mit der Regionalzeitschrift »Torfkurier« verkündete Hennig 2005: »Die Bundesrepublik hat keine Fehler, die Bundesrepublik ist der Fehler.« Die Bundesrepublik diene dem einzigen Zweck, das Deutsche Volk zu vernichten. »Mal angenommen, man würde einen Äquatorialneger gegen einen Grönland-Eskimo austauschen. Ähnlich ist es, wenn man einen Türken nach Deutschland bringt.« In die Zukunft schauend sieht er nach dem Niedergang der Bundesrepublik das Deutsche Reich kommen: »Über kurz oder lang wird der Staat nicht mehr in der Lage sein, die Asylhilfe auszuzahlen. Es wird zu Plünderungen der Geschäfte durch Ausländer kommen. Die Bundesrepublik wird untergehen. Das Deutsche Reich entstehen.«

Diesen Gedanken griff Hennig auch in der von ihm herausgegebenen Zeitschrift »Der Reichsbote« auf, die später in dem Blatt »Volk in Bewegung – Der Reichsbote« aufging. In diesem neuen Periodikum um den NPD-Bundesvize und thüringischen Landesvorsitzenden Thorsten Heise publizierte er weiter. Mit Haverbeck ist er zudem einer der Hauptautoren der »Stimme des Reiches« – Auflage rund 1500 Exemplare. In der Sondernummer »Die Asylflut« 2015 schreibt Hennig, Flüchtlinge seien »keine Landsleute in

Not (…), die da anbranden wie in der Kriegs- und Nachkriegszeit, sondern Zivilokkupanten, denen ein bequemes Leben in Deutschlands sozialem Netz lieber ist als harte Arbeit zuhause, die vielfach bei sich zuhause unfähig sind, ein funktionierendes Staats- und Sozialwesen aufzubauen und die selbstverständlich neben ihrer Unfähigkeit auch völlige Unangepasstheit, daneben Krankheiten und Kriminalität mitbringen«.

»RECONQUISTA – oder REQUIEM!« – die *Europäische Aktion*

Das hohe Alter hindert Hennig nicht daran, als »Staatspräsident« und Autor seine politischen Interessen zu verfolgen. Er ist zudem Geschäftsführer der *Europäischen Aktion – Die Bewegung für ein freies Europa* (EA). Ihr Credo angesichts der angeblichen Überfremdung Europas: »Wir haben die Wahl: RECONQUISTA – oder REQUIEM!«. Auf ihrer Website schreibt die EA: »Die Europäische Aktion ist die Bewegung eines neuen europäischen Selbstbewusstseins. Sie will jene Europäer vereinen, die den lebensfeindlichen ›american way of life‹ satt haben und die Verlogenheit der ›political correctness‹ durchschauen.« Sie seien »weder eine Partei noch ein Verein, sondern eine Bewegung zur geistig-kulturellen Neugeburt Europas« und hätten »das Ziel, die US-Kolonie ›EU‹ durch eine Europäische Eidgenossenschaft zu ersetzen«.

Die international ausgerichtete EA hat mehrere Stützpunkte mit Gebietsleitern, die einer Landesleitung unterstehen. Über 100 Anhänger soll diese »Bewegung« in Deutschland vereinen. Ihren Sitz hat sie in Verden, dem Wohnort von Hennig. Hans Berger ist in Österreich der offizielle Ansprechpartner, mit Sitz in Birsfelden. Auf ihrer deutschen Website sind sie deutlich: »Uns Deutschen wird der Lebens- und Selbsterhaltungswille gebrochen, indem man uns bereits im Kleinkindalter mit Leichenbergen aus Konzentrationslagern konfrontiert und so eine psychosomatische Schuldneurose ins Bewusstsein hämmert. Die eingeimpfte Alleinschuld an zwei Weltkriegen und der implementierte Holocaust-Komplex rauben dem deutschen Volk die Seele.«

Bei Aufmärschen in der Bundesrepublik wehte immer öfter die

Fahne der *Europäischen Aktion* mit dem gelben Kreuz auf blauem Grund, dessen Arme kurze Balken bilden. Die kleine Gruppe gewann in den letzten Jahren an Zulauf. Sie organisierte Schulungen, Demonstrationen und wehrsportliche Übungen. Über Stützpunkte verfüge sie in Nordthüringen und Sonneberg sowie in Erfurt und Weimar, weiß die Linken-Landtagsabgeordnete Katharina König-Preuss zu berichten.

Am 23. Juni 2017 ging das Landeskriminalamt (LKA) Thüringen gegen das Netzwerk vor. Bei 13 Personen und 14 Objekten fanden Durchsuchungen wegen des Verdachts der Bildung einer kriminellen Vereinigung statt. Bei der Razzia hat die Polizei nach eigenen Angaben Waffen, Munition, Propagandamaterial, illegale Drogen sowie Mobiltelefone und Computer sichergestellt.

In mehreren weiteren Bundesländern, Bayern, Baden-Württemberg, Brandenburg, Hessen und Niedersachsen liefen ebenfalls Razzien. Einen Beschuldigten nahmen die Beamten fest, da er sich der Durchsuchung widersetzte und Polizisten attackierte. Das LKA wurde von der GSG 9 unterstützt. »Zumindest einige der Beschuldigten sollen Mitglieder einer international agierenden rechtsextremen Bewegung sein, die sich zum Ziel gesetzt hat, die Staats- und Gesellschaftsordnung der Bundesrepublik Deutschland und anderer europäischer Staaten abzuschaffen«, hieß es etwas zurückhaltend in einer Mitteilung des LKA. Die Staatsanwaltschaft Gera hatte die Maßnahme eingeleitet, um Beweismittel zu erlangen. Den Betroffenen hält die Staatsanwaltschaft vor, bewaffnete Waldbiwaks im Südthüringer Raum veranstaltet oder an solchen teilgenommen zu haben.

Akzeptanz- und Andockoption

In der extrem rechten Szene sind Reichsideen äußerst virulent. Das sich selbst als Reichsbürger oder Reichsdeutsche verstehende Milieu dominiert aber nicht die »nationale Bewegung«. Die breite Solidarität gegenüber Mahler ist weniger seinem proklamierten Endkampf des angeblich fortbestehenden Reiches gegen »Alljuda« geschuldet als vielmehr seinem Kampf für die Meinungsfreiheit zur Leugnung des Holocaust.

Die »Political Correctness« als vermeintliches Diktat der »rot-grün-68er-verseuchten« Eliten in Politik und Medien eint die verschiedenen rechten Spektren über politische Differenzen hinweg. Das Erstarken der *Europäischen Allianz* deutet jedoch an, dass sich Reichsvorstellungen als politisches Programm weiter verbreiten. Die wichtigsten Vertreter der Reichsidee treten als Referenten in der Szene von NPD, *Die Rechte* und *Der III. Weg* auf, genauso wie bei den *Freien Kameradschaften* und *Autonomen Nationalisten.* Das vergangene Reich und das mögliche Reich sind die Sehnsuchtsorte einer vormodernen Sinnsuche. Die Reichsideen sind omnipräsent in der rechten Jugendkultur. Kaum eine Rechtsrockband wie »Lunikoff Verschwörung«, »Hauptkampflinie« oder »Stahlgewitter«, die Reichsgedanken nicht in Liedtexten oder Interviews popularisiert. Rechte Rapper wie MaKss Damage (bürgerlich: Julian Fritsch) beschwören das Reich in ihren Texten. Der Szenestar, der »Nationale Barde« Frank Rennicke, besingt in »Das Reich« ausführlich:

»Es klingt aus alten Tagen
ein Wort dem keines gleich.
Im Herzen wolln wir's tragen,
dies Singen und dies Sagen
Vom heilgen Deutschen Reich.
Wir stehen stumm verschworen,
gegen Norden zieht der Wind.
Im Herzen unverloren
wird neu das Reich geboren,
solang noch Deutsche sind.
Und raubten sie die Fahnen,
die Heimat und das Recht:
Frei aus dem Blut der Ahnen
erhebt auf neuen Bahnen
sich deutsch ein neu' Geschlecht.
Und mögen sie uns hassen,
die uns das Reich zerschellt,
wir werden es nicht lassen:
Durch Deutschland gehn die Straßen
in eine neue Welt.

Es klingt aus alten Tagen
ein Wort dem keines gleich.
Im Herzen wolln wir's tragen,
dies Singen und dies Sagen
vom heilgen Deutschen Reich
es lebe das heilige Deutschland!«

Auf YouTube kann diese Reichsbeschwörung angehört werden. Im Internet besingt Rennicke auch das »Ewige Deutschland«. Die Parole »Deutschland statt BRD«, welche auch schon das Cover einer NPD-Schulhof-CD zierte, klingt an. Die Reichsidee ist ein zentrales Element der rechten Ideologie. Eine Akzeptanzchance, die zugleich Andockoption für Reichsinteressierte, Selbstverwalter und Souveränisten war und ist.

Gabriela Keller

Sonnenstaat und Lichtgestalten

Begegnungen und Gespräche mit prägenden Figuren der Szene

Die Grenze liegt im Erdgeschoss eines grauen, etwas fleckigen Mehrfamilienhauses in einer stillen Straße irgendwo in Berlin-Wedding. Es ist ein sonniger Vormittag, ein lauwarmer Wind fährt über das gelbliche Gras auf dem Stück Brachland gegenüber, dahinter erhebt sich ein Parkhaus, rechts und links unsanierte Altbauten, billige Eckkneipen, da und dort Leerstand, Graffiti an den Fassaden. »Die natürliche Föderation« steht auf den Aufklebern am Briefkasten von Thomas Patzlaffs Wohnung geschrieben, »Einigung Deutscher Souveräne« und »Selbstverwaltung Thomas Patzlaff, Generalbevollmächtigter Patzlaff, Thomas«, dazu Zeichen, Symbole, Wappen, ein Adler, der eine Krone trägt.

In der offenen Tür steht ein hochgewachsener, dünner Mann in Jeans-Shorts mit zerfurchtem Gesicht und dunklen Haaren. Thomas Patzlaff, ein Langzeitarbeitsloser, 60 Jahre alt, hat sich schon vor langer Zeit aus der Bundesrepublik Deutschland abgemeldet; seither lebt er zurückgezogen in seiner Wohnung, im Internet und vor allem in der parallelen Wirklichkeit, die er sich in seinem Kopf eingerichtet hat. Er bittet in sein Wohnzimmer und setzt sich auf eine Wohnzimmercouch mit verblichenem Muster, hinter ihm auf seinem Schreibtisch türmen sich Akten- und Papierberge vor dem Computer.

Es war nicht ganz einfach, ein Treffen mit ihm zu organisieren. Auf eine E-Mail folgte zunächst eine lange und ziemlich durcheinander wirkende Antwort, die Kernaussage war: Prinzipiell sei er gerne zu Gesprächen bereit, aber auch misstrauisch in Bezug auf die wahren Absichten der Autorin: »Wollen Sie mir ernsthaft weismachen, dass Sie schreiben könnten, was Sie wollen?« Es gebe keine Pressefreiheit in Deutschland, daher rechne er nicht mit einer fairen Berichterstattung, sondern mit Diffamierung, ja, einem

»Anschlag auf seinen Ruf und seine Würde«. Am Telefon stimmte er einem Treffen in seiner Wohnung dann aber doch zu.

Er schüttet sich Kaffee aus einer Thermoskanne ein, zündet eine Zigarette an und sagt mit schleppendem Berliner Akzent: »Der Staat ist offenkundig eine Fremdverwaltung, die uns verarscht, nichts weiter.« Viele Menschen wie Thomas Patzlaff haben angefangen, die Existenz der Bundesrepublik Deutschland anzuzweifeln und sich auf wirre Gedankenkonstruktionen zu berufen, die auf Verschwörungstheorien, modernen Mythen und antisemitischen Legenden beruhen. Viele von ihnen haben eine existenzielle Krise hinter sich, stecken in finanziellen Nöten, haben eine Insolvenz erlebt oder eine Zwangsvollstreckung.

Die Bewegung ist zersplittert; diverse Bündnisse rivalisieren miteinander, Königreiche, Freistaaten, Fürstentümer entstehen, zerfallen, formieren sich neu. Hinzu kommt eine unüberschaubare Menge Einzelner, die ihre Unabhängigkeit als Selbstverwalter erklären. Eine übergreifende Zusammenarbeit scheitert fast immer am Geltungsbedürfnis der Einzelnen, an kleinteiligen Streitereien und Rivalitäten.

Patzlaff hat versucht, sich zu vernetzen, er hat die Projekte *Die natürliche Föderation* und *Einigung Deutscher Souveräne* gegründet und einen *Runden Tisch Berlin* organisiert, ein regelmäßiges Treffen, um Gleichgesinnten ein Forum für Diskussion und Austausch zu bieten. Es hat alles nicht recht hingehauen; der *Runde Tisch* existiert heute nur noch als Internet-Plattform. Wenn man ihn fragt, warum die Initiative gescheitert ist, sagt er: »Wir wurden infiltriert und sabotiert.«

Thomas Patzlaff hat zu DDR-Zeiten als Elektroniker gearbeitet. Er war der Typ, der ständig Ideen hatte und Vorschläge, wie man etwas besser machen kann, nicht nur in seinem Zuständigkeitsgebiet, auch in dem seiner Kollegen. Damit eckte er auch nach der Wende an, sagt er – für ihn ein erstes sicheres Anzeichen dafür, dass etwas nicht stimmt in der Bundesrepublik Deutschland, dass es geheime Kräfte gibt, die versuchen, die wirtschaftliche Produktivität der Deutschen zu blockieren. Später versuchte er sich als Selbstständiger im Gastronomiebereich, aber auch das funktionierte nicht.

Der Wendepunkt kam für ihn vor mehr als zehn Jahren, als

ihm ein Bekannter einen selbst gebastelten Reichs-Ausweis zeigte, da dachte sich Thomas Patzlaff: »Das ist ja spannend. Da muss ich gucken, was da dran ist.« Er suchte in der Folge den Kontakt mit anderen, die seine Zweifel am Zustand der Bundesrepublik Deutschland teilten. »Wir haben uns die Gesetze angeguckt und festgestellt, dass ein großer Teil davon nichtig ist. Ich bin dann in den Widerstand gegangen.« Patzlaff suchte in Bibliotheken, durchforstete Archive, stöberte im Internet. »Warum heißt es Geschichte?«, sagt er. »Weil es eine Anhäufung von Geschichten ist.« Reichsbürger lieben es, die Sprache wörtlich zu nehmen und in der Struktur von Worten und Wendungen geheime Botschaften zutage zu fördern, »die Engländer sagen history: his story«.

Thomas Patzlaff hebt die Augenbrauen und guckt triumphierend, wie einer, dem eine wirklich gute Pointe geglückt ist. Ihm reicht nur ein Stichwort, und schon setzt er an zu langwierigen, ausschweifenden Vorträgen. Aber er regt sich nicht auf, spricht in leisem Plauderton, klingt eher traurig als eifernd, raucht dabei eine Zigarette nach der anderen und trinkt Filterkaffee wie Sprudelwasser, die knochigen Beine übereinandergeschlagen, neben ihm auf dem Beistelltisch ein Teddy.

Wer Thomas Patzlaff zuhört, folgt ihm in ein Labyrinth, in dem hinter jeder Biegung immer neue, bizarre Wendungen liegen; es geht um Chemtrails, die Fluor-Lüge, die Banker in der City of London, um Satanisten, die den Vatikan kontrollieren, und alles gipfelt in der Theorie, dass es echte und vorgetäuschte Juden gibt, von denen Letztere selbst den Holocaust inszeniert haben, um politischen Einfluss zu gewinnen; das alles erzählt er mit größter Ruhe und Gutwilligkeit, so als habe er es mit einem minderbegabten Kind zu tun, dem er die elementarsten Dinge des Lebens erklären möchte.

Dann macht er eine Denkpause und starrt in den Rauch seiner Zigarette. Patzlaff ist, einerseits, ein typischer Anhänger der Reichsbürger-Szene: Er mischt fantastische Theorien mit Kapitalismuskritik, allgemeiner Paranoia und Kummer darüber, dass die globalisierte Welt schlecht und hässlich geworden ist; hinzu kommt die diffuse, aber tief empfundene Überzeugung, dass Deutschland einer Verschwörung geheimer, bösartiger Mächte zum Opfer gefallen ist. Andererseits aber ist Patzlaff ein freundlicher und durchaus humorvoller Mensch, der mit weiten Teilen des Reichsbürger-Milieus selbst nichts anfangen kann, ein Außenseiter selbst hier.

Er tut sich schwer mit dem aggressiven Auftreten vieler Anhänger der Bewegung; die in Behörden gehen, Sachbearbeiterinnen drangsalieren und Verwaltungsbeamte in die Enge treiben. Das ist nicht seine Sache. Briefe schreiben, das allerdings schon, er deutet stumm hinter sich; an der Rückwand seines Wohnzimmers steht ein Regal voller Leitz-Ordner, das fast bis hoch an die Decke reicht. Sein Telefon klingelt ständig. Leute, die ihn um Rat fragen wollen, weil sie Probleme mit den Behörden haben, mit der GEZ-Einzugsstelle oder mit einem Inkasso-Unternehmen. »Ich bin rund um die Uhr im Einsatz«, sagt er, »die rufen auch um drei Uhr nachts noch an.«

Patzlaff selbst zahlt schon seit vielen Jahren keine GEZ-Beiträge mehr. Er sieht müde aus, der ständige Ärger zehrt an ihm, die Gerichtsvollzieher, die immer wieder kommen, die Bußgeldverfahren und Zwangsvollstreckungen. Jedes Mal, wenn es an seiner Tür klingelt, fährt ihm der Schrecken in die Glieder. »Die kommen immer wieder und fordern irgendwas«, sagt er. »Ich belehre die dann, aber das wird ignoriert.«

Patzlaff sagt, so, wie es in Deutschland jetzt ist, gefällt es ihm nicht mehr, er deutet aus dem Fenster, auf die Straße vor seinem Haus; Bäume stehen rechts und links, ab und an fährt ein Fahrradfahrer vorbei, sonst ist alles still. Thomas Patzlaff spricht von der Gewalt, die um sich greift, von Kriminalität und Drogendelikten, vom allgemeinen Werteverfall, der sich schon in der Erziehung von Kleinkindern ausdrückt, weil die Eltern ihnen Ellenbogen- und Konkurrenzdenken eintrichtern. Er spricht auch von der modernen Kunst, die ihm hässlich und abstoßend vorkommt, wo es doch Aufgabe der Künstler sei, Schönheit zu zeigen, so jedenfalls sieht er es. Für ihn sind das alles Anzeichen für die Verschwörung, dafür, dass mächtige Kreise ihren Einfluss geltend machen.

Letztlich, sagt er, hält ihn nur noch die Hoffnung aufrecht, dass die Bundesrepublik sich auflöst und eine neue, bessere Ordnung danach kommt: »Ich hoffe, dass das noch zu meinen Lebzeiten passiert. Dass ein Rechtsstaat in Deutschland entsteht.« Erst dann könne es wieder aufwärtsgehen. Mit ihm und mit allem anderen.

Den Wunsch nach einem wahren, schöneren Deutschland teilen so gut wie alle Reichsbürger, und sie alle fühlen sich betrogen um ihre Rechte.

Auch Thomas Mann ist überzeugt, dass Deutschland von finsteren Gewalten ausgebeutet und unterjocht wird. Mann ist Regierungsmitglied im *Freistaat Preußen* – einer bundesweiten Gruppierung, die vom Verfassungsschutz als rechtsradikal eingestuft wird.

Wann immer er durch die Innenstadt von Potsdam spaziert, vorbei an Säulen, marmornen Denkmälern und Prunkbauten aus der Kaiserzeit, passiert es: Thomas Mann sieht die Relikte vergangener Größe, und das Gefühl, dass er eine historische Aufgabe hat, erfasst ihn. Er sieht alles vor sich, die Vergangenheit, die Zukunft, die Aufgabe seines Lebens.

An diesem Sonntagnachmittag im Oktober 2016 sind Mann und sein Mitstreiter Bernd Weber aus seiner Heimatstadt Bonn in die brandenburgische Landeshauptstadt gereist, weil ein Treffen des *Freistaats Preußen* ansteht, ein Info-Abend, sagen sie. Dort sei die Presse allerdings nicht willkommen, seit der Schießerei in Bayern stehen er und seine ganze Gruppe unter Druck: »Es gibt Ereignisse, wo Gewalt passiert ist. Und jetzt macht man eine generelle Hexenjagd auf unterschiedliche Gruppen, zusammengefasst und bezeichnet als Reichsbürger«, sagt er. »Dieser Vorgang ähnelt einer Zeit, da hat man Menschen verfolgt und stigmatisiert, indem man ihnen Sterne anheftete.«

Der Reichsbürger als Äquivalent des verfolgten Juden – auch das ist ein Topos, dem man in dem Milieu häufig begegnet. Dass die Polizei seit den Schießereien im Spätsommer 2016 deutlich schärfer mit Razzien und Kontrollen gegen die Anhänger des Reichsbürger-Milieus vorgeht, hat diese Narrative noch verstärkt.

Thomas Mann und Bernd Weber gehören der *administrativen Regierung des Freistaats Preußen* an; beide treten durch die Säulen des Brandenburger Tors am Eingang zur Fußgängerzone von Potsdam. Sie tragen Anzüge und haben sich mit Argumenten, Beispielen und Auszügen aus Gesetzen gewappnet. Wir betreten ein Café, sie suchen einen abgelegenen Tisch in der Ecke, bestellen Kaffee und Kuchen. Das Reden übernimmt Mann, Weber sitzt schweigend daneben. Mann ist es wichtig, zunächst ein paar Dinge zurechtzurücken: Er lehne die Bundesrepublik nicht ab, diese Darstellung sei falsch – man müsse nur verstehen, was sie sei: »Eine Nicht-Regierungsorganisation«, sagt er, »eine auf Basis des Grundgesetzes von den Alliierten eingesetzte Verwaltung.«

Thomas Mann, ein ehemaliger Feldjäger der Bundeswehr, arbeitet heute als Heilpraktiker. Wie er da sitzt, schwarzes Sakko, akkurater Haarschnitt, silberne Krawattennadel, ernster, sachlicher Ton, könnte man ihn sich gut als Landtagsabgeordneten oder Parteigeschäftsführer vorstellen. Er spricht ruhig, in gegliederten Sätzen, stützt die Ellenbogen auf und faltet die Hände.

Bloß wenn man ihn mit Zweifeln und Einwänden konfrontiert, klingt seine Stimme plötzlich ganz kalt: »Wir machen das nicht, weil wir einen Kegelclub gründen wollten«, sagt er, Schärfe im Ton. »Wir reden hier von völkerrechtlichen Fakten.« Deutschland sei kein souveräner Staat, die Gesetze werden in der Bundesrepublik mit Füßen getreten, die Bürger würden durch Steuern und Zwangsvollstreckungen enteignet. Wichtig sei nun, die Menschen zu informieren, wie ihre Rechte beschnitten würden, auch das sei eine wichtige Aufgabe der *administrativen Regierung*.

Seinen Personalausweis hat er schon vor Jahren zurückgegeben, er führt die Papiere mit sich, die der *Freistaat Preußen* ausgibt. Auf der Website gab es bis vor wenigen Monaten eine Liste all der Dokumente, die dort zu kaufen sind: Ein Staatsangehörigkeitsausweis kostet 35, eine Gewerbeanmeldung 15, eine Kfz-Zulassungsbescheinigung 40 Euro. Alles zum Selbstkostenpreis, sagt er.

Thomas Mann macht nicht den Eindruck eines Verwirrten. Aber er ist fest davon überzeugt, dass er und seine Mitstreiter eine zentrale Rolle in der Geschichte zu spielen haben. Er selbst formuliert das so: »Wir sind eine Notregierung, die während einer Reorganisationsphase dafür sorgt, dass das Volk selbst eine rechtmäßige Regierung wählt.«

Er kann, wie die meisten Reichsbürger, viele Paragrafen benennen, Zitate von Politikern, Gerichtsurteile und historische Details, die für sich nichts bedeuten, aber alle zusammen ein geschlossenes Weltbild ergeben. Er habe sehr intensiv nachgeforscht, dabei hätten sich ihm die Zusammenhänge Stück für Stück offenbart, sagt er. »Das Deutsche Reich ist nicht untergegangen, sondern durch die Alliierten handlungsunfähig gestellt worden.«

Das Deutsche Reich in den Grenzen von 1914 wohlgemerkt, also einschließlich der ehemaligen Ostgebiete. Allein in diesem Punkt zeigt sich der Revisionismus der Gruppierung, aber über dieses Thema will er nicht reden, sagt Mann, denn »die Geschichte wird immer von den Siegermächten geschrieben«.

Und der Vorwurf des Rechtsextremismus? Thomas Mann lächelt dünn. Der *Freistaat Preußen* habe sich vom Dritten Reich klar distanziert, sagt er. Allerdings las sich das zum Zeitpunkt des Interviews auf der Website des *Freistaats Preußen* noch ganz anders. Da stand, Adolf Hitler sei vom deutschen Volk in freier Selbstbestimmung mit relativer Mehrheit gewählt worden. »Von einer Nazi-Diktatur kann daher wohl kaum die Rede sein!« So stand es dort.

Fragt man Thomas Mann nach der Passage, macht er ein verblüfftes Gesicht – die Seite müsse wohl gehackt worden sein, sagt er. Wenige Stunden später sind diese Sätze von der Website verschwunden.

Der Druck auf den *Freistaat Preußen* ist in den vergangenen Monaten erheblich gestiegen. Im Oktober 2016 wurden bei einer Razzia im schleswig-holsteinischen Handewitt bei einem Ehepaar, das der Gruppierung angehört, Waffen konfisziert. Im September stoppte die Polizei nahe Köln einen Mann, der mit dem Autokennzeichen *Freistaat Preußen* herumfuhr – einen gültigen Führerschein hatte er nicht; die Beamten leiteten ein Strafverfahren ein. Im November hat die Bundesanstalt für Finanzdienstleistungsaufsicht Thomas Mann verboten, auf der Website des *Freistaats Preußen* eigene Kfz-, Haftpflicht-, Unfall- und Krankenversicherungen anzubieten.

Aber bereits bevor die Schießereien in Sachsen-Anhalt und Franken bundesweit Schlagzeilen machten, hatten Mitglieder des *Freistaats Preußen* Ärger mit der Polizei: Im März 2015 durchsuchten ein Großaufgebot des Landeskriminalamts und Spezialkräfte der Polizei ein Grundstück im Kreis Höxter, Nordrhein-Westfalen: Zwei Mitglieder der Gruppierung sollen versucht haben, im Ausland ein Maschinengewehr und andere Waffen zu kaufen. Damit wollten die beiden laut Presseberichten eine Polizeitruppe des *Freistaats Preußen* aufbauen.

Mann zieht die Augenbrauen hoch und atmet tief ein und aus.

Nichts davon sei richtig, sagt er, der *Freistaat Preußen* habe nur sein Zollabkommen mit anderen Staaten prüfen wollen und daher die Waffeneinfuhrbedingungen nachgefragt. In seiner Sicht sind all die Razzien, Kontrollen und Verbote Ausdruck von politischer Zensur, um ihn, den Systemkritiker, zum Schweigen zu bringen.

Aber auch innerhalb des Reichsbürger-Milieus hat Thomas Mann viele Widersacher. Seit einiger Zeit schon geht das Gerücht in der Szene um, dass Mann in Wahrheit ein Agent sei. Der *Freistaat Preußen* ist seit Monaten gelähmt von vehementen Machtkämpfen und Rangeleien um die prestigeträchtigsten Posten; nach Ansicht vieler Reichsbürger sind die Zerwürfnisse das Werk des Verfassungsschutzes, und Thomas Mann soll dessen Maulwurf sein, der die Gruppe von innen heraus sabotiert. Spricht man ihn auf die Gerüchte an, lacht er fast lautlos, aber heftig: Menschen, die die Wahrheit sagen, seien schon immer diskreditiert und verleumdet worden, sagt er. Früher habe man sie auf den Scheiterhaufen gestellt, heute werde man eben vom Verfassungsschutz beobachtet, der Unterschied sei graduell.

Noch immer ist regelmäßig in den Medien zu lesen, Menschen wie Thomas Mann bezeichneten sich selbst als Reichsbürger. Das trifft in den meisten Fällen nicht zu – Reichsbürger hassen es, Reichsbürger genannt zu werden. Für sie ist es eine Fremdbezeichnung, ein Etikett, das ihnen von ihren Gegnern aufgeklebt wird.

Ob es einen Begriff gibt, der ihm lieber ist? Mann überlegt kurz, dann sagt er, man könne ihn und seine Mitstreiter als die »indigene Bevölkerung« bezeichnen. Was er damit sagen will: die Ureinwohner, nicht die Zuwanderer. Thomas Mann will nicht als Spinner oder Rechtsextremer dastehen; er gibt sich Mühe, seriös und weltgewandt zu erscheinen.

Anders als Thomas Patzlaff, der eher wie ein derangierter Sonderling erscheint, macht Thomas Mann einen deutlich sachbezogeneren Eindruck. Doch in Momenten wie diesen zeigt sich, wie eng und xenophob das Weltbild der Anhänger des *Freistaats Preußen* tatsächlich ist. Mann sagt, viele Menschen rufen dieser Tage bei ihm und den anderen Mitgliedern der *administrativen Regierung* an, um sich danach zu erkundigen, wie sie die Staatsangehörigkeit des *Freistaats Preußen* bekommen können, ab und an riefen ihn auch Menschen arabischer und türkischer Herkunft an.

Diese muss er jedoch vertrösten, sagt er. Zwar soll die Einbürgerung von Zuwanderern möglich sein, wie sie es im historischen Freistaat Preußen auch war. Über das genaue Verfahren jedoch müsse die deutsche Bevölkerung aber zunächst abstimmen, damit alles seine rechte Ordnung hat.

Thomas Mann lehnt sich zurück in der Stille des Cafés, neben ihm der schweigsame Bernd Weber, der Kaffee vor ihm auf dem Tisch ist kalt geworden. »Die Menschen haben die Nase voll. Wir haben ein Rechtssystem, das Willkür übt, und ein politisches System, das Lobbyinteressen durchsetzt, statt die Fürsorgepflicht gegenüber dem Volk auszuüben«, erklärt Mann. »Deswegen kommen die Menschen zu uns, welche nach Lösungen für eine echte Rechtsstaatlichkeit suchen.«

Die meisten Vertreter der Szene lehnen es ab, sich mit Journalisten zu treffen, weil sie wissen, dass sie wenig von einer Berichterstattung zu erwarten haben – Gehör bei denen, die anfällig für ihre Thesen sind, verschaffen sie sich ohnehin über ihre eigenen Plattformen im Internet, wo Verschwörungstheorien und politische Phantasmen wuchern wie subtropische Schling- und Sumpfgewächse.

Noch nie waren so viele Informationen verfügbar wie heute, noch nie hatten so viele Menschen die Möglichkeit, zu verbreiten, was sie für wahr halten. In den Echokammern des Internets finden alle Arten von Verschwörungstheoretikern ein Publikum, oft sind die Anhänger der Szene nicht auf eine bestimmte These konzentriert, sondern nehmen alles in ihre Überzeugungen auf, was an märchenhaften Absurditäten und politischen Legenden zirkuliert – wer an die Deutschland GmbH glaubt, glaubt häufig auch an Chemtrails und Ufos; wer von der Mondlandungslüge überzeugt ist, hält auch 9/11 meist für einen Inside Job.

So geraten Menschen leicht über harmlose Spinnereien, wie die von der Existenz Außerirdischer auf Erden, zu knallharten, rechtsradikal unterwanderten Ideologien wie den Vorstellungen der Reichsbürger. Hat man sich einmal daran gewöhnt, dass die Bürger überall belogen werden, scheinen plötzlich die wahnwitzigsten Theorien glaubwürdiger als das, was in den Nachrichten oder in der Tageszeitung gesagt wird.

Ein Fokus für dieses zersplitterte, atomisierte Milieu sind Online-Videokanäle, die sich »Bewusst TV«, »Quer Denken TV« oder »Welt im Wandel TV« nennen, alles Initiativen, die sich als Gegenkraft zu den klassischen Medien verstehen und eine andere, parallele Wirklichkeit abbilden.

»Viele Manipulationen der Medien sind nachgewiesen, und die Medienlandschaft ist heute weitgehend systemhörig. Wirkliche Kritik kommt nur von Nicht-Etablierten«, sagt Jo Conrad. Also von Leuten wie ihm. Jo, eigentlich Johannes Conrad, 59 Jahre alt, Gründer und Moderator des Internet-Kanals »Bewusst TV«, zählt zu den bekanntesten Verschwörungstheoretikern in Deutschland, ein schlanker Mann mit dunklen Haaren und schmalem Asketengesicht. Er steht auf einem Parkplatz neben einem Café in Worpswede, einem Örtchen am Rand einer Moorlandschaft im Norden von Bremen. Über ihm spannt sich ein lichter, blauer Himmel, ein Nachmittag im Herbst, einer der letzten schönen Tage.

Conrad stellt zwei Mal pro Woche eine neue Folge seiner Sendung ins Netz, einer Art Talkshow mit wechselnden Gesprächspartnern. In mehr als 600 Beiträgen ist das Studio mit den dunkelblauen Wänden zu sehen, das er bei sich zu Hause eingerichtet hat. Dort sitzt er vor immer gleicher Kulisse mit seinen Gästen zusammen, dunkelblaue Wände, rote Ledersessel, Glastisch. Vorzeigen will er es an diesem Tag aber nicht. Auch Conrad ist argwöhnisch; von den etablierten Medien erwartet er nichts Gutes. Stattdessen also dieser Spaziergang im Teufelsmoor.

Während des gesamten Gesprächs lässt er ein Tonband mitlaufen, damit seine Aussagen später nicht verfälscht werden. »Die Medien benutzen den Begriff Reichsbürger, der aber nur eine Schubladenwirkung haben soll, damit sich keiner intensiver damit befasst.« Ehe es zu dem Termin im Teufelsmoor kam, hatte er eine Reihe von Bedingungen gestellt. Sein Wunsch, den Bericht zu kontrollieren, ist deutlich, ebenso seine Furcht, diffamiert zu werden.

Alle Zitate will er zunächst freigeben, ehe sie veröffentlicht werden dürfen. Außerdem schickt er eine Liste von Aussagen, von denen er will, dass sie nach Möglichkeit in dem Text auftauchen. Darin steht zum Beispiel: »Es würde wahrscheinlich kaum jemand die Legitimation eines Staates in Frage stellen, wenn Menschen nicht eine zunehmende Entrechtung, Ungerechtigkeiten und Willkür erleben würden, und das Gefühl hätten, es geht in Richtung einer von Machtinteressen bestimmten Gesinnungsdiktatur.«

Bei dem Spaziergang im Teufelsmoor sagt er, den Menschen, die er kenne, gehe es nicht um irgendein Reich, sondern darum, dass sie in Frieden und Freiheit leben können. »Ich würde eher sagen, es ist eine Souveränitätsbewegung. Menschen suchen nach gesetzlichen Grundlagen und gucken: Wo findet Entrechtung statt? Und wie kann man sie rückgängig machen?«

Jo Conrad ist kein Vordenker der Reichsbürger. Mehr als politische Verschwörungstheorien interessieren ihn Themen wie Esoterik, Außerirdische, Geheimlogen und Dracos, auch bekannt als Reptiloide, mysteriöse Echsenwesen, die getarnt als Menschen unter uns leben. Aber er steht der Szene sehr nahe, es gibt große Schnittmengen: Auf seiner Website ist unter dem Punkt »Allgemeine Handels- und Geschäftsbedingungen« eine sogenannte Lebenderklärung hinterlegt, eine Formel, mit der Reichsbürger glauben, ihre Rechte wahrnehmen zu können.

Auch seinen Personalausweis hat er zurückgegeben. Und als im Jahr 2009 eine Gruppe von Reichsbürgern in einem baufälligen Gutshaus in der Prignitz, Brandenburg, das *Fürstentum Germania* ausruft, ist Conrad in vorderster Linie mit dabei, ebenso wie Thomas Patzlaff und viele andere bekannte Vertreter der Szene. Später gründet er gemeinsam mit Michael Vogt, namhafter Verschwörungstheoretiker mit eigenem Videokanal, das Projekt *Aufbruch Gold-Rot-Schwarz* als Versuch, die fragmentierte Reichsbürger-Szene zu einen. Alle diese Initiativen sind jedoch gescheitert.

Viel Resonanz erzielt Conrad dagegen mit seinem Videokanal, den er 2010 gründete und der zu einer zentralen Plattform für eigenwillige Theoretiker aller Couleur wurde, die sich dort darstellen, für sich werben und sich zu vernetzen versuchen: Thomas Mann war schon bei ihm zu Gast, ebenso wie Peter Fitzek, Kopf des *Königreichs Deutschland,* Selim Sürmeli, Erfinder des *Deutschen Amts für Menschenrechte,* Rüdiger Hoffmann von *Staatenlos.info* und Wolfgang Ebel, Reichskanzler der *Kommissarischen Reichsregierung Exilregierung Deutsches Reich.* – Sie alle sind in seiner Sendung willkommen, sie alle bekommen bei Jo Conrad eine Bühne, um ihre Ideologien auszubreiten, ob es sich nun um

Reichsbürger handelt, um Wunderheiler, Ufologen, Hohlweltreisende oder Holocaustleugner.

Conrad geht langsam am Ufer eines Kanals entlang, den Blick geradeaus, die Hände in den Taschen, unter seinen Füßen raschelt Herbstlaub. Er hat kein Ziel, nur den Weg. Wer sich mit ihm unterhält, fühlt sich wie nach einem Sturz durch einen Kaninchenbau in ein Land versetzt, wo es keine Gewissheiten mehr gibt, sondern nur noch ein Gemenge aus politischen Märchenerzählungen, spiritualisierender Seichtphilosophie und kapitalismuskritischen Neuzeit-Legenden.

In Sicherheitskreisen gilt Jo Conrad als Braun-Esoteriker; die Hamburger Behörde für Inneres hat ihm in der Broschüre »Brennpunkt Esoterik« vorgeworfen, mit »antisemitischen Klischees« zu hantieren. Er beziehe sich in seinen Büchern auf die »Protokolle der Weisen von Zion«, eine antisemitische Fälschung, an einer Stelle ist dort sogar vom Einfluss der Juden auf ihre »Wirtsländer« die Rede. Wer Jo Conrad auf diese Vorwürfe anspricht, blickt in ein abweisendes Gesicht, darüber wolle er nicht reden, sagt er. Später schickt er zu diesem Punkt noch eine E-Mail: »Meinungsvielfalt bedeutet auch, abstoßende Meinungen zuzulassen«, und: »Mit dem Vorwurf des Antisemitismus wird jeder Dialog blockiert.«

Jo Conrad sagt, dass auch er die Wahrheit nicht kennt, aber sein Standpunkt ist deutlich: In seinen Sendungen sympathisiert er offen mit seinen Gästen; Einwände oder kritische Fragen hat er nicht vorzubringen. Doch er selbst bleibt gern im Ungefähren; seine Überzeugungen fasst er in rhetorische Fragen: Gibt es kosmische Gesetze? Gibt es Außerirdische? Gibt es HIV? Ist die Bundesrepublik ein Staat? Für ihn hängt alles zusammen, Ufos und Chemtrails, die Intrigen der Pharmaindustrie, die 9/11-Lüge, die Inszenierung der Mondlandung – wenn wir alle ständig und überall manipuliert werden, wer weiß dann schon, was wahr ist und was nicht? »Man kann einzelne Themen nur begreifen, wenn man sieht, dass hinter den offensichtlichen Strukturen noch andere Strukturen sind«, sagt er.

Auch Conrad will das Wort Reichsbürger nicht verwenden. In einer längeren E-Mail, die er in den Tagen nach dem Gespräch im Teufelsmoor noch schickt, schreibt er: »Hier soll offenbar ein Begriff etabliert werden, der pauschale Verurteilung ermöglicht, damit soll haarscharf am Verstand vorbei Abscheu erzeugt werden, ohne dass genauer gefragt wird, was der Begriff eigentlich bedeutet.« So werde Hass geschürt auf Menschen, die sich kritisch mit der Rechtslage in Deutschland befassen. Seit der Schießerei im fränkischen Georgensgmünd am 19. Oktober 2016, bei der ein Reichsbürger das Feuer auf Beamte eines Spezialeinsatzkommandos eröffnete und dabei einen Beamten tötete, sei dies alles noch viel deutlicher. Jo Conrad fragt in seiner Mail: Ist der Polizist wirklich tot? Wie sicher ist das, was geschehen ist? Wer hat zuerst geschossen?

Als er an einem kleinen Bootssteg vorbeikommt, hält er kurz inne und sammelt seine Gedanken, auf der Wiese gegenüber rumort ein Gärtner mit einem Laubsauger; sonst ist ringsum alles still. Jo Conrad ist in dieser entlegenen, kargen Region aufgewachsen. Er verließ das Gymnasium ohne Abitur, begann eine Ausbildung zum Fotografen und brach sie wieder ab. Zehn Jahre lang machte er Landschaftsfotos für Kalender, fuhr Taxi, komponierte. Im »Offenen Kanal Bremen« moderierte er eine Show. Sein erstes Buch »Entwirrungen« kam 1996 heraus, ein Bestseller, der inzwischen in zehnter Auflage erschienen ist. Es geht darin um vermeintliches Geheimwissen, etwas spirituelle Sinnsuche und einen bunten Strauß von Verschwörungstheorien, das Kennedy-Attentat, Außerirdische, Terrorismus, wobei alles natürlich in Wahrheit ganz anders ist, als die Mächtigen das Volk glauben machen wollen.

Weitere Bücher mit sehr ähnlicher Ausrichtung folgten, mit gleichem Inhalt, ohne den gleichen Erfolg.

Jo Conrad kann in ruhigem, beiläufigem Ton den widersinnigsten Quatsch erzählen, aber er bleibt sachlich, spricht ohne Emphase oder große Gesten. Er ist kein geborener Rhetoriker, er nuschelt leicht, drückt sich oft vage aus, sagt Glyphosphat statt Glyphosat. Aber Conrad ist kein Wirrkopf, und mitunter scheint das, was er sagt, gar nicht abwegig: Man muss kein Verschwörungstheoretiker sein, um zu finden, dass der Einfluss von Wirtschaftslobbyisten auf die Politik zu groß ist. Aber dann driftet er von dort wieder fließend in Bereiche, die klingen wie der Stoff für Wühltisch-Literatur: Außerirdische haben die Menschheit unterwandert. Aids ist eine Erfindung der Pharmaindustrie. Flugzeuge besprühen die Welt mit chemischen Giften. Und im Hintergrund agieren Geheimbünde, die nach der Weltherrschaft streben. »Uns wird vorgespiegelt, dass wir eine freiheitlich-demokratische Grundordnung haben«, sagt er. »Das ist eine Farce, wenn man sieht, wie Interessengruppen ihre Machtspiele vorantreiben.«

Ist das noch Kapitalismuskritik oder schon esoterische Fantasterei? Oft ist nicht ganz durchsichtig, wo Conrad steht. Fest steht nur, dass er viel Zustimmung findet. Die »Bewusst TV«-Sendungen erreichen auf YouTube 30 000, 40 000 Klicks. Dutzende Fangruppen haben sich formiert, »Bewusst-Treffs« in Baden-Baden, in Wuppertal, und sogar auf Bali gibt es eine. »Ich sage nicht: Ich hab' die Wahrheit gepachtet«, erklärt Conrad. »Es ist nicht so, dass ich einfach nachplappere, sondern ich suche sie und hinterfrage alles.« Das ist so ein Satz, den er sich zurechtgelegt hat, ein anderer ist: »Ich bin nicht rechts und nicht links, ich bin vorne.«

Wer wissen will, welche Menschen Jo Conrad bedient, kann Hanne Feibig fragen. »Jo lässt auch Leute zu Wort kommen, die bei den öffentlich-rechtlichen Medien nicht berücksichtigt werden«, sagt sie, »ich habe dann die Möglichkeit, mir eine eigene Meinung zu bilden.« Im Fernsehen dagegen würden Fakten zurechtgedreht und manipuliert; Raum für kritische Stimmen gebe es nicht, wer sich kritisch über die Missstände in Deutschland äußere, werde kaltgestellt.

Hanne Feibig ist eine füllige Frau in den Fünfzigern, sie trägt dicken Silberschmuck und viel Kajal um die Augen. Zu dem Gespräch war sie gern bereit, auch wenn sie skeptisch ist, was genau das Ziel dieses Beitrags sei. Und ob es der Autorin wirklich einmal darum gehe, neutral zu berichten? Trotzdem will sie ihre Meinung sagen, sie will gehört werden mit ihren Sorgen und Zweifeln, mit ihrer Unzufriedenheit. Als Treffpunkt hat sie ein Restaurant in einer ruhigen Siedlung in Berlin-Schönefeld vorgeschlagen; sie sitzt an einem abgelegenen Tisch in der Ecke, auf ihrem Handy klebt ein Sticker: »Look at the Sky. Stop Chemtrails.«

Mit den Chemtrails fing alles bei ihr an, Streifen aus vermeintlichen Giftstoffen, die Flugzeuge am Himmel hinterlassen, Spuren von Geo-Engineering im Auftrag finsterer Mächte, seit den 1990er-Jahren eine der gängigsten Verschwörungstheorien. Hanne

Feibig ist in der DDR groß geworden, sie hat früher eine Gaststätte geführt, dann ein Kosmetikstudio eröffnet, aber sie hatte kein Glück. Heute stockt sie ihre kleine Witwenrente mit Hartz IV auf. Vor sechs, sieben Jahren fiel ihr auf, dass der Himmel über ihr so seltsam aussieht, ganz anders jedenfalls als früher in ihrer Kindheit. Sie hat überall angerufen, in der Flughafenbehörde, im Umweltamt, und überall fragten sie nur: »Geht's Ihnen gut?« Da fing sie an, im Internet zu suchen, und fand ein ganzes Netzwerk von Leuten mit eigenen Foren, Kanälen, Experten. Sie sagt, so viel Verlogenheit wie es bei den etablierten Medien gibt, das hätte sie nie vermutet. Die Manipulation sei geschickt gemacht, wer die Wahrheit sage, könne daher nur anecken. »Man ist ein normaler Mensch, der einfach Antworten will.« Je länger sie im Internet suchte, umso mehr Stoff fand sie. Anfangs interessierte sie sich vor allem für spirituelle Fragen, Sterben, Tod und das Leben danach und eben Chemtrails. Doch nach und nach griffen die Zweifel an der Wirklichkeit auch auf ihre politische Meinung über. Längst hat sie auch Kontakt zum Reichsbürger-Milieu; auch deren Theorien haben sich bei ihr verfangen. Gerade, dass die Medien zuletzt häufiger über das Thema berichteten und die Protagonisten als potenziell gefährliche Spinner darstellten, hat sie stutzig gemacht, und sie dachte sich: Wenn die so heftig attackiert werden, muss da doch was dran sein!

»Man muss sich doch mit zur Verfügung stehendem Material auseinandersetzen dürfen«, sagt sie. »Bei mir führen diese Anfeindungen zu Hilflosigkeit und Verwunderung: Ich dachte, wir haben hier Demokratie und Freiheit.« Hanne Feibig guckt schon seit Längerem keine Fernseh-Nachrichten mehr, sie informiert sich ausschließlich im Internet, bei »Bewusst TV« und ähnlichen Kanälen. Zeitungen und die öffentlich-rechtlichen Fernsehsender gäben eine eindeutige Wahrheit vor, die aber in Wirklichkeit eine Lüge sei. Menschen wie Jo Conrad dagegen zeigten verschiedene Möglichkeiten auf, aus denen sich der Zuschauer selbst ein Bild machen könne – so Hanne Feibig. »Was mich anspricht, ist seine naive Natürlichkeit«, sagt sie. »Er stellt einfach Fragen. Er verspricht und verhaspelt sich, und das ist das, was einem das Gefühl gibt, dass er völlig authentisch nach Informationen sucht.«

Ortswechsel. In einem Hotel im Zentrum von Leipzig erörtert ein Mann, 57 Jahre alt, mit ovalem Gesicht und etwas struppigem Schnauzbart Grundfragen des Völkerrechts. Es ist ein Sonntag im August 2016, wieder einmal beginnt eine Schulung von Peter Frühwald, der zu den Köpfen der Reichsbürger-Bewegung zählt: »Aktuelle rechtliche und völkerrechtliche Situation in Deutschland – Die Staatliche Selbstverwaltung nach Völkerrecht« – so lautet der Titel des eintägigen Kurses. Es wird um die Rechtslage in Deutschland gehen, um die UN-Resolution 56/83, die Personenstandsregelung und den richtigen Umgang mit den Behörden. Die Schulung geht von 10:30 bis etwa 18 Uhr, sie kostet 120 Euro, inzwischen hat Frühwald die Gebühr auf 137 Euro angehoben.

Frühwald sitzt mit ganzem Gewicht in einer Kunstledercouch vor einer Fensterfront der Hotellobby. Zunächst kassiert er den Teilnahmebeitrag, dann packt er ein Exemplar seines Buches aus, es heißt: »Wussten Sie, dass das Besatzungsrecht in Deutschland noch immer gilt? Ein Aufklärungsbuch für alle mündigen Deutschen und Österreicher!«, man kann es auch bei großen Internet-Versendern bestellen, für 15,90 Euro pro Stück. Möglich seien auch individuell vereinbarte Gruppenseminare, sagt Frühwald mit schwerem bayerischem Akzent, er reise auch gern mal nach Berlin, wenn eine Gruppe von Teilnehmern zusammenkomme, alles kein Problem.

Peter Frühwald ist so etwas wie ein Handlungsreisender in Sachen Deutschland-GmbH. Er ist so gut wie jedes Wochenende unterwegs, jeden Samstag, jeden Sonntag, ob in Leipzig, in Regensburg oder in Stuttgart. Viele Leute kommen nie zu den Seminaren, sagt er, manchmal referiert er vor zwei oder drei, manchmal vor zehn Teilnehmern.

Diesmal sind nur zwei Leute gekommen, dass eine Reporterin dabei ist, weiß er nicht; neben ihm sitzt noch ein junger Mann mit Drahtbrille und schwarzem T-Shirt, der die meiste Zeit über schweigt. Frühwald hat Ausdrucke mitgebracht, Kopien und Schnellhefter voller Musterbriefe. Vorlagen, die den Teilnehmern seiner Schulung helfen sollen, sich gegen die Behörden zu wehren. »Das alles«, sagt er, »können Sie so übernehmen.«

Peter Frühwald stammt aus Fürth und wuchs in Nürnberg auf. Er war als selbstständiger Vertreter tätig und mehr als 20 Jahre lang in der CDU/CSU aktiv. 2005 verließ er die Union und probierte es in der FDP. Dann gründete er gemeinsam mit der als »CSU-Rebellin« bekannt gewordenen früheren Politikerin Gabriele Pauli eine Partei namens *Freie Union*, die sich jedoch bald wieder auflöste – 2010 bildete er schließlich seine *Arbeitsgemeinschaft Staatlicher Selbstverwaltungen*.

Frühwalds Thesen ähneln im Kern denen anderer Reichsbürger: Der Staat Deutschland existiert nicht, weil es keine Verfassung und keinen Friedensvertrag nach dem Zweiten Weltkrieg gegeben habe. Niemand habe sich deshalb den Regeln der Behörden unterzuordnen; stattdessen könne sich jeder mittels einer sogenannten Personenstandserklärung aus dem System befreien und ohne Bevormundung leben. Wer alle formellen Regeln beachte, kann sich demnach praktisch unter staatliche Selbstverwaltung stellen; hierbei beruft sich Frühwald auf die UN-Resolution A/RES/56/83, die bis heute nur Entwurfsstatus hat. Aber wie Frühwald es darstellt, eröffnet sich dadurch die Möglichkeit, im Fall von Abwesenheit oder Ausfall staatlicher Stellen faktisch selbst hoheitliche Rechte auszuüben.

In Peter Frühwalds Weltsicht bedeutet das in erster Linie auch, dass man sich danach von Ämtern und Behörden nichts mehr sagen lassen muss und dass es auch nicht mehr nötig ist, Steuern, Gebühren oder Abgaben zu bezahlen. Peter Frühwald hat mit seinen Vorträgen und Schulungen schon so manchem seiner Anhänger gewaltigen Ärger eingebrockt; es sind Fälle von Menschen bekannt, die sich auf sein Konzept der *Staatlichen Selbstverwaltung* beriefen, alle Zahlungen ans Finanzamt einstellten – mit der Folge, dass sie irgendwann vor dem Ende ihrer Existenz standen, weil Frühwalds Formeln eben doch nicht wirksam vor Pfändungen, Gerichtsvollziehern und Zwangsvollstreckungen schützen.

Der bekannteste Anhänger Peter Frühwalds dürfte wohl der Berliner Pyrotechniker Daniel S. sein, der bis Mitte 2012 auf seinem Grundstück in Neukölln mehrere Tonnen Sprengstoff und zum Teil gefährliche Chemikalien gelagert hatte. Um einem Verfahren wegen Ordnungswidrigkeiten zu entgehen, holte er sich Rat bei Peter Frühwald – mit dem Ergebnis, dass S. keine Steuern mehr zahlte, wirre Schreiben an die Behörden verschickte und die Mitarbeiter sich von ihm massiv bedroht fühlten. Letztlich wurde S.' Grundstück geräumt, er wurde wegen einer wahnhaften Störung in die Klinik des Maßregelvollzugs eingeliefert und schließlich als nicht schuldfähig freigesprochen. Heute sagt S. über Frühwald und seine Verbündeten: »Das sind Betrüger, die nutzen die Notlagen von Leuten aus.«

Aber um diese Fälle geht es in der Schulung natürlich nicht. Wer Frühwald zuhört, merkt schnell: Da ist jemand ganz versessen auf Regeln und Vorschriften, nur eben auf die, die er sich selbst zurechtgelegt hat. Für Frühwald führt der Weg zur Freiheit über die Bürokratie, über Erklärungen, Schriftsätze und Paragrafen. Und weil es im Kampf gegen Unterdrückung und Willkür bis ins Detail definierte Richtlinien gibt, kommt es auf jede Kleinigkeit an: »Wir arbeiten nur mit Tinte«, sagt Peter Frühwald. Der Name muss auf einer Lebenderklärung in blauer Farbe geschrieben sein, und wenn dann noch drei Zeugen ihren Daumen daruntersetzen, wohlgemerkt in Rot, ist das Dokument wirksam. »Damit erklären Sie der Struktur der Bundesrepublik, dass Sie Ihre Rechte wieder wahrnehmen.«

Draußen vor dem Fenster bricht der Mittag an; in den Fenstern des Gewandhauses nebenan spiegeln sich milchige Wolkenfetzen; ein paar Touristen schwärmen über den Augustusplatz, der Nikolaikirche entgegen. Peter Frühwald ist auf unterschiedlichen Plattformen unterwegs, er führt einen Blog, einen YouTube-Videokanal und einen Twitter-Account, und natürlich war er auch schon in der Talkshow von Jo Conrad zu Gast. Auf seiner Website schreibt er seit dem Anstieg der Flüchtlingszahlen 2015 vor allem über das Thema Einwanderung, er hetzt in offen rassistischem Ton gegen muslimische Migranten, die er pauschal als »Eindringlinge«, Kriminelle und Sozialbetrüger beschimpft.

Aber auch darum geht es in seiner Schulung nur am Rande; im ersten Teil breitet Frühwald zunächst aus, wie es zu der gegenwärtigen politischen Situation kommen konnte. Er setzt also an zu einem langatmigen Parforceritt durch die Menschheitsgeschichte, es geht um den Dreißigjährigen Krieg, um Napoleon, die Boston Tea Party, die Weimarer Republik, den Einzug der Mauren in Spanien und die türkische Belagerung Wiens. »Momentan haben wir die dritte islamistische Revolte gegen das Christentum«, sagt er düster, »man versucht, uns zu unterwandern. Das gehört zum Langzeitplan von Großbritannien und dem Vatikan.«

Das sind, wenn man Frühwald folgt, die beiden Mächte, die nach der Weltherrschaft streben: Der Vatikan im geistlichen Sinne, und Großbritannien, genauer gesagt, die Banker in der City of London, im weltlichen. Der junge Mann neben ihm verschränkt die Finger und lässt die Gelenke knacken. Den Deutschen, sagt Frühwald, wurde nach dem Zweiten Weltkrieg eine illegitime Verwaltung aufgezwungen, über die das Volk nie abgestimmt habe, dagegen aber könne man sich wehren. Als Alternative bietet er die *Staatliche Selbstverwaltung* an, zu der er alle einlädt: »Wir brauchen Struktur und Masse, damit die Leute sich abmelden und bei uns neu anmelden.« Dafür seien aber zunächst ein paar Handlungen erforderlich, wichtig sei vor allem, den Personalausweis zurückzugeben. Der junge Mann neben ihm nickt und ergreift nun das Wort: »Werden Sie das Ding los. Das entrechtet Sie total.« Er selbst sei wegen der GEZ auf die große politische Verschwörung in Deutschland gestoßen; er habe im Internet nach Wegen gesucht, wie sich die Gebühren vermeiden lassen – da kam er direkt auf eine Fülle von Seiten, die von Reichsbürgern betrieben und mit Informationen gefüllt werden. Nun sei er hier, um von Frühwald zu lernen, wie man sich vor Pfändungen und Gerichtsvollziehern schützen kann.

Im zweiten Teil des Seminars wird Frühwald dann auch praktischer. Er erklärt, wie man um die Zahlung von Bußgeldern herumkommen kann. In einem der Hefter, die er ausgeteilt hat, ist ein realer Beispielfall zu finden; es ging um einen Strafzettel, den er erhalten hat, um einen Betrag in Höhe von 20 Euro.

Der Chef des Polizeiverwaltungsamts habe ihn durch die Forderung »entehrt«, sagt Frühwald ernst: »Damit hat er im Handel von Mensch zu Mensch ein Vergehen begangen.« Also schrieb er zurück, er akzeptiere das Angebot der »Firma Polizeiverwaltungsamt« – stelle aber gleichzeitig eine Gegenforderung in Höhe von 20 Millionen US-Dollar. In seiner Weltsicht ist nun nicht mehr er der Schuldner, sondern die Behörde. Frühwald hat rund ein Dutzend Erklärungen verschickt, Mahnungen, Inverzugsetzungen, Verpflichtungserklärungen.

In den Mappen, die Frühwald verteilt hat, lassen sich seine Briefe nachlesen: »Leider wurde meine Rechnung an Sie noch nicht beglichen«, steht da zum Beispiel. »Das Pfandrecht wird nach dem 12. 10. 2013 ausgestellt, gleichzeitig ein Dead Man's Trap eingerichtet und nach bis dahin noch nicht erfolgter Gegendarstellung / Erklärung unter Eid durch Sie, in einem internationalen Schuldnerverzeichnis nach erneuter Frist im Pfandrecht eingetragen.« Oder: »In dem Fall dass das Versagen des Empfängers / Schuldners die Erklärung der Tatsachen unter Eid des Erklärenden Peter Frühwald und der darauf folgenden Mahnung – notice of fault mit der Verpflichtung einer entsprechenden Erklärung unter Eid, den Widerspruch in Anspruch zu nehmen, auf ein Versehen, einen Irrtum oder sonst wie unbeabsichtigt war, gibt der Erklärende / Anspruchsteller, Peter Frühwald, dem Empfänger / Schuldner nochmal 120 Stunden Zeit, um den Fehler zu heilen.«

Es ist inzwischen bekannt, wie oft Behörden derartige Briefe erhalten, seitenlange Traktate voller konfuser, unverständlicher Formulierungen, juristischem Aberwitz und direkter Drohungen. In Frühwalds Fall gab es nie eine Antwort darauf. Andererseits sei es der Polizeiverwaltung aber auch nicht gelungen, das Bußgeld einzutreiben, sagt er. Der Briefwechsel hörte irgendwann einfach auf. Frühwald wertet das als Sieg. Seine Musterschreiben zeigen deutlich, dass er selbst die formelle, fest gefügte Sprache der Bürokratie nutzt, oder besser gesagt: eine dunkel aufgeladene, groteske Version davon. Sein Konzept stützt sich auf den Uniform Commercial Code, eine Art Entwurf für ein vereinheitlichtes Handelsrecht in Amerika, auf britisches Seefahrtsrecht, auf die Haager Apostille – und das alles verquirlt mit esoterischem Beiwerk und irgendwelchen kosmischen Gesetzmäßigkeiten.

Es ist, als hätten bestimmte Dokumente wie Talismane die Macht, Menschen zu versklaven oder zu befreien. Alles hat eine Bedeutung, zum Beispiel wie man seinen Namen schreibt, zuerst den Vor- und dann den Nachnamen oder umgekehrt, ob ein Doppelpunkt dazwischen steht oder nicht. Es gibt sogar Schreiben, die tatsächlich mit einem Blutdaumen unterzeichnet werden müssen – wie ein Teufelspakt im Märchen.

Am späten Nachmittag packt Peter Frühwald seine Unterlagen zusammen; er deutet noch einmal auf die Mappen, die er verteilt hat: »Wenden Sie es an, aber wenden Sie es richtig an«, dann schnappt er seinen Aktenkoffer und verschwindet durch die

Tür im Strom der Passanten draußen auf dem Augustusplatz. Auf seiner Website sind bereits Termine für neue Schulungen in den kommenden Wochen angekündigt – dort kann man sich gleich online anmelden, auch individuelle Onlineberatungen zu spezifischen Problemen über Skype sind möglich.

Jean-Philipp Baeck

Wenn er König von Deutschland wär'

Peter Fitzek und sein Imperium in Wittenberg

Angerückt sind sie mit mehreren Rammböcken, Unimog-Lkw und schusssicheren Westen: Als im Mai 2017 rund hundert vermummte Polizisten das umzäunte Anwesen samt beige-gelber herrschaftlicher Häuser am Rande des sachsen-anhaltinischen Wittenberg stürmten, hätte dies auch das endgültige Ende von Peter Fitzek und seinem nationalen Projekt sein können. Hier, auf dem neun Hektar großen ehemaligen Klinikgelände, hatte Fitzek das sogenannte *Königreich Deutschland* ausgerufen. Seit 2012 war er der »Oberste Souverän« und machte als »König von Deutschland« bundesweit Schlagzeilen. 2017 aber ist er in Haft. Die rot-weiß gestreifte Schranke am Eingangstor lässt den einstigen Grenzübergang zu der real-existierenden Fantasiemonarchie nur noch erahnen.

In den Reihen derer, die die Bundesrepublik für ein besetztes Gebiet halten, hat es Fitzek weit gebracht. Mit brauner Esoterik, Verschwörungstheorien und religiösen und nationalen Erneuerungsfantasien schaffte es der Mann mit der hohen Stirn und dem dünnen Pferdeschwanz, eine treue Anhängergemeinde um sich zu scharen. Geboren 1965 in Halle, machte er eine Ausbildung zum Koch, arbeitete als Karatelehrer und Videothekar. Seit 2009 baute er an seinem kleinen Imperium. Neben dem großen Klinikgelände gehörten dazu zeitweise ein *Lichtzentrum* mit Esoterikladen im Wittenberger Stadtzentrum, ein Gelände in Reinsdorf und Industriehallen in Piesteritz – Immobilien, die Fitzek zufolge zusammen mehrere Millionen Euro gekostet haben sollen. Für sein Reich gab Fitzek eigene Pässe und Kfz-Kennzeichen aus, gründete alternative Gesundheitskassen, eine Rentenkasse, eine Haftpflichtversicherung, eine eigene *Königliche Reichsbank* und mit dem »Engelgeld« auch eine Regionalwährung.

Er wirkte überzeugt davon, komplett an der Gesellschaft vorbeileben zu können. In enger Gemeinschaft wohnten zuletzt knapp über ein Dutzend Menschen auf dem ehemaligen Klinikgelände als seine Untertanen. Der weitere Kreis seiner auch zahlenden Anhänger umfasste dabei mehrere Hundert Menschen. Sie folgten einer Ideologie aus Verschwörungstheorien und Esoterik, in der Geistheiler und antisemitische Germanische Neue Medizin für Gesundheit sorgen sollten, die BRD kein Staat, sondern nur ein Verwaltungsorgan einer Firma sei und das Grundgesetz ein »besatzungsrechtliches Mittel der alliierten Siegermächte«. Ihre Orientierung: ein Deutschland in den Grenzen von 1937 oder auch »nach dem Stande vor dem Versailler Diktat«, ein großes Deutschland also, inklusive Ostpreußen bis zur Memel und Oberschlesien bis kurz vor Krakau. Vorerst aber mussten sich Fitzek und seine Anhänger mit ihrer neuen Kleinmonarchie begnügen. Gleichwohl hatten sie Großes vor: Ihr *Königreich* sollte »Heimstadt für alle Deutschen« werden, die Welt vom »überholten Zinssystem« befreien und ihnen für eine »göttliche Ordnung als Werkzeug« dienen.

Führer mit Fähigkeiten

Auf der Website des *Königreichs* zeigen Fotos lächelnde Menschen bei der Gartenarbeit auf dem Klinikgelände, beim gemeinsamen Handwerkeln, Kochen und Essen – sie vermitteln das Bild einer harmonischen Landkommune. Tatsächlich erinnert die Inszenierung mit Sonnen- und Engelssymbolik vor gold-rot-schwarzer Fahne eher an einen sektenartigen Kult – ausgerichtet auf Peter Fitzek. Teilweise lebten junge Menschen jahrelang und einen großen Teil ihres Lebens in seinem Dunstkreis. Sie stehen bis heute fest zu ihm.

Dass um ihn ein Personenkult mit religiösen Zügen aufgebaut wurde, offenbart ein Video aus dem Jahr 2015, in dem einige seiner Anhänger einen Einblick geben wollen, »wer Peter wirklich ist«: Begleitet von Klaviermusik und inszeniert vor einer sommerlichen Wiese, sagt da etwa eine Frau namens Conny, die als Pädagogin und Therapeutin vorgestellt wird: »Peter hat mir die

Augen geöffnet.« Fast zu ergriffen, um zu sprechen, weiß sie Erstaunliches über ihn zu berichten: Fitzek habe in kochendes Wasser greifen können und im Winter trotz dünner Kleidung nicht gefroren. Sie erzählt, wie er einmal mit dem Auto ohne Hände am Lenkrad durch eine Kurve gefahren sei. Sogar Regenwolken will sie mit ihm zusammen bei einem Ausflug allein durch einen Blick in den Himmel nach links und rechts verschoben haben. Matthias wiederum vergleicht Fitzek mit einem Künstler mit Berufung. Ein Vorbild, ein Lehrer sei er, sagt Ute. Er gehe vorweg und »führt auch«. Das meine sie im positiven Sinne, weil das Wort Führer ja oft falsch verstanden werde. Ute erzählt auch, wie sie Fitzek auf einem seiner Seminare mit einem Messer in den Unterarm stechen sollte, doch wie er das mit seiner Gedankenkraft habe verhindern können. »Ich habe das Leuchten gesehen«, sagt sie, »er hat den göttlichen Funken in sich.«

Bereits vor der Ausrufung des *Königreichs* sollen Hunderte Interessierte zu Fitzeks Seminaren in das *Lichtzentrum* in Wittenberg gekommen sein, trotz erheblicher Teilnahmegebühren. Jenseits von Traumfängern, Klangschalen, Regenbogenkristallen und Feng-Shui-Artikeln, die im angegliederten »Engelwelten«-Laden im Sortiment waren, begann Fitzek ab 2009 im *Lichtzentrum* neben dem esoterischen auch mit einem staatspolitischen Seminarprogramm: In »Recht I – Staats- und Völkerrecht« etwa erklärte er für über 30 Euro pro Teilnehmer unter anderem, »warum die BRD kein Staat ist«. Das Seminar sei auch »ein kleiner juristischer Selbstverteidigungskurs gegen Willkür und Ungerechtigkeit, gegen Manipulation und Abzockerei«. Im Aufbauseminar »Recht II« lernte man laut Seminarankündigung, wie es einem gelingt, »selbst einen neuen Rechtsrahmen mit aufzubauen, in dem Sie keine Steuern, keine Bußgelder, Abgaben und sonstige ungerechtfertigten Geldleistungen an ein ungerechtes System zahlen müssen« – Teilnahmegebühr im Vorverkauf von 161 Euro pro Person. All das waren Vorboten dessen, was Fitzek in den darauffolgenden Jahren vorhatte. Auch eine »Arbeitsgruppenbildung zur Umsetzung von Engelgeld, Gesundheitsfond und Kooperationskasse zur Finanzierung alternativer Projekte« stand 2009 schon auf dem Programm. Sein Verein, *Neudeutschland*, den er im selben Jahr gründete, wurde laut Verfassungsschutz nicht ins Vereinsregister eingetragen, da die Vereinsziele – die Beseitigung der staatlichen Ordnung der Bundesrepublik Deutschland – offenkundig nicht mit dem Grundgesetz vereinbar seien.

Drei Jahre später lockte die Krönungszeremonie Hunderte zahlende Gäste nach Wittenberg: In einer Industriehalle ist auf einer Bühne ein Altar mit Kerzenständern und Engelsfigur aufgebaut. Fitzek schreitet zur Musik von »Also sprach Zarathustra« von Richard Strauss zur Bühne, hinter ihm sieben seiner Jünger. Ein Zeremonienmeister ist verkleidet mit einem Umhang, der an Harry-Potter-Filme erinnert, klopft hin und wieder mit einem Stab bedeutungsvoll drei Mal auf den Boden und sagt mit Predigerstimme Sätze wie: »Anbetung des Höchsten«. Fitzek kniet vor dem Altar nieder und bittet um »Führung des Herren«. Später werden ihm sein Königsmantel in Hermelin-Optik umgehängt, dann Reichsapfel, Zepter, Krone und Schwert übergeben – alles mit ernster Miene.

Die Rituale hätten alle einen rechtlichen Grund, erklärte Fitzek später in einem Video auf der Website des *Königreichs*, unterlegt mit dem »Heilig, heilig, heilig« aus dem »Sanctus« der »Deutschen Messe« von Franz Schubert. »Um die Zeremonie sowohl rechtswirksam als auch relativ unkompliziert zu gestalten, haben wir uns entschieden, mit acht Personen den Staat zu gründen«, sagte er. So bombastisch wie möglich sollte es zugehen, und doch erinnerte die Krönungszeremonie eher an die Übung einer verschrobenen Laienschauspielgruppe.

Gemeinschaft über alles

Auch für das Gemeinschaftsleben in seinem *Königreich* berief sich Fitzek auf religiöse Vorstellungen: Laut Schöpfungsgeschichte müsse jedes Lebewesen einen Beitrag leisten. Sobald sie die Einbürgerungspapiere für knapp 400 Euro bezahlt hatten, konnten die Menschen in seinem System leben, das ja angeblich ohne Steuern funktionierte. Wegen der schlanken Verwaltung müssten sie nur vier Stunden arbeiten, den Rest der Zeit, drei bis vier Stunden, könnten sie »ehrenamtlich« für das Gemeinwesen tätig sein, um es weiter zu verbessern.

Das alles geschah in klarer Hierarchie. Zum Thema Gleichberechtigung steht in der Verfassung nur ein Satz: »Kein Deutscher darf gegenüber einem Ausländer benachteiligt werden.« Dass alle gleichberechtigt etwas zu sagen hätten, sei wider die Natur, findet Fitzek. Und kein Zweifel bestand, wer in seiner Monarchie der Chef war. »Die Menschen folgen immer nur jemandem, der weit über ihnen steht«, erklärte er dem MDR 2015.

So gab es in seinem Staat drei Stände, und wahlberechtigt war nur, wer eine Prüfung ablegte und nachweisen konnte, dass er Entscheidungen verantworten kann. »Ich begreife die Menschen als Teil eines Organismus, und wenn es dem Organismus gut geht, geht es auch dem Einzelnen gut«, erklärte Fitzek. »So bauen wir unseren Staat auf: dass das Gemeinwohl vor dem Eigenwohl geht.«

Wer da nicht hineinpasste, wurde aussortiert: »Wenn man ein Spielfeld aufbaut, in dem die Ratten ihr wahres Gesicht zeigen können, dann kann man sehr einfach diese Leute, die nicht förderlich fürs Gemeinwesen sind, sondern eher nur zersetzend Einfluss nehmen wollen, schnell eliminieren«, sagte Fitzek in einer Interview-Szene mit dem MDR.

Auch der Soziologe Herbert Spencer, auf den die Theorie des Sozialdarwinismus zurückgeht, spricht in seinem Essay »Der soziale Organismus« 1860 von der Gesellschaft als einem Organismus. Spencer prägte den Begriff des »Survival of the Fittest«, und übertrug das Prinzip der biologischen Auslese von der Natur auf die Gesellschaft. In seiner Theorie im 19. Jahrhundert vertrat Spencer noch einen radikalen Liberalismus, bei dem er sich gegen Eingriffe des Staates auf den Markt und in die Geschicke der Individuen wandte. Erst später verknüpften sich sozialdarwinistische mit rassistischen Theorien, und aus dem individuellen wurde bei den Nationalsozialisten ein kollektiver Kampf ums Überleben der Volksgemeinschaft.

In Peter Fitzeks *Königreich* indes hat »jeder Deutsche das deutsche Staatsangehörigkeitsrecht«, heißt es in seiner »Verfassung«. Wer nun aber als Deutscher gilt, war auf der Seite »Neudeutschland« nachzulesen: »Die Deutsche Staatsangehörigkeit wird immer noch durch das Reichs- und Staatsangehörigkeitsgesetz vom 22. Juli 1913 begründet«. Auch das Grundgesetz – »besatzungsrechtliches Mittel der alliierten Siegermächte« – halte daran fest, dass Deutscher sei, wer auf dem Gebiet des Deutschen Reiches von 1937 Aufnahme gefunden hat. Also seien »auch Polen, Tschechen, Russen« Deutsche im Sinne des Grundgesetzes, »wenn sie deutscher Volkszugehörigkeit sind und in diesem Gebiete leben«.

Von einer eigenen Schiedsgerichtsbarkeit sprach Fitzek und einer eigenen Polizei, der *Neuen Deutschen Garde*. Statt eines stehenden Heeres sollten sich die Menschen in seiner Vorstellung selbst zur Erhaltung ihrer Gemeinschaft einsetzen. Wie ungemütlich das werden konnte, zeigt eine Szene aus einem YouTube-Video, in der Fitzek einer Gruppe von Menschen verwehrt, ein Gebäude zu verlassen, und ihnen »Hochverrat« vorwirft. Es sollte eine öffentliche Verhandlung geben, doch die Gruppe »Angeklagter« rief schließlich nach der echten Polizei. Weil aber die Bundesrepublik in Fitzeks Augen kein richtiger Staat ist, agierte er teilweise auch außerhalb seines Reiches als »Souverän«: Nachdem er versucht hatte, eine Sachbearbeiterin im Rathaus von Wittenberg »festzunehmen«, erhielt er dort Hausverbot. Ebenfalls »festnehmen« lassen wollte er den Vorsitzenden Richter am Amtsgericht Wittenberg, als der ihn daraufhin der Körperverletzung für schuldig befand.

Königreich kaputt

Im Sommer 2017 ist von dem Reich wenig übrig und der König rechtlich unter Beschuss: Fitzek wurde im März des Jahres zu drei Jahren und acht Monaten Haft verurteilt, für besonders schwere Untreue. Seit Sommer 2016 sitzt er in Untersuchungshaft – es bestand dringender Tatverdacht und Fluchtgefahr. Nach der Razzia im Mai 2017 mussten die 15 verbliebenen Anhänger das ehemalige *Königreichs*-Gelände verlassen. Es war verkauft worden, ein externer Verwalter erwirkte eine einstweilige Verfügung. Trotz dieses – in den Augen der Reichs-Bewohner – doch wohl kriegerischen Überfalls eines fremden Staates verlief die Polizeiaktion friedlich und ungestört.

Laut Wirtschaftsstrafkammer des Landgerichts Halle hat Fitzek zwischen 2009 und 2013 rund 550 Anleger um insgesamt 1,3 Millionen Euro gebracht – Einzahlungen aus ganz Deutschland zwischen 25 000 und 700 000 Euro. Die Menschen hätten Fitzek ihr Geld aus Angst vor Banken und den Finanzmärkten anvertraut und geglaubt, sie könnten es jederzeit zurückbekommen. Der aber habe darüber allein verfügt und größere Summen Bargeld abgehoben. »Ihre Anleger haben nichts mehr«, warf ihm die Vorsitzende Richterin am Landgericht Halle vor. Fitzek bestritt das alles, nannte es eine »Frechheit« und Quatsch, was die Richterin sagte. Er hat Revision eingelegt.

Im Sommer 2017 folgte der nächste Prozess gegen Fitzek, eine Berufungsverhandlung. Der Vorwurf diesmal: Fahren ohne Führerschein, Urkundenfälschung und Verstoß gegen das Versicherungsaufsichtsgesetz. Vor dem Landgericht Dessau musste er sich verantworten, weil er jahrelang unerlaubt Geschäfte mit Krankenversicherungen betrieben und damit rund 360 000 Euro eingenommen haben soll. Mitte August wurde er zu weiteren zweieinhalb Jahren Haft verurteilt. Auch hierbei wurde er wieder laut: »So ein Blödsinn«, sagte er zur Richterin und »unglaublicher Schwachsinn«. Erneut kündigte er an, in Revision gehen zu wollen. Und es laufen weitere Verfahren.

Trotz all dieser Rückschläge scheint für Fitzek die Show weitergehen zu müssen: Stundenlang erklärte er im August vor der Urteilsverkündung vor dem Landgericht Dessau erneut seine Staatsgründung und warum er freigesprochen werden sollte. Langatmige Ausführungen begleiteten auch die anderen Rechtsstreitigkeiten: Seitenweise haben Fitzeks Jünger seine mündlichen Einlassungen vor Gericht auf der Website des *Königreichs* protokolliert, in denen er sich zu seiner Buchhaltung und dem Verbleib der Gelder erklärt. Er weist alle Vorwürfe zurück.

»Insgesamt kann resümiert werden«, schrieb das Innenministerium Sachsen-Anhalt 2015, »dass die Aktivitäten von Herrn F. in der Gesamtschau darauf gerichtet sind, seine Anhänger finanziell auszunehmen.« Daneben seien seine Aktivitäten für den Verfassungsschutz wegen Bestrebungen von Relevanz, die gegen die freiheitliche demokratische Grundordnung und gegen den Gedanken der Völkerverständigung gerichtet seien.

Gleichzeitig ließ die Polizei ihn vor Ort lange gewähren. Fitzek konnte unbeanstandet mit seinen fiktiven Autokennzeichen herumfahren, bei der Gründung seiner *Reichsbank* überreichte ihm ein Behördenmitarbeiter lediglich ein Formular mit der Bitte, er möge sein Gewerbe auch anmelden. Zwei Jahre dauerte es, bis die erste Razzia auf dem *Königreichs*-Gelände durchgeführt wurde – auf Betreiben der Bundesanstalt für Finanzdienstleistungsaufsicht (BaFin).

Die Landtagsabgeordnete Henriette Quade (Die Linke) kritisierte die Zurückhaltung der Sicherheitsbehörden in Sachsen-Anhalt. Polizei und Verfassungsschutz operierten mit einer fragwürdigen Rechtsextremismus-Definition, nach der Reichsbürger nicht als rechts gelten würden. Ähnlich sei das Problem in der Wahrnehmung Fitzeks: »Er wurde als Verrückter einsortiert, bei dem man froh war, wenn man mit ihm nichts zu tun hatte – eine problematische Einschätzung«, sagte Quade. Offenkundig könne Fitzek für eine Zeit Leute an sich binden. Nur weil jemand in die Spinner-Ecke eingeordnet werde, heiße das nicht, dass er nicht auch ein vernetzter Rechter sein könne. »Viel zu lange war bei Reichsbürgern die Fragestellung, ob sie verrückt oder gefährlich sind«, sagte Quade. »Dabei sind sie beides.«

Überschneidungen mit der extremen Rechten

Fitzek selbst bestreitet, eine rechte Gesinnung zu haben oder ein Reichsbürger zu sein. Tatsächlich gibt es wenig organisatorische Verbindungen zu rechtsextremen Parteien oder der neonazistischen Kameradschaftsszene. Gleichwohl überschneiden sich die Ideologie und die Wege – Berührungsängste gibt es keine.

So war Fitzek 2015 Interviewpartner des weit rechten »Compact«-Magazins um Jürgen Elsässer. Auch bewarb er 2016 den »Wir-Kongress«, bei dem sich Hunderte Reichsbürger, Esoteriker und Wunderheiler in Gießen trafen. Fitzek verwies dabei unter anderem auf den Referenten Franz Hörmann, Wissenschaftler an der Wirtschaftsuniversität Wien, über den die österreichische Zeitung »Der Standard« schreibt, er äußere sich »uneindeutig zum Holocaust« und habe in seiner damaligen Kleinstpartei *Human Way Partei* »auch Nazis willkommen« geheißen. Mittlerweile ist Hörmann bei der Kleinstpartei *Deutsche Mitte.*

Bei der Gründung der *Königlichen Reichsbank* von Fitzek war

2013 der Ex-Neonazi Nick Greger als Security-Mann anwesend, der von der militanten rechtsextremen Szene zum *Orden 777* gewechselt ist, einer Gruppe von selbst ernannten »Tempelbrüdern«, die sich dem Kampf gegen den Islam verschrieben hat. 2014 entbrannte um Greger eine Debatte in Berlin: Er war von 2001 bis 2003 V-Mann des Berliner Landeskriminalamts. Ende der 1990er-Jahre hatte er eine Rohrbombe gebaut, zusammen mit dem Brandenburger Rechtsextremen und V-Mann Carsten Szczepanski, der im NSU-Prozess als Zeuge aussagte.

Einer der treuesten Wegbegleiter Fitzeks ist Jo Conrad, der 2012 unter anderem dessen Krönungszeremonie dokumentierte. Conrad gehört zu den führenden Verschwörungstheoretikern Deutschlands, lebt im niedersächsischen Worpswede und betreibt eine Video-Plattform, für die er neben Fitzek zahlreiche rechte Esoteriker, Reichsbürger oder Verschwörungsideologen interviewt (siehe den Beitrag von Gabriela Keller in diesem Buch). Im Jahr 2009 war er beteiligt an der Ausrufung des *Fürstentums Germania*. In der Broschüre »Brennpunkt Esoterik« schrieb die Hamburger Innenbehörde bereits 2006 über Conrad: »Neben den eher diffusen Verschwörungstheorien findet sich in dem esoterischen Werk auch ungefilterter Antisemitismus.«

Als im Herbst 2015 zahlreiche Flüchtlinge in Deutschland Schutz suchten, wurde Fitzek auch selbst aktiv: Im November des Jahres trat er bei einer Demonstration der *Alternative für Deutschland* (AfD) in Wittenberg als Ordner auf, wie die »Mitteldeutsche Zeitung« berichtete. Motto der Demo: »Gegen Politikversagen! Asylchaos stoppen! Grenzen sichern«. Fitzek habe sich noch vor der Veranstaltung eine Ordner-Weste aushändigen lassen und diese auch getragen. Als Redner war auch AfD-Landeschef André Poggenburg aufgetreten, den der AfD-Bundesvorstand im Sommer 2017 dafür abmahnte, die Partei in die Nähe des Rechtsradikalismus zu rücken.

Drei Tage später marschierte die NPD auf dem Wittenberger Marktplatz auf, wieder, um gegen die »Asylflut« zu demonstrieren. Unter den rund 250 Zuhörenden waren einschlägig bekannte Akteure der regionalen Szene, etwa Mitglieder der *Brigade Bitterfeld*, wie das *Projekt GegenPart – Mobiles Beratungsteam gegen*

Rechtsextremismus in Anhalt berichtet. Auf einem Foto von der Demonstration auf dem Marktplatz, dass der NPD-Kreisverband Wittenberg online gestellt hat, ist ebenfalls zu sehen: Peter Fitzek. Ein »Erfahrungsbericht«, der wenige Tage später auf einem Blog zum *Königreich* erschienen ist, vermittelt den Eindruck, Fitzek sei nur als Beobachter bei den Demos gewesen. Die AfD sei »systemgelenkt« heißt es da, ebenso werde aber die NPD vom Verfassungsschutz kontrolliert. Und auch die »linksfaschistischen Schlägertrupps« von der *Antifa* seien da gewesen.

»Ich habe den Eindruck, dass Herr Fitzek relativ gut weiß, wie er sich in der Öffentlichkeit darzustellen hat, weswegen er in der medialen Berichterstattung oft harmlos oder als ›Spinner‹ dargestellt wird«, erklärt Jan Burghardt, Mitarbeiter der *Mobilen Beratungsstelle gegen Rechtsextremismus* in Dessau. Er spricht von einer »Umweg-Kommunikation«, die Fitzek gut beherrsche. Allerdings: »Wenn man genauer hinschaut, findet man klare extrem rechte Ideologien.«

Deutlicher in ihren tagespolitischen Veröffentlichungen als das *Königreich Deutschland* ist die Initiative *Wittenberg initiiert Reformation,* deren Website von Aktivisten des *Königreichs Deutschland* verantwortet wird: Zwar sei man nicht gegen die Menschen, die Asyl suchten, gleichwohl aber gegen »die kriminelle Asylpolitik der BRD-Regierung«, heißt es auf den Seiten der *Wir*-Initiative. Zum Download angeboten wird dazu ein Aufsatz von 2015 des Staatsrechtlers, AfD-Unterstützers und Vordenkers der *Neuen Rechten,* Karl Albrecht Schachtschneider. Er schreibt darin von »Fremden«, die ins Land gelassen werden oder »eindringen«, und spricht den meisten Flüchtlingen einen Schutzstatus ab. »Die Grenzen sind nicht gesichert«, so Schachtschneider. »Notfalls müssen Zäune errichtet werden.«

Die *Wir*-Initiative hat sich hauptsächlich zur Aufgabe gemacht, für einen »Gemeindewechsel« zu werben, bei dem sich Kommunen notfalls per Bürgerentscheid komplett zur autonomen Selbstverwaltung erklären sollen. Ebenso unter dem Stichwort »Gemeindewechsel« heißt es auf der Website des *Königreichs Deutschland,* das Grundgesetz sei »Besatzungsrecht für das deutsche Kernvolk«: »Einzig die in Massen ins Land geholten Ausländer, die die deutsche Staatsangehörigkeit anstreben (…) lassen sich nun zum neuen deutschen Staatsvolk unter dem Grundgesetz machen. Man tauscht damit in Deutschland das Volk aus.«

Während der rechte Autor Akif Pirinçci mit seinem Buch »Umvolkung« den Begriff der Nationalsozialisten zitiert und von einem »stillen und leisen« Austausch der Deutschen schwadroniert und die rechtsextreme *Identitäre Bewegung* von einem »Großen Austausch« spricht, der in einer Islamisierung resultiere, ist beim *Königreich Deutschland* von einer »Volksaustauschaktion« die Rede, als einem angeblichen Versuch, die bestehende Ordnung zu legitimieren und »Lohnsklaverei« zu erhalten. All diese Ideen lassen sich enttarnen: als Xenophobie und Rassismus.

»Engelgeld«, *Reichsbank* und Antisemitismus

Eines der größten Themen Fitzeks ist sein Kampf gegen die »Bankenkartelle« und das »Zinseszinssystem«. Fitzek gründete dazu 2013 eine eigene *Königliche Reichsbank* und brachte bereits 2007 eine Alternativwährung, das »Engelgeld«, in der Region Wittenberg in Umlauf. Zeitweise wurde dafür mit über 700 Stellen geworben, die dieses Geld akzeptieren würden. »Engelgeld« tauchte auch in Halle und sogar in Brandenburg auf. Dass sich »die bestehende Finanzelite durch das neue gemeinwohlorientierte Geldwesen bedroht« sehe, schrieben seine Anhänger in einer Ankündigung zu einem Prozesstermin, bei dem es um Fitzeks unerlaubte Bankgeschäfte ging.

Die BaFin hatte Fitzek 2013 das Geschäft mit der Bank untersagt. Er habe Geld von Anlegern mit unbedingtem Rückzahlungsversprechen auf »Sparbüchern« entgegengenommen, die im Namen des nicht eingetragenen Vereins *Königliche Reichsbank* ausgegeben wurden. Dafür habe er keine erforderliche Erlaubnis gehabt, die angenommenen Gelder seien unverzüglich zurückzuzahlen.

Neben der Bank war auch die ausgegebene Komplementärwährung »Engelgeld« ein Weg zum vermeintlich neuen Gemeinwesen. Die Idee eines eigenen regionalen Tauschmittels ist dabei nicht neu, sondern trat seit Anfang der 1990er-Jahre vermehrt in der Bundesrepublik auf: etwa mit dem »Chiemgauer« am Chiemsee, dem »Freitaler« in Freiburg oder dem »Roland« in Bremen. Verbunden sind die meisten Regionalwährungen mit der Idee, den regionalen Austausch zu stärken. Sie verstehen sich als Ergänzung oder auch als Alternative zum Wirtschaftssystem, um die Probleme des modernen Kapitalismus zu verringern, teilweise verbunden mit einer Kritik am Zinssystem und an Spekulationen.

Das »Engelgeld« war wie andere dieser Alternativwährungen an den Euro gebunden und sollte Grundlage für den neuen Staat sein. Auch verlor es nicht an Wert. Darin unterschied es sich von anderen Regionalwährungen, die meistens auf den »Freiwirtschaftslehren« Silvio Gesells (1862 – 1930) und seiner Theorie des sogenannten Schwundgelds beruhen. Der Autor Peter Bierl kritisierte Gesells Theorie, da die grundlegenden Kategorien des Kapitalismus, Arbeit, Ware, Wert, Profit oder Konkurrenz, unverstanden blieben. Dennoch würde Gesells Theorie auch bis in linke globalisierungskritische Kreise hinein vertreten werden.

Ähnlich wie in der »Freiwirtschaftslehre« Silvio Gesells ist Fitzeks tragende Idee, dass der Zins für das Übel in der Welt sorge. In der Spekulation und nicht etwa der Ausbeutung des Menschen im kapitalistischen Produktionsprozess sieht er das zentrale Problem.

»Durch das Zinseszinssystem ist die Geldmengenvermehrung zwingend. Je höher die Zinsen, desto schneller das Karussell«, heißt es in einer der Einlassungen Fitzeks vor Gericht. Auf der einen Seite stünden etwa die Hedgefonds, auf der anderen der »kleine Mann«. Dagegen wende Fitzek sich mit seinem eigenen Projekt, um ein »selbstlos arbeitendes Gemeinwesen« aufbauen zu können: »Wird die ›Königliche Reichsbank‹ von vielen Menschen genutzt, wird die Welt schnell eine ganz andere«, so die Werbung. »Die Preise bleiben stabil; Arbeitszeiten verkürzen sich; Konkurrenzkampf weicht der Kooperation; Insolvenzen, Inflation und Arbeitslosigkeit gehören der Vergangenheit an.« Auf einem eigenen Online-Portal namens »Kauf das Richtige« sollten Anhänger des *Königreichs* später untereinander mit der digitalen »E-Mark« handeln und keine Steuern zahlen.

Der Gedanke einer Trennung in regionale Produktion gegen das spekulative Bankenwesen ist weit verbreitet, dabei aber eine falsche Verkürzung der kapitalistischen Verhältnisse. Der Politikwissenschaftler Michael Heinrich erklärte: »Geld, Kapitalverwertung, Profitmaximierung und Zins spielen nicht nur am Rande der Gesellschaft eine Rolle, sie sind konstitutiv für die kapitalistische Produktionsweise.« In den verschiedenen kapitalistischen Gesellschaften lasse sich immer wieder eine Personalisierung der fetischistischen Verhältnisse des Kapitalismus feststellen. Dieser erweise sich als anonyme Maschine, hinter der »Schuldige« gesucht würden, um für die Probleme verantwortlich gemacht zu werden. Ein Profitstreben werde nur den Großunternehmen und Banken vorgeworfen, obwohl es um Profit im Kapitalismus – trotz realer Handlungsunterschiede – eben genauso bei großen wie kleinen Kapitalisten gehe, so Heinrich 2004 in »Kritik der politischen Ökonomie«. Der falsche Gegensatz zwischen industriellem und Finanzkapital wurde bei den Nationalsozialisten zu der Unterscheidung zwischen »schaffendem« und »raffendem« Kapital und der Forderung nach Brechung der Zinsknechtschaft.

Bei Fitzek paarte sich die einseitige Kritik am Zins mit dem weiteren Gedanken, dass einige mächtige Familien hinter den Zentralbanken stehen würden. Der Euro sei ein »Kunstgegenstand«, und hinter der Europäischen Zentralbank steckten »Familien-Clans«, sagte er beispielsweise 2013 in einem Interview mit Jo Conrad. Mit der *Königlichen Reichsbank* habe er Sparern die Sicherheit geben wollen, »dass ein Institut existiert, was sich für die Menschen einsetzt«.

Ähnlich äußerte sich Fitzek auch vor Gericht. In einer seiner Einlassungen, die seine Anhänger protokolliert haben, heißt es: Fitzek habe für ein zinsfreies Geldwesen gegenüber dem »verzinsten Schuldgeldsystem« geworben, das zu Existenzkämpfen und Armut bei der Masse der Menschen führe, aber auch »zur Vereinnahmung anderer Sachwerte in den Händen der Zentralbank-Eigner«.

Formulierungen wie »internationale Bankiers«, »Familien-Clans« oder »internationale Hochfinanz«, wie sie Fitzek nutzte, haben eine Tradition als Umschreibungen für jüdische Bankiersfamilien. Mit der Zuschreibung, diese Familien hätten eine übergroße Macht oder geheime Kontrolle, bediente er ein antisemitisches Ressentiment.

Deutlich wurde die Idee einer internationalen Weltverschwörung einiger allmächtiger Familien in der Aufstellung der

»77 Thesen« Fitzeks, die zu nichts weniger als einer »Reformation der Neuzeit« führen sollten. Fitzek brachte sie 2015 als Papierrolle an der Thesentür der Schlosskirche in Wittenberg an, als Wiedergänger des (durchaus antisemitischen) Kirchenreformators Martin Luther. In These 19 heißt es bei Fitzek unter der Überschrift »Für Überwachungsfreiheit«: »Die größten Terroristen sind einige wenige elitäre Familienclans. Sie kaufen und benutzen die Regierungen, um uns Menschen flächendeckend zu überwachen. Sie finanzieren Terrororganisationen und kriminalisieren uns, um damit die Überwachung zu rechtfertigen. Sie spielen Bevölkerungsgruppen gegeneinander aus und überziehen die Menschheit mit Kriegen, nur um ihre privaten Interessen durchzusetzen.«

Die Bösewichte werden von Fitzek nicht als Juden benannt. Ansonsten aber erinnert seine Aufdeckung einer Verschwörung von kriegstreibenden, unheilbringenden Familien, die als Marionettenspieler hinter den Regierungen an der Macht sind, stark an die Ausführung in den »Protokollen der Weisen von Zion«, auf die sich auch sein Weggefährte Conrad in seinem Buch »Entwirrungen« positiv bezieht. Die »Protokolle der Weisen von Zion« sind ein Pamphlet, das erstmals 1903 im zaristischen Russland erschien und bei dem es sich angeblich um eine Mitschrift geheimer Treffen einiger Juden handelt, die das Ziel einer »Weltherrschaft des Judentums« verfolgen würden. In einer deutschen Version der Protokolle des NS-Ideologen Alfred Rosenberg von 1923 heißt es etwa: »Der von Juden seit Jahrzehnten finanzierte und geheim durchgeführte Terror ist erst heute offenkundig geworden.« Bereits 1921 entlarvte die Londoner »Times« den Text erstmals als Fälschung. Als Hetzschrift werden Versionen dennoch bis heute eifrig verbreitet und rezipiert – von rechtsextremen, braun-esoterischen bis islamistischen Antisemiten.

»Germanische Medizin« und gesunde Kassen

Probleme mit der Bundesanstalt für Finanzdienstleistungsaufsicht hatte Fitzek auch wegen seiner *Neudeutschen Gesundheitskasse* (NDGK). Deren Aufgabe sei es, »die Gesundheit der Abgesicherten zu verbessern und nicht das Geld an die Pharmalobby weiterzureichen«, wie auf einer mintgrün gehaltenen Website zwischen weichgezeichneten Bildern weißer Menschen weiterhin geworben wird. Nach eigenen Angaben beliefen sich die Einnahmen im Jahr 2012 auf monatlich zwischen 30000 und 35000 Euro. Übernommen würden Leistungen sowohl von Heilpraktikern, Osteopathen und anderen Gesundheitsfürsorgern als auch von Geistheilern, sofern diese von der *Gesundheitskasse* »geprüft« wurden. Gleich mehrfach zu finden ist dazu der Hinweis, dass es keinen Rechtsanspruch gebe und man eine »Unterstützungskasse«, keinesfalls aber eine Krankenversicherung sei.

Laut BaFin betrieb die *Gesundheitskasse* jedoch genau das: ein Versicherungsgeschäft ohne Erlaubnis. Nur weil man einen Rechtsanspruch ausschließe, heiße das nicht, dass nicht ein Versicherungsgeschäft betrieben werde. Die Werbung bezwecke, »bei einem durchschnittlichen Verbraucher (…) den Eindruck zu erwecken, als sei sie eine Krankenkasse, die die Heilbehandlungskosten der Versicherten in jedem Fall erstatte«, heißt es 2016 in einem Schreiben an einen Blog zum *Königreich,* das dieser selbst veröffentlichte und der zu jenem Zeitpunkt weiterhin die *Neudeutsche Gesundheitskasse* beworben hatte.

Tatsächlich legt eine Erklärung Fitzeks über die Arbeitsweise seiner *Gesundheitskasse* nahe, dass es sich um einen Ersatz für eine Krankenversicherung handelte. In einem Interview mit dem Moderator Norbert Brakenwaken (auch er ein Esoterik-Geschäftemacher) in dessen Schweizer TV-Sendung »Time to do« erklärte Fitzek 2012: Bei Leuten, die um Aufnahme in seine *Gesundheitskasse* bitten, werde zunächst der »alte Beitrag« angeschaut, den sie in einer Krankenkasse haben. Dann würden sie – wegen der »schlanken Verwaltung« der *Gesundheitskasse* – für einen 20 Prozent niedrigeren Betrag aufgenommen.

Alles, was das »normale System« nicht bezahle, werde von der *Gesundheitskasse* übernommen, erklärte Fitzek. Die Beiträge könnten dann noch minimiert werden, wenn man zu einem der kostenlosen Gesundheitsseminare Fitzeks komme: Diese führten »zu chronischer Gesundheit«.

Fitzeks Einstellung zu Gesundheit und Medizin, die sich sowohl in den Publikationen der *Gesundheitskasse* wie in den Seminarangeboten seines früheren *Lichtzentrums* offenbart, ist dabei ein wildes Allerlei der Alternativmedizin, von Geistheiler-Esoterik, Kritik an Impfungen und Pharmalobby bis hin zu Rückführungen. Immer aber im Widerspruch zur sogenannten Schulmedizin.

Tragende Idee: Krankheiten seien überwiegend psychosomatisch bedingt. »Gedanken und Gefühle sind die Ursachen für körperliche Probleme«, heißt es etwa auf der NDGK-Website. Dass allein die Gedanken die Welt veränderten, ist ein anti-aufklärerisches, vorkantianisches Denken, das Fitzek bis ins Absurde weiterspinnt. So stark sei die »Macht der Gedanken«, erklärt er etwa in einem gleichnamigen Seminar, welches sich zum Vorzugspreis von 110 Euro als DVD-Spezialpaket online erwerben lässt, dass sich durch sie selbst die Regeln der Schwerkraft verändern ließen. Auf einem Video-Mitschnitt ist dazu zu sehen, wie Fitzek sein staunendes Publikum von dieser Idee mit einer Stuhl-Levitation überzeugt, bei der vier Freiwilligen erst nach einem Ritual das Hochheben eines weiteren Menschen gelingt – ein Partytrick, der keineswegs übernatürlich ist, sondern über Suggestion funktioniert.

Fitzek selbst sagte in einem Interview: »Ich kann jede Krankheit, die ich habe, selber beseitigen. Auch schwierigste Probleme.« Als Beispiel nannte er dabei einen Bänderriss in der Schulter nach einem Unfall.

Was im Falle des Hebetricks harmlos erscheint, ist eine Ideologie, die sich an die »Germanische Neue Medizin« des ehemaligen Arztes und Antisemiten Ryke Geerd Hamer anlehnt und lebensgefährlich sein kann. Jahrelang warb Fitzeks *Lichtzentrum* etwa mit einem Seminar zum Thema »Krebs im Lichte neuester Erkenntnisse«. Als Wegbereiter einer »völlig neuen Sicht- und Denkweise in den Biologischen Wissenschaften« wurde hier explizit auf Hamer verwiesen. Auch Fitzek soll dessen Ideen zum Teil selbst auf Seminaren angepriesen haben.

Die »Germanische Neue Medizin«, die der im Juli 2017 verstorbene Hamer erfunden hat, geht auf die falsche Grundannahme zurück, Auslöser für Krebserkrankungen sei ein dramatisches Schockerlebnis. Hamer verallgemeinerte dieses Prinzip später auf die gesamte Medizin. Die Therapien von Krankheiten liegen demnach in der Lösung von zugrunde liegenden Konflikten. Entsprechend heißt es auf den Seiten der *Neudeutschen Gesundheitskasse* von Fitzek: Es gehe um »die Vermittlung des Verständnisses der wahren Ursachen von Krankheiten. Wenn diese psychischen Ursachen beseitigt werden, verschwindet auch das Symptom.«

Sektenexperten warnen explizit vor der »Germanischen Neuen Medizin«. Diese sei gefährlich, weil sie hinter körperlichen Krankheiten psychische Gründe suche und Betroffenen von einer medizinischen Behandlung abrate. Ein Gutachten der *Deutschen Krebsgesellschaft* kommt 2005 zu dem Schluss: Bei der »Germanischen Neuen Medizin« handele es sich um ein »unhaltbares, abstruses, un- und pseudowissenschaftliches Gedankengebäude«. Das Gutachten verweist auf eine Reihe dokumentierter Fälle in Deutschland und Frankreich, die tödlich endeten, weil auf Hamers Thesen vertraut und auf schulmedizinische Betreuung verzichtet wurde.

Hamer war bereits 1986 seine Approbation als Arzt entzogen worden. Wegen illegaler Arzttätigkeit wurde er 2004 zu einer vierjährigen Haftstrafe in Frankreich verurteilt. Nach Überzeugung der Staatsanwaltschaft starben mehrere Patienten, nachdem sie dem Rat zweier Anhängerinnen Hamers gefolgt waren.

Seine falschen medizinischen Annahmen paarten sich dabei mit einem ausgeprägten Antisemitismus. Hamer schreibt von »jüdischer Schulmedizin«, der er seine »Germanische Neue Medizin« entgegensetzt, und meint, es gebe einen »wahnsinnigen Kampf der Talmud-Zionisten, alle Nichtjuden umbringen zu wollen«. Juden, so seine abstruse Annahme, würden sich hingegen erfolgreich mit der »Germanischen Neuen Medizin« behandeln lassen und diese den Nicht-Juden vorenthalten. Ein Anhänger Hamers wiederholte diese Idee 2016 in einem Interview mit Jo Conrad.

Fitzek hingegen wird von Conrad so schnell nicht mehr zum Interview in sein Studio eingeladen werden können. Noch sind nicht alle Urteile rechtskräftig, wahrscheinlich wird gegen den gefallenen König eine Gesamtfreiheitsstrafe gebildet. Wie zuletzt vor dem Dessauer Landgericht im August, wird Fitzek aber wohl auch bei jeder weiteren Gelegenheit den Gerichtssaal als Podium nutzen. Für ihn und seine treu ergebene Entourage steht fest, dass er im Recht ist.

Christa Caspar und Reinhard Neubauer

Reichsbürger contra öffentliche Verwaltung

Erfahrungen und Argumentationen in der praktischen Auseinandersetzung

I. Einleitung

Zu Beginn dieses Jahrtausends trat das Phänomen Reichsbürger verstärkt in der kommunalen Verwaltung auf.[1] In den Blick der breiten Öffentlichkeit geriet die Szene Ende 2016, als sich in Sachsen-Anhalt und in Bayern Reichsbürger aus der Gruppe der Selbstverwalter Schießereien mit Spezialeinsatzkommandos der Polizei lieferten. In Bayern kam dabei ein Polizist zu Tode. Derartige Gewalttaten durch diesen Personenkreis waren bisher nicht vorgekommen.

Die traditionellen Reichsbürger agieren gegenüber den kommunalen Verwaltungen überwiegend als Einzelpersonen, die von der Öffentlichkeit nicht wahrgenommen werden. Häufig melden sie sich nur dann, wenn es darum geht, Geld bezahlen zu müssen: 30 Euro Bußgeld, 60 Euro Schornsteinfeger- oder Abfallgebühren, 200 Euro Kosten für die Entziehung der Fahrerlaubnis. Dann gibt es noch diejenigen Reichsbürger, die sich nicht im Einwohnermeldeamt anmelden oder die Richtigkeit des Personalausweises monieren – der sei nicht deutsch genug.

Auch jene Personen, die sich in »Selbstverwaltung« wähnen oder gar einen eigenen Staat proklamieren, stehen selten im Fokus. Sie geben sich eine »Verfassung«, verzieren ihre Grundstücke mit Fahnen und eigenem Wappen und postulieren ein Betretungsverbot für alle Gerichtsvollzieher.

Kommissarische Regierungen, Könige oder *Justizopferhilfen* werden dagegen eher wahrgenommen, auch bedingt durch das ausgeprägte Geltungsbedürfnis ihrer führenden Vertreter. Sie treten als kommerzielle Unternehmungen in Erscheinung, die »Pässe«, »Ausweise«, »Führerscheine« und »Nummernschilder« verkaufen oder handgreifliche Hilfe beim Verhindern von Vollstreckungsmaßnahmen anbieten. Die *administrative Regierung des Freistaats Preußen* beispielsweise forderte Kreisverwaltungen auf, ab sofort keine Personalausweise mehr auszustellen, weil sie selbst das jetzt übernommen habe – eine klassische »Regierungstätigkeit« derartiger Organisationen. Übersehen wurde allerdings, dass Kreisverwaltungen keine Personalausweise ausstellen.

II. Die Anfänge

1. Das fortbestehende Reich

Ursprünglich fielen Reichsbürger mit wirren und ewig langen Schreiben auf wie:[2] Das Deutsche Reich in den Grenzen von 1937 oder noch größer bestehe fort, es sei aber nicht handlungsfähig. Dieses Legitimationsdefizit werde jetzt durch den Reichsbürger ausgefüllt. Zur Begründung wird häufig eine Entscheidung des Bundesverfassungsgerichts der eigentlich nicht existierenden Bundesrepublik zitiert.[3] Die Staatsangehörigkeit sei nicht »deutsch«, sondern laut Reichs- und Staatsangehörigkeitsgesetz (RuStAG)[4] – grammatikalisch verwegen – »Deutsches Reich«. Das Grundgesetz gälte nicht mehr, die Bundesrepublik sei versehentlich vor dem 3. 10. 1990 aufgelöst worden und deshalb seitdem illegal. Kommunen sollen ihre Existenz durch Vorlage einer Gründungsurkunde beweisen, am besten im Original. Deutschland sei ein besetztes Land, es gälten Besatzungsrecht[5] sowie die Haager Landkriegsordnung (HLKO). Vollstreckungsmaßnahmen seien »Plünderung«. Darauf stehe laut HLKO die Todesstrafe. Diese Drohung mit der Todesstrafe wird zwar regelmäßig als absurd erkannt, jedoch werden die Schreiben und deren Absender von Beschäftigten der Verwaltung als bedrohlich empfunden: Da wünscht mir jemand den Tod. Noch weiter ging ein »Reichskanzler«, der – jetzt in seiner zweiten Eigenschaft als »oberster Gerichtsherr« – seinem Betreuer ein »Todesurteil« zukommen ließ.[6]

Im Laufe der Zeit wurden weitere »Argumente« kreiert: Durch Rechtsbereinigungsgesetze habe der Bundestag der (nicht existierenden) Bundesrepublik Deutschland verschiedene Gesetze aufgehoben[7] – erfreulicherweise all jene Gesetze, an denen sich der gewöhnliche Reichsbürger fürchterlich stört. Es gelte internationales Recht, welches dem bundesdeutschen nationalen Recht vorgehe. Sprich: Der Bußgeldbescheid müsse sich an der UN-Charta und der Erklärung der Menschenrechte messen lassen.

Die Kritik an dieser Argumentation lässt sich wie folgt zusammenfassen: alles barer Unsinn und frei erfunden.

2. Das OWiG muss weg

Anlass für all diese Behauptungen waren häufig Bußgeldbescheide. Deshalb ist der erklärte Feind eines jeden Reichsbürgers das Gesetz über Ordnungswidrigkeiten vom 24. 5. 1968 (OWiG).[8] Auf Grundlage dieses Gesetzes werden diese Bußgelder verhängt. Ein Reichsbürger hat hierzu binnen zwei Jahren sechs verschiedene Begründungen vorgetragen,[9] warum das ihn ungemein störende OWiG entfallen sei und er nicht bezahlen müsse:

- Es sei durch den Einigungsvertrag aufgehoben worden.[10]
- Es sei mit dem Untergang der Bundesrepublik entfallen.
- Das OWiG müsste eine CELEX-Nummer[11] haben, da die Bundesrepublik nicht mehr existiere.
- Es sei kein Recht des fortbestehenden Deutschen Reiches.
- Durch das 2. Bundesrechtsbereinigungsgesetz vom 23. 11. 2007[12] sei das Einführungsgesetz zum OWiG (EG-OWiG)[13] und damit (versehentlich) auch das OWiG außer Kraft gesetzt worden.
- Das Bundesverfassungsgericht habe das Bundeswahlgesetz rückwirkend zum Jahr 1956 außer Kraft gesetzt. Damit seien alle Parlamente seit 1956 nicht wirksam entstanden und alle seither erlassenen Gesetze ungültig – natürlich auch das OWiG von 1968.[14]

Eine andere Person brachte dann noch das in Reichsbürger-Kreisen beliebte Argument, das OWiG habe keinen Geltungsbereich.[15] Hieraus wird ersichtlich: Als Reichsbürger ist man sehr flexibel, immer getreu dem Motto Konrad Adenauers: »Was kümmert mich mein Geschwätz von gestern.« Erkennbar wird auch: Über diese »Argumente« lässt sich nicht debattieren. Werden sie widerlegt, kommt etwas Neues. Der Reichsbürger will erkennbar die Behörde schockieren, aufs Glatteis führen und verunsichern. Wer weiß schon, was CELEX ist?

III. Von der »Selbstverwaltung« zu »Malta Inkasso«

1. »Selbstverwaltung«

Selbstverwalter traten ab 2004[16] in Erscheinung. Sie sehen sich als »globales Völkerrechtssubjekt«, unter Umständen mit »Gesetzgebungskompetenz« und eigener Verfassung, deren Geltungsbereich auf den Reichsbürger und seine Wohnung begrenzt sei. Dort könnten »fremde Mächte« nicht vollstrecken. Das »globale Völkerrechtssubjekt« stelle eine »natürliche Föderation« dar.[17] Seine »Selbstverwaltung« begründet der Reichsbürger damit, er sei »eine natürliche Person im Sinne des §1 BGB« und besäße eine »latente Rechtsfähigkeit« – was das auch immer sein mag.[18] Seinem Namen fügt er ein »a. d. F.« bei: »aus der Familie«, um kenntlich zu machen, dass er ein »freier Mensch« sei und »keine Person«.[19] Selbstverwalter werden seit den Schießereien im Jahr 2016 als potenziell gefährlich eingeschätzt, und zwar vor allem dann, wenn sie ihr Territorium »verteidigen« wollen. Allerdings müssen bei Grundstücksräumungen die Vollstreckungsbeamten immer mit erheblichen Konflikten rechnen – und das auch ohne Reichsbürger-Beteiligung.

2. »Zivilrechtler«

Seit ungefähr 2010 verbreitet sich eine mit der Reichsbürger-Idee wie auch mit der »Selbstverwaltung« kompatible neue »Theorie«, die der »Zivilrechtler«.

a) »NGO« und »Vertragsstrafen«

Danach sei die Bundesrepublik Deutschland als Staat untergegangen und bestehe als »NGO« – Non-governmental organization, Nichtregierungsorganisation – in Gestalt einer »BRD GmbH« fort, mit Frau Merkel als Geschäftsführerin. Die Bürgerinnen und Bürger der BRD seien »juristische Personen« und »Personal der BRD GmbH« und hätten daher auch einen »Personalausweis«. Mit den Behörden als Bestandteilen dieser »Firma« könnten nur zivilrechtliche »Verträge« abgeschlossen werden. Einige »Zivilrechtler« handeln dem eigenen Bekunden nach »in gewillkürter Bevollmächtigung zur Geschäftsführung ohne Auftrag« – ein originelles Paradoxon.

Die Antwort auf einen Bußgeldbescheid sieht aus »Zivilrechtler«-Perspektive dann so aus: »Ihr Angebot auf Abschluss eines Vertrages über ein Bußgeld in Höhe von 20,– € lehne ich entschieden ab.« Es folgt der Text, dass ein künftiges behördliches Vorgehen einen »zivilrechtlichen Vertrag« unklarer Art entstehen lasse, der über einen »Vertragsstrafen«-Katalog verfüge. Wenn die Behörde weitere Bescheide zustelle, Zwangsvollstreckungsmaßnahmen einleite oder »weiße Folter« (psychische Folter) ausübe, würden die »Vertragsstrafen« Anwendung finden.

Diese Art der Beantwortung behördlicher Schreiben fand in der Reichsbürger-Szene großen Anklang. Die angedrohten »Vertragsstrafen« wurden immer vermessener und betragen inzwischen bis zu 500 000 000 000 000,00 (in Worten: fünfhundert Billionen) US-Dollar.

Hier empfiehlt sich als Reaktion eine Strafanzeige wegen versuchter Nötigung. Ansonsten: lachen, lochen, abheften.

b) UCC

Dieser »Vertragsstrafen«-Katalog zieht seit 2014 eine neue Idee nach sich. Reichsbürger meldeten ihre Pseudo-Vertragsstrafen nach US-Handelsrecht[20] beim UCC-Register in Olympia (Hauptstadt des US-Bundesstaates Washington) als real existierende Forderungen gegen Beschäftigte, Richter oder Gerichtsvollzieher an.

Die Registrierung erfolgt ohne Kontrolle im automatisierten Verfahren. Die Eintragung bewirkt nicht das Entstehen einer Forderung, sondern dient allein dazu, im Falle der Vollstreckung eine Rangfolge vorzugeben. So wurden im UCC-Register auch »Ansprüche« gegen die Bundeskanzlerin und den Bundespräsidenten eingetragen – und inzwischen wieder gelöscht. Es gibt viele Reichsbürger, die mit »Vertragsstrafen« und »UCC« drohen, aber nur wenige, die diese »Forderung« beim UCC-Register anmelden.

c) »Malta Inkasso«

Noch weniger Reichsbürger gingen den dritten Schritt und traten ihre beim UCC-Register eingetragenen Pseudo-Forderungen an Inkasso-Unternehmen auf Malta ab. Diese beantragten beim lokalen Gericht einen Mahnbescheid gegen die angeblichen Schuldner. Das Verfahren setzt voraus, dass es sich um die Eintreibung von Schulden handelt – daher der Umweg über das UCC-Register. Der Mahnbescheid wird zur Zustellung an das zuständige deutsche Amtsgericht übersandt. Eine erfolgreiche Zustellung ist bisher nicht bekannt geworden: Die deutschen Gerichte lehnten Zustellungen ab und schickten die Mahnbescheide als unerledigt zurück.[21] Es musste deshalb bisher noch niemand auf Malta Einspruch einlegen.

Fazit: »Malta Inkasso« dient als Drohkulisse. Der kriminelle Hintergrund ist bekannt. In Zukunft ist nicht damit zu rechnen, dass es zu Vollstreckungen durchaus realer Mahnbescheide mit fiktiven Forderungen kommt.

Das größte Risiko von »Malta Inkasso« besteht für denjenigen, der meint, damit zu Geld zu kommen, denn er riskiert ein Strafverfahren wegen (versuchten) Betruges.

IV. Was tun?

1. Verwaltungsverfahren

Im Verwaltungsverfahren muss man sich bewusst machen, worum es eigentlich geht: Anmeldungen, Erlaubnisse, Anordnungen, Gebührenbescheide, Bußgelder.

Es geht nicht darum, ob ein Gebührenbescheid über 20 Euro Menschenrechte verletzt, mit der UN-Charta vereinbar ist, internationales Recht tangiert oder ob die Bundesrepublik möglicherweise gar nicht existiert, weil sie keine Gründungsurkunde vorlegen kann. Es geht auch nicht darum, dass Reichsbürger sich als »globale Völkerrechtssubjekte« sehen, mit diplomatischen Beziehungen zum Vatikan. Die Schwierigkeit besteht häufig darin, die beeindruckenden Wortschöpfungen, in denen rechtliche Begriffe wahl- und sinnlos aneinandergereiht werden, als Unfug zu identifizieren.

Normalerweise liegt der Behördenentscheidung ein konkreter Sachverhalt zugrunde. Zu diesem kann sich der Reichsbürger äußern. Die Behörde muss aus seinem Vortrag dasjenige herausfiltern, was mit der Sache zu tun hat und für die Entscheidung erheblich ist. In einem 30-seitigen Anschreiben wird häufig nur die

Absenderangabe zutreffend sein. Auf das Vorbringen muss nicht in Gänze eingegangen werden, entscheidend sind nur die Ausführungen zur Sache. Im Antwortschreiben kann ein solcher Vortrag kurz und knapp gewürdigt werden: »Sie hatten Gelegenheit, sich zur Sache zu äußern. Sie legten ihre politischen Auffassungen dar. Zur Sache äußerten Sie sich nicht.« Und an denjenigen, der mit einem vom Landkreis zugelassenen Pkw durch die Lande fährt, nunmehr aber die Existenz des Landkreises bestreitet: »Sie verhalten sich widersprüchlich, Ihr Vortrag kann daher keine Beachtung finden.«

Ferner muss damit gerechnet werden, dass Reichsbürger während der Vollstreckung eines bestandskräftigen Bescheides die ganze Sache noch einmal aufrollen möchten. Gängige Argumentation ist dann: Der Bescheid sei nichtig, weil das angewandte Gesetz keinen Geltungsbereich habe oder die BRD nicht existiere oder weil der Dienstausweis des Vollstreckungsbeamten nicht richtig unterschrieben sei. Das sind alles keine beachtenswerten Argumente, sondern allein Versuche, die Vollstreckung zu blockieren. Fazit: Nicht bremsen lassen, weiter vollstrecken.

Schließlich gibt es noch die Reichsbürger, die als »Rechtsvertreter« oder Bevollmächtigte für Dritte auftreten. Wenn es sich nicht um Rechtsanwälte handelt, sind sie vom Verfahren auszuschließen, sobald sie anfangen, Reichsbürger-Rhetorik vorzutragen (vgl. §§ 14 VwVfG, 13 SGB X). Einige »Bevollmächtigte« nennen sich »Rechtskonsulenten«, ein Terminus, an dem ein Reichsbürger als solcher zu identifizieren ist.

2. Zustellung

Ein gängiger Irrtum unter Reichsbürgern ist es, das Zurücksenden ungeöffneter Schreiben mit Zustellurkunde könne eine wirksame Zustellung verhindern, weil die Post AG keine amtlichen und hoheitlichen Aufgaben wahrnehmen dürfe. Auf dem gelben Briefumschlag wird dann gemäß der »Zivilrechtler«-Theorie eine »fehlende Vertragsgrundlage« moniert.

Diese Rückübersendung ist juristisch nicht von Bedeutung. Entscheidend ist der Inhalt der Zustellurkunde, aus der sich ergibt, dass und wie das Schreiben zugestellt wurde. Die Tatsache, dass der Brief mit einem Aufkleber über die Verweigerung der Annahme zurückgeschickt wird, ist ein eindeutiger Beleg, dass der Brief zugestellt worden ist.

Ein noch größerer Irrtum ist es, aus Rückscheinen irgendwelche Willensbekundungen ablesen zu wollen. So wurden in der Vergangenheit von Reichsbürgern Einschreibbriefe mit Rückschein verschickt mit dem Text: »Wenn Sie mit dem Inhalt meines Schreibens einverstanden sind, schicken Sie bitte den Rückschein ausgefüllt zurück.« Das passiert natürlich regelmäßig. Nur: Der Rückschein belegt, dass der Brief angekommen ist, mehr nicht. Da der Postbedienstete den Rückschein bei Übergabe des Einschreibens zur Unterschrift vorlegt, ist auch klar: Der Adressat hat bei Abzeichnung des Rückscheins den Brief noch gar nicht lesen können und kann sich folglich nicht zum Inhalt äußern.

3. Widerspruchsverfahren

Um Bescheide nicht anzuerkennen, antworteten Reichsbürger gern: »Dies ist kein Einspruch und kein Widerspruch, sondern eine grundsätzliche Zurückweisung.« Da es keine Behörde gebe, könne es keinen Bescheid geben. Wenn das so explizit behauptet wird, sollte es so hingenommen werden. Also: kein Widerspruch! Sondern in der Terminologie des allgemeinen Verwaltungsrechts: die Behauptung der Nichtigkeit, § 44 Verwaltungsverfahrensgesetz (VwVfG). In Anbetracht des § 70 Verwaltungsgerichtsordnung (VwGO) gelangt nach einem Monat des Überlegens die Behörde zu der Erkenntnis: Ernst zu nehmende Gründe für die Annahme einer Nichtigkeit sind vom Reichsbürger nicht vorgetragen worden und liegen erkennbar nicht vor. Auf einen Widerspruch wurde explizit verzichtet, der Bescheid ist jetzt bestandskräftig geworden und kann vollstreckt werden. Auf geht's.

4. Der Reichsbürger und sein Auto

Im Fahrerlaubnis- und Kfz-Zulassungsrecht gab es wiederholt Auseinandersetzungen mit Reichsbürgern. Mit der Zeit hat sich eine differenzierte Rechtsprechung zu vier Aspekten entwickelt: Der Reichsbürger

- bezahlt die Kfz-Steuer oder die Versicherung nicht;
- bezahlt seine Bußgelder nicht;

- gibt seinen Führerschein der Fahrerlaubnisbehörde zurück;
- überklebt auf dem Nummernschild das EU-Wappen.

a) Abmeldung von Amts wegen

Typischerweise verweigern Reichsbürger Steuerzahlungen, insbesondere auch die Kfz-Steuer. In diesen Fällen meldet die zuständige Behörde[22] diese Schulden dem Verkehrsamt und bittet gemäß § 14 KraftStG um die Zwangsstilllegung des Kfz (»Abmeldung von Amts wegen«). Hier erweist sich häufig die Vollstreckung als Hauptproblem.

Ein zweiter Fall ist die Stilllegung eines Kfz wegen fehlenden Versicherungsschutzes. Der Versuch eines Klägers, sich als »konsularischer Mitarbeiter des Staats Germanitien« mit diplomatischem Schutz aus der Affäre zu ziehen, ging erwartungsgemäß schief.[23]

b) Anordnung der MPU

Eine spannende Frage ist jene, ob das Verkehrsamt eine medizinisch-psychologische Untersuchung (MPU) anordnen darf.[24] Die Ausgangssituation ist immer dieselbe: Reichsbürger bezahlten Bußgelder nicht mit der Begründung, die Bundesrepublik existiere nicht. Wegen der Leugnung der Geltung des Gesetzes über Ordnungswidrigkeiten (OWiG) und der Straßenverkehrsordnung (StVO) ordnete das Verkehrsamt die Vorlage eines MPU-Gutachtens an, um zu ermitteln, ob jemand, der die Geltung des Straßenverkehrsrechts leugnet, noch im öffentlichen Straßenverkehr mit dem Auto fahren darf. In allen Fällen wurde den Reichsbürgern wegen Nichtvorlage des Gutachtens die Fahrerlaubnis entzogen.[25] Es sind keine Fälle bekannt, in denen ein Gutachten vorgelegt wurde, das sich zur psychischen Verfassung eines Reichsbürgers äußerte.

Bereits 2007 wurden in einer ersten Entscheidung[26] die heute noch diskutierten Konfliktlinien benannt: Die Beibringung eines Gutachtens darf angeordnet werden, wenn hinreichender Anlass zu Zweifeln am Realitätssinn besteht. In einem solchen Fall werde das Grundrecht auf freie Meinungsäußerung durch die Anordnung der MPU nicht verletzt. Der klagende Reichsbürger hatte die Legitimität der deutschen Parlamente, Gerichte und Behörden infrage gestellt und mehrfach konkrete Behördenmaßnahmen als ungültig angesehen.

Anders entschied das Verwaltungsgericht Frankfurt (Oder): Realitätsferne oder provokative Anschauungen reichen für die Anordnung, ein Gutachten beizubringen, nicht aus: »Den straßenverkehrsrechtlichen Vorschriften ist ein gesinnungsrechtlicher Ansatz fremd.«[27] Dieser Begründung folgte das Oberverwaltungsgericht Berlin-Brandenburg.[28] Es müssen ausreichende konkrete Tatsachen vorliegen, die einen hinreichenden Verdacht fehlender Fahreignung begründen. Die geringe Zahl und die Art der Verkehrsverstöße liefere keine ausreichenden Erkenntnisse für eine »rechtsfeindliche Einstellung«. Konkret ging es um Parkverstöße und Geschwindigkeitsüberschreitungen um 7 bzw. 8 km/h.

Zur Verteidigung in einem Bußgeldverfahren sei auch das Vorbringen abwegiger und querulatorisch anmutender Einwände zulässig und rechtfertige für sich allein genommen keine MPU. Der Reichsbürger hatte in mehreren OWi-Verfahren die Existenz der Bundesrepublik und die Geltung des OWiG bestritten. Im Ergebnis heißt das: Eine MPU kann nur dann angeordnet werden, wenn der Reichsbürger viele einfache Ordnungswidrigkeiten begangen hat oder mehrere grobe Verstöße, die mit Punkten geahndet wurden.

In einem anderen Verfahren, das bestandskräftig wurde, wehrte sich ein Reichsbürger mit den Worten, er sei ein guter Autofahrer und könne eigenverantwortlich darüber entscheiden, welche Verkehrsvorschriften er anerkenne und welche nicht. Das sah das Gericht grundlegend anders.[29]

In einer zweiten Entscheidung modifizierte das Oberverwaltungsgericht Berlin-Brandenburg[30] seine Linie. Der klagende Reichsbürger fühlte sich legitimiert, als Kfz-Fahrer das Haltegebot eines bundesdeutschen Polizisten zu ignorieren. Das StVG und das OWiG erkannte er nicht an. Die BRD sei eine Firma. Darüber hinaus beschwerte er sich über weiße Streifen am Himmel. Hier werde Gift versprüht, die Bundesregierung toleriere dies, und die Polizei mache nichts. Das OVG entschied: Hier handele es sich nicht um Meinungsäußerungen. Es bestünden deutliche Hinweise auf Wahnvorstellungen über tatsächliche Geschehensabläufe. Lägen Hinweise auf eine Wahnerkrankung vor, indiziere dies die Gefährdung der übrigen Verkehrsteilnehmer.

c) Rückgabe des Führerscheins

Wer sich einen eigenen Führerschein ausstellt, kann in seiner eigenen Logik natürlich auf seine bundesdeutsche Lizenz leicht verzichten, vor allem, wenn es die Bundesrepublik gar nicht gibt. So weit, so konsequent.

Ein »König« aus der Lutherstadt Wittenberg versuchte, sich damit herauszuwinden, dass er zwar den bundesdeutschen Führerschein abgeben, aber keineswegs auf die dem Dokument zugrunde liegende bundesdeutsche Fahrerlaubnis verzichten wolle. Das wiederum ist sehr inkonsequent. Die Gerichte[31] vermochten dieser »Logik« nicht zu folgen: Die Rückgabe eines Führerscheins sei als »einseitige empfangsbedürftige Willenserklärung« rechtlich möglich. Da der Kraftfahrer den Führerschein mit sich führen muss, um seine Fahrerlaubnis zu dokumentieren, gehe von einer Rückgabe des Führerscheins objektiv die Erklärung aus, auf die Fahrerlaubnis verzichten zu wollen. Eine Ausnahme könne nur gelten, wenn sich der Kraftfahrer im Irrtum befindet. Das sei hier nicht der Fall: Die Fahrerlaubnisbehörde habe darauf aufmerksam gemacht, dass die Rückgabe des Führerscheins zum Erlöschen der Fahrerlaubnis führt. Dass der Reichsbürger sich geweigert habe, eine Verzichtserklärung zu unterschreiben, sei in Anbetracht der Belehrung durch die Behörde unerheblich. Der Reichsbürger ignorierte die Entscheidung. Die folgenden Fahrten in einem Kfz brachten ihm eine längere Haftstrafe ohne Bewährung wegen Fahrens ohne Fahrerlaubnis ein.

Für die Praxis bedeutet dies: Bei Abgabe des Führerscheins fertigt die Behörde einen Vermerk an, dass und wie sie den Reichsbürger belehrt hat. »Belehrungen« vonseiten des Reichsbürgers werden in dem Vermerk nicht mit aufgenommen.

d) Überkleben von Nummernschildern

Wird das EU-Wappen des Kfz-Nummernschildes mit einem schwarz-weiß-roten Wappen überklebt, wird wie folgt verfahren: Der Reichsbürger hat sein Fahrzeug innerhalb einer Frist vorzuführen. Ist ein fremdes Wappen aufgeklebt, so entspricht das Kfz-Kennzeichen nicht den gesetzlichen Bestimmungen. Es wird gemäß § 5 Fahrzeug-Zulassungsverordnung (FZV) stillgelegt.[32] Gleiches wird angeordnet, wenn das Fahrzeug nicht vorgeführt wird.

5. Waffenrecht

Nach den Schießereien in Sachsen-Anhalt und Bayern flammte in der Öffentlichkeit die Debatte auf, ob ein Staat Bürgern, die diesen Staat und das geltende Recht ablehnen, das Führen von Waffen gestatten sollte.

Bereits 2015 hatte das Verwaltungsgericht Gera entschieden, allein die Sympathiebekundung für Reichsbürger rechtfertige nicht die Prognose, der Inhaber einer Waffenbesitzkarte sei unzuverlässig. Vielmehr müssten weitere Umstände hinzutreten, die Zweifel an seiner waffenrechtlichen Zuverlässigkeit begründen würden.[33]

Diese Kriterien sah das Verwaltungsgericht Ansbach als erfüllt an:[34] Der Kläger sei unzuverlässig, er billige Gewalttaten gegen Gerichtsvollzieher, reklamiere für sich ein Widerstandsrecht aus Art. 20 Abs. 4 GG und drohe in bekannter Manier mit Haager Landkriegsordnung und Todesstrafe.

Neuere Entscheidungen sind rigoroser: Wer die Existenz der Bundesrepublik negiere und die bestehende Rechtsordnung offensiv ablehne, sei unzuverlässig. Die waffenrechtliche Erlaubnis sei zwingend zu widerrufen (§ 45 Abs. 2 S. 1 WaffG).[35]

6. Melderecht / Staatsangehörigkeitsrecht

Auch in den Einwohnermeldeämtern treten Reichsbürger häufig in Erscheinung.

a) Anmeldung / Abmeldung

Ein beliebtes Spiel ist es, sich nach dem Zuzug in einer Gemeinde nicht anzumelden bzw. sich abzumelden ohne fortzuziehen. Ist das Melderegister falsch, wird es von Amts wegen korrigiert (§ 6 Abs. 1 BMG). Schwierig wird es, wenn die persönlichen Daten des Reichsbürgers nicht bekannt sind. Die Kommunikation beschränkt sich dann auf das Bußgeldverfahren (§ 54 Abs. 2 BMG).

Mit der »Verabschiedung aus der Gesellschaft« geht einher, dass es mangels Anmeldung keine erreichbare Anschrift gibt und oft kein Namensschild an der Klingel und am Briefkasten zu finden ist. So kann ihn auch kein Gericht mehr laden. Dumm nur, wenn man selbst geklagt hat. Wenn möglich, empfiehlt sich die Zustellung per Bote, am Ende bleibt die öffentliche Zustellung durch Aushang.

b) Abgabe des Personalausweises und Beglaubigungen

In der Welt der Reichsbürger soll die Abgabe des Personalausweises eine »Personenstandsänderung« bewirken, von der »juristischen Person« zur »natürlichen Person«. Die Begriffe haben aber entgegen reichsbürgerlicher Behauptung nichts mit dem BGB zu tun. Als »juristische Person« werden hier natürliche Personen bezeichnet, die sich an die Gesetze halten. Auch wenn der Reichsbürger laut schreit und droht, sollte die Behörde den Ausweis nicht annehmen. Sie weist darauf hin, dass sie keine Personalausweisrücknahmebehörde ist und dass gemäß § 32 Abs. 1 Nr. 1 PAuswG ordnungswidrig handelt, wer über kein gültiges Personaldokument verfügt. Wenn der Personalausweis zurückgelassen wird, wird er von der Behörde aufbewahrt. Die Behörde gibt keine Quittung heraus, dass das Dokument aufbewahrt wird. Es soll nicht der Eindruck entstehen, die Behörde billige die Abgabe des Personalausweises. Es wird ein Vermerk gefertigt und notiert, dass der Reichsbürger belehrt wurde. Auch hier werden »Belehrungen« vonseiten der Reichsbürger nicht in den Vermerk aufgenommen. Anschließend wird das OWi-Verfahren eingeleitet. Die Abgabe kann dann auch zur Folge haben, dass ohne Personalausweis kein Bankkonto eröffnet werden kann: Die Banken erkennen Papiere einer *Kommissarischen Reichsregierung* nicht an.

Die Beschädigung oder Zerstörung eines Personalausweises ist eine Sachbeschädigung, da der Ausweis im Eigentum der Bundesrepublik steht, § 4 Abs. 2 Personalausweisgesetz (PAuswG).

Eine Personenstandsänderung hin zu einer »natürlichen Person« gibt es nicht, sie wird folglich auch nicht eingetragen.

Im Zusammenhang mit der Abgabe von Personalausweisen kann es vorkommen, dass der Reichsbürger seine neuen »reichsdeutschen Dokumente« behördlich beglaubigen lassen möchte. Beglaubigt werden aber allein die Kopien eigener Urkunden der Behörde oder solcher Urkunden, die bei einer anderen Behörde vorgelegt werden müssen (§§ 33, 34 VwVfG). Das trifft auf die Schreiben der Reichsbürger regelmäßig nicht zu. Also ist eine Beglaubigung abzulehnen.

c) Staatsangehörigkeitsausweis

Häufig fordern Reichsbürger die Ausstellung eines Staatsangehörigkeitsausweises. Das Verwaltungsgericht Potsdam[36] wies darauf hin, dass in diesem Fall kein Sachbescheidungsinteresse vorliegt. Der Kläger muss belegen, dass er die Behörde nicht mutwillig oder rechtsmissbräuchlich in Anspruch nimmt, sondern dass ein sachlicher Grund für einen Antrag nach § 30 StAG vorliegt. Der Bescheid an den Reichsbürger enthält daher den Satz: »Dass der Antragsteller deutscher Staatsangehöriger der Bundesrepublik Deutschland ist, ist weder zweifelhaft noch klärungsbedürftig und wird auch von keiner anderen Behörde in Frage gestellt.«

Neuere Entscheidungen gehen sogar so weit, nicht auf behördliche Untätigkeit zu erkennen, wenn auf einen unzulässigen Antrag hin nicht beschieden wurde.[37] Konkret hatte das Amt für Personenstandswesen einen Gebührenvorschuss verlangt, den der Reichsbürger in Erwartung einer ablehnenden Entscheidung nicht bezahlte. Die Behörde hatte daraufhin den Antrag als zurückgenommen betrachtet.[38]

7. Sozialhilfe für Reichsbürger

Seit ca. 2013 kursiert unter Reichsbürgern eine neue »Idee«. »Neu« ist vor allem, dass es nicht um Geld geht, das der Staat von Reichsbürgern verlangt, sondern um Geld, das diese von staatlichen Stellen beziehen wollen. Inkonsequent ist dieses Verhalten schon: Jemand, der die Existenz der Bundesrepublik leugnet, will trotzdem Geld von der Bundesrepublik beziehen. Die Behörde ist aber keine Reichsbürger-Behörde, sie wendet bundesdeutsche Gesetze an, ohne Ansehung der Person. Wenn der Reichsbürger kein Einkommen hat, beim Jobcenter einen Antrag stellt und bei der Ermittlung seines Bedarfs mitwirkt, besteht ein Anspruch auf ALG II. Dieser Widerspruch wird nunmehr umschifft, indem man »Sozialhilfe nach Bismarck'scher Sozialgesetzgebung auf der Grundlage der Haager Landkriegsordnung« beziehen möchte.[39]

Die unter Bismarck erlassenen Sozialgesetze betreffen allerdings nur die Sozialversicherungen und nicht die Sozialhilfe (damaliger Fachausdruck: Fürsorgerecht). Die HLKO hingegen behandelt grundsätzliche Fragen von Krieg und Frieden. Das ist keine Sozialhilfe. Art. 7 der Anlage zum »Abkommen betreffend die Gesetze und Gebräuche des Landkrieges« vom 18.10.1907[40] bestimmt, dass die »Regierung, in deren Gewalt sich die Kriegsgefangenen befinden, (...) für ihren Unterhalt zu sorgen« hat. Die Kriegsgefangenen sind in gleicher Weise zu behandeln wie die Regierungstruppen – und zwar »in Beziehung auf Nahrung, Unterbringung und Kleidung«. Diese Passage wird von Reichsbürgern regelmäßig ignoriert – ein Musterbeispiel für selektives und sinnentstellendes Zitieren. Denn es folgt die Forderung, man sei »Kriegsgefangener« und habe einen Anspruch auf eine in der HLKO gar nicht erwähnte Geldleistung in Höhe von 1805 Euro – den Sold eines Bundeswehrsoldaten. Übersehen wird, dass Kriegsgefangene, wie der Begriff es nahelegt, eigentlich Gefangene sind.[41] Auch stellt sich die Frage, wessen »Kriegsgefangene« die Reichsbürger zu sein meinen. Hier wird dann »argumentiert«, ein Anspruch richte sich keineswegs gegen die Besatzungsmacht, sondern gegen deren »Büttel« bzw. »treuhänderischen Verwalter«: die »BRD GmbH«.

Kurz und ergreifend: Diese Idee ist total konfus.

Die HLKO als internationales Recht bindet allein Staaten. Sie gewährt keine individuellen Ansprüche.[42] Die HLKO verpflichtet keinen Staat, Personen Sold dafür zu bezahlen, dass er sie gefangen hält. Es ist auch kein Fall bekannt, dass Kriegsgefangenen jemals Geld dafür gezahlt wurde, dass sie gefangen gehalten wurden.

Vor Gericht wurden die Anträge der Reichsbürger wenig überraschend allesamt abschlägig beschieden. Nachdem sich die Sozialgerichte zunächst recht umfassend mit dem absurden Vorbringen auseinandersetzten,[43] wird inzwischen das Vorbringen deutlich kürzer abgehandelt. Das Landessozialgericht Chemnitz beschränkte die inhaltliche Begründung auf einen Satz: Dem Kläger steht unter keinem erkennbaren Aspekt ein Anspruch auf der geltend gemachten Grundlage zu. Punkt.[44]

Diese kurze Begründung ist völlig ausreichend, und sie ist sachlich geboten, um den Eindruck zu vermeiden, dass eine rationale Auseinandersetzung überhaupt möglich ist und angestrebt wird.

8. Beamten- und Disziplinarrecht

Durch Entscheidungen aus Bayern[45], Sachsen-Anhalt[46], Nordrhein-Westfalen[47] und Brandenburg[48] wurden Fälle von Polizisten bekannt, die sich als Reichsbürger zu profilieren versuchten. Sie wurden mit sofortiger Wirkung suspendiert, mussten die Waffe abgeben und die Uniform ausziehen. Ihr Antrag auf Wiederherstellung der aufschiebenden Wirkung des Widerspruchs wurde abgelehnt. Das Oberverwaltungsgericht Magdeburg wies darauf hin, dass das Verhalten ein schwerwiegendes Dienstvergehen darstelle. Die Beamten hatten versucht, mit Reichsbürger-Rhetorik Unterhaltsansprüche des Sozialamtes abzuwehren. Daher sei eine Entfernung aus dem Beamtenverhältnis denkbar.[49]

V. Zusammenfassende Thesen

1. Reichsbürger sind in erster Linie Personen, die versuchen, mit ihrer Argumentation Gerichte, Finanzämter und kommunale Verwaltungen zu blockieren. Ihr Auftreten und »Argumentieren« ist eine Methode, um rechtlich gebotenes Handeln, insbesondere die Durchsetzung von Zahlungsansprüchen, abzuwehren. Die »Reichsbürger-Argumentation« ist als subversiv zu bezeichnen, denn sie ist allein darauf angelegt, Verwaltungshandeln zu sabotieren.

2. »Reichsbürger-Argumentation« beruht auf Verschwörungstheorien und ist irrational. Die gesellschaftliche Realität wird ausgeblendet. Das Weltbild muss nicht zwingend rechtsextremistisch sein, weist aber in der Idee vom fortbestehenden Deutschen Reich sowie im Nichtanerkennen der deutsch-polnischen Grenze einen Bezug zum Rechtsextremismus auf.

3. Die übliche »Reichsbürger-Argumentation« ist weder auf Diskurs noch auf Problemlösung angelegt. Sie hat vielmehr zum Ziel, eine Debatte auf »Nebenkriegsschauplätze« zu verlagern. Reichsbürger wollen die Behörden in langatmige und nicht zielführende Auseinandersetzungen verstricken. Die Reichsbürger setzen dabei auf Zeit, da sie die Überlastung der Behörden in ihre Strategie mit einkalkulieren.

4. Reichsbürger ignorieren die Konsequenzen aus den eigenen Aussagen, denen es häufig an Schlüssigkeit und Binnenlogik mangelt. Sie erfinden immer wieder neue realitätsferne »Argumente«. Der Versuch, Reichsbürger widerlegen zu wollen, wird daher nicht von Erfolg gekrönt sein, sondern zu weiteren langatmigen Debat-

ten führen. Reichsbürger werden sich nicht von rationalen Argumenten überzeugen lassen.

5. Untätigkeit oder Nachgeben der Behörde verschafft Reichsbürgern Erfolgserlebnisse und animiert zur Nachahmung. Dem Geltungsdrang der Reichsbürger sollte nicht Vorschub geleistet werden.

Anmerkungen

1 Etwas früher waren sie schon in den Finanzämtern verhaltensauffällig geworden, als »Steuerboykott-Bewegung«. So entschied das FG Kassel mit Urteil vom 12. 12. 2002 (1 K 2474/02, zit. n. juris), dass die Klage eines Reichsbürgers unbegründet sei. Er habe in seiner Klageschrift nur seine politischen Auffassungen dargelegt und »vergessen«, sich zum konkreten Bescheid zu äußern.

2 Siehe Christa Caspar/Reinhard Neubauer in: LKV 2012, S. 529 ff. Eine ausführliche Kritik reichsbürgerlicher Ideologieversatzstücke findet sich bei: Gerhard Schumacher, Vorwärts in die Vergangenheit – Durchblick durch einige »reichsideologische« Nebelwände, Hannover, 2016, JMB Verlag.

3 BVerfG, Urteil zum Grundlagenvertrag vom 31. 7. 1973, 2 BvF 1/73, BVerfGE 36, S. 1 ff.

4 Reichs- und Staatsangehörigkeitsgesetz vom 22. 7. 1913; das Gesetz wurde mit Wirkung vom 1. 1. 2000 in Staatsangehörigkeitsgesetz (StAG) umbenannt.

5 Originell wird es, wenn behauptet wird, in den neuen Bundesländern würde das US-amerikanische Besatzungsrecht SHAEF gelten …

6 Vgl.: »Mordversuch in der Linie 48 – Aus dem Leben des amtierenden deutschen Reichskanzlers Wolfgang Gerhard Günter Ebel«, in: »Titanic«, Nr. 1/2001, S. 60 ff.

7 Ausführlich: Christa Caspar/Reinhard Neubauer, in: LKV 2012, S. 529 (534 f.).

8 Neu bekannt gemacht am 19. 2. 1987.

9 Vgl. dazu Christa Caspar/Reinhard Neubauer in: LKV 2017, S. 1 (3).

10 Wer lesen kann, ist klar im Vorteil: Im Einigungsvertrag steht das Gegenteil, vgl. Anlage I zum Einigungsvertrag, Kapitel III, Sachgebiet C, Abschnitt III, Nr. 4, BGBl. II 1990, S. 885 (958 f.).

11 CELEX = Communitatis Europeae Lex = Gesetz der Europäischen Gemeinschaft. Es handelte sich um eine Datenbank des europäischen Rechts. Die heutige Datenbank heißt: EUR-lex.

12 Zweites Gesetz über die Bereinigung von Bundesrecht im Zuständigkeitsbereich des Ministeriums für Justiz, BGBl. I 2007, S. 2614 ff.

13 EG-OWiG vom 24. 5. 1968, BGBl. I 1968, S. 503 ff.

14 Das Bundesverfassungsgericht hatte in seiner Entscheidung vom 25. 7. 2012 (2 BvE 9/11, 2 BvF 3/11 und 2 BvR 2670/11) eine Änderung des BWahlG aus dem Jahre 2011 für verfassungswidrig erklärt (BVerfGE 131, S. 316 ff.). 2011 und 2012 fand aber keine Bundestagswahl statt, sodass die verfassungswidrige Norm nie angewandt wurde.

15 Als Bundesgesetz gilt das OWiG auf dem Gebiet der Bundesrepublik Deutschland. Eines gesondert definierten Geltungsbereiches bedarf es nicht.

16 Siehe FG Dessau-Roßlau, Urteil vom 31. 3. 2004, 2 K 92/04, zit. n. juris. Der Kläger erklärte, er stehe in Selbstverwaltung der Bundesrepublik exterritorial gegenüber, Deutschland befinde sich seit dem 11. 9. 2001 im Kriegszustand. Ferner hielt er den Euro für keine gültige Währung.

17 Hier wird verkannt, dass die Föderation schon begrifflich gesehen mehr als nur eine Person umfassen müsste.

18 In § 1 BGB befindet sich diese Wortkreation nicht.

19 Das korrespondiert dann allerdings nicht mehr mit der gleichfalls vorgebrachten Behauptung, eine »natürliche Person« zu sein.

20 UCC, uniform commercial code. Sobald sich Schreiben auf UCC beziehen, ist damit der Reichsbürger-Bezug erkennbar.

21 Rechtsgrundlage für eine Zustellung wäre Art. 1 der Europäischen Zustellverordnung (EuZVO) vom 13. 11. 2007. Sie gilt aber nicht für »die Haftung des Staates für Handlungen oder Unterlassungen im Rahmen der Ausübung hoheitlicher Rechte (acta iure imperii)«. Als eine solche Amtshaftung sind aber die geltend gemachten Forderungen zu verstehen, auch wenn die Reichsbürger der Meinung sind, es nicht mit einer Behörde zu tun zu haben.

22 Früher: das Finanzamt, heute: der Zoll.

23 Das VG Augsburg bemerkte im Gerichtsbescheid vom 4. 7. 2012, Au 3 K 12.537, zit. n. juris, zum »indigenen Volk Germanitien« kurz und bündig: »absurd« und »reines Phantasieprodukt«.

24 § 11 FeV sowie die Anlage 4 zu §§ 11, 13 und 14 der FeV.

25 In diesen Fällen darf eine Ungeeignetheit unterstellt und gemäß § 3 StVG i.V.m. § 11 Abs. 8 FeV die Fahrerlaubnis entzogen werden.

26 VG Braunschweig, Beschluss vom 23.2.2007, 6 B 413/06, zit. n. juris.

27 VG Frankfurt (Oder), Beschluss vom 19.5.2011, 2 L 58/11, zit. n. juris.

28 OVG Berlin-Brandenburg, Beschluss vom 15.6.2012, 1 S 71.12, bearbeitet und kommentiert von Neubauer/Caspar, LKV 2015, S. 177 ff.

29 VG Berlin, Beschluss vom 7.10.2011, 20 L 108.11, zit. n. juris.

30 OVG Berlin-Brandenburg, Beschluss vom 31.1.2015, 1 S 10.13, mit Anmerkung von Neubauer/Caspar, LKV 2015, S. 178 ff. So inzwischen auch: OVG Weimar, Beschluss vom 2.2.2017, 2 EO 887/16, zit. n. juris.

31 VG Halle, Urteil vom 9.4.2015, 7 A 117/14, und OVG Magdeburg, Beschluss vom 20.11.2015, 3 L 102/15, beide zit. n. juris.

32 VG München, Urteil vom 15.4.2015, M 23 K 14.5127, zit. n. juris.

33 VG Gera, Urteil vom 16.9.2015, 2 K 525/14 Ge, zit. n. juris. Das VG München wies im Beschluss vom 8.6.2017, M 7 S 17.1202 (zit. n. juris) darauf hin, dass das Beantragen eines Staatsangehörigkeitsausweises als legales, wenn auch »szenetypisches« Verhalten für die Annahme einer Unzuverlässigkeit nicht ausreiche. Dezidiert anderer Auffassung: VG Augsburg, Beschluss vom 7.9.2017, Au 4 S 17.1196, zit. n. juris: Sympathiebekundungen reichen für die Annahme einer Unzuverlässigkeit aus. Der »Reichsbürger« hatte bei der Beantragung des Staatsangehörigkeitsausweises seinen bayrischen Wohnort und als Land: »Preußen (Deutschland als Ganzes)« angegeben.

34 VG Ansbach, Urteil vom 17.1.2013, AN 5 K 12.01332, zit. n. juris.

35 VG Cottbus, Urteil vom 20.9.2016, VG 3 K 305/16; VG Minden, Urteil vom 29.11.2016, 8 K 1965/16, VG München, Beschluss vom 23.5.2017, M 7 S 17.408; VG München, Beschluss vom 25.7.2017, M 7 S 17.1813; OVG Lüneburg, Beschluss vom 18.7.2017, 11 ME 181/17, alle zit. n. juris.

36 VG Potsdam, Urteil vom 14.3.2016, VG 8 K 4832/15, mit Anmerkung von Neubauer in: LKV 2016, S. 287.

37 VG Hamburg, Urteil vom 10.1.2017, 2 K 6629/16, zit. n. juris. Anders allerdings VG Berlin, Urteil vom 28.4.2017, 2 K 381.16 (zit. n. juris), das die Untätigkeitsklage für zulässig, aber unbegründet hielt.

38 VG Potsdam, Urteil vom 31.3.2017, VG 9 K 4791/16, zit. n. juris.

39 Es fanden sich beinahe 20 Entscheidungen zu diesem höchst skurrilen Thema. Anscheinend gilt: Je verrückter eine »Theorie« erscheint, umso größer ist ihre Beliebtheit. Es gibt allerdings deutlich mehr Reichsbürger, die Sozialleistungen wie z. B. ALG II beziehen.

40 RGBl. 1910, S. 107 ff.

41 Das LSG München weist im Beschluss vom 29. 6. 2016 (L 7 AS 380/16 B ER, zit. n. www.sozialgerichtsbarkeit.de) den Kläger darauf hin, dass er kein Gefangener sei und es ihm jederzeit freistehe, in ein beliebiges Land seiner Wahl zu reisen – dessen Existenz vorausgesetzt.

42 So VG Gelsenkirchen, Gerichtsbescheid vom 15. 12. 2014, 6 K 4638/14, zit. n. juris.

43 Vgl. Caspar/Neubauer, LKV 2017, S. 1 (9).

44 LSG Chemnitz, Urteil vom 19. 1. 2017, L 8 SO 135/13, LKV 2017, S. 335 f., mit Anm. Caspar/Neubauer. Das Gericht führte ferner aus: Eine Untätigkeitsklage sei unzulässig. Da das Klageziel nicht erreichbar sei, sei eine Klage damit unzulässig und folglich auch die auf eine positive Bescheidung gerichtete Untätigkeitsklage.

45 VG München, Beschluss vom 20. 6. 2016, M 5 S 16.1250, zit. n. juris.

46 OVG Magdeburg, Beschluss vom 21. 5. 2015, 10 M 4/15 u. a., zit. n. juris.

47 VG Düsseldorf, Beschluss vom: 21. 7. 2017 – 35 L 2031/17.O; VG Münster, Urteil vom 10. 7. 2017, 13 K 5475/16.O, beide zit. n. juris.

48 VG Potsdam, Beschluss vom 17. 2. 2017, VG 2 L 89/17, und Beschluss vom 21. 2. 2017, VG 2 L 144/17, beide zit. n. juris.

49 OVG Magdeburg, Beschluss vom 21. 5. 2015, 10 M 4/15 u. a., zit. n. juris. Dieser Auffassung hat sich das VG Magdeburg in zwei weiteren Entscheidungen nunmehr angeschlossen, siehe Beschlüsse vom 2. 11. 2016, 15 B 29/16 und 15 B 32/16, beide zit. n. juris. Das VG Münster hingegen hielt in seinem Urteil vom 10. 7. 2017, 13 K 5475/16.O (zit. n. juris), einen Verweis für ausreichend.

Dirk Wilking

Reichsbürger in den Regionen

Die Auseinandersetzung mit Mischszenen auf der kommunalen Ebene

Ein Video hält den vermeintlich historischen Moment fest: die Ausrufung des *Fürstentums Germania*. Im renovierungsbedürftigen Schloss im brandenburgischen Krampfer steht Michael Freiherr von Pallandt und verkündet: »Nun sind wir an dem Punkt, wo wir den Anfang setzen für dieses Fürstentum Germania.« Unterschriften hätten nie »genügt«, meint der Schlossherr mit Anzug und Krawatte. »Und somit rufe ich das Fürstentum Germania am heutige Tage aus!« Jubel und Applaus brechen im Saal aus, man erhebt sich von den Gartenstühlen aus Plastik. Mit Jacken und Mänteln hatten die männlichen und weiblichen Anhänger zuvor der Zeremonie in dem kalten Saal beigewohnt, an dessen Fenster kleine Feuer in Wannen loderten, um etwas Wärme zu spenden. Herzlich und freundschaftlich ist der Umgang miteinander. Von einem Pioniergeist wird gesprochen, sich gegenseitig ermutigt und umarmt. Im örtlichen Gasthof kehren sie ein, feiern sich selbst, trinken, essen und erledigen ganz geschäftig »Papierkram«.

Am 15. Februar 2009 hatte der Freiherr das *Fürstentum* als »basisdemokratischen Kirchenstaat« in der Prignitz bei Wittenberge proklamiert. Die eigene Staatsflagge Blau-Rot-Gold war da schon entworfen, der Wahlspruch auch gefunden: »Es geschieht viel im Hintergrund.« Das kleine Dorf mit damals rund 230 Einwohnern in der Gemeinde Plattenburg war froh, einen Investor für das stark einsturzgefährdete ehemalige Gutshaus der preußischen Adelsfamilie Moellendorff an der Dorfstraße gefunden zu haben. Das Gebäude verfügte weder über fließendes Wasser noch über funktionsfähige Kanalisationsanschlüsse. Über viel Geld zur Sanierung verfügte der Hoffnungsträger jedoch nicht, dafür aber über eine Idee mit viel Anziehungskraft. Junge Helfer faszinierte das Modell einer neuen Lebensweise, sie begannen mit der Renovierung, hüteten Schafe und planten biologische Landwirtschaft.

Fürstentum Germania

Über 150 Engagierte und Interessierte kamen zu Wochenendveranstaltungen auf dem 4000 Quadratmeter großen Anwesen, 300 »Bürger« sollen sich dem *Fürstentum* angeschlossen haben. Einer von ihnen ist Jens Wilmann, Handwerker aus Bremen und einer der ersten Bewohner. »Wir sind keine Esoterik-Faschisten, die täglich ein Huhn opfern und den Holocaust leugnen«, sagte er am 15. März 2009 dem »Tagesspiegel«, in der Küche sitzend, dem einzig beheizbaren Raum des Gebäudes. Auf dem Anwesen kam eine Mischszene aus alternativen Gruppen zusammen, wozu u.a. die *Kommissarische Reichsregierung* (KRR) und der *Runde Tisch Berlin* gehörten. Das Video von der Staatsgründung hatte Johannes »Jo« Conrad produziert, der heute über »Bewusst TV« verschiedene Weltverschwörungen befeuert und damals »Informationsminister« des *Fürstentums* war. Repräsentiert wurde der Staat neben Freiherr von Pallandt und Jo Conrad auch von Jessie Marsson. Er hatte das Anwesen für 20000 Euro und einen Oldtimer erworben und dann feierlich an den Freiherrn übergeben. Marsson hält sich, eine Internet-Autobiografie verrät das, für ein von amerikanischen Geheimdiensten erschaffenes Klonkind. Daneben bietet er aber auch noch weitere eigene Biografien an.

Sie alle eint die Absicht, sich mit der Staatsgründung offiziell von der »BRD GmbH« trennen zu wollen. Doch das neue Projekt fand bereits nach drei Monaten, am 19. Mai 2009, ein schnelles Ende. Die Verwaltung des Landkreises veranlasste die polizeiliche Räumung des Anwesens und versiegelte das »Schloss« – wegen der Weigerung, baurechtliche Auflagen zu erfüllen.

Rückblickend deutet die Geschichte die Gegenwart an. In Brandenburg beobachtet das *Mobile Beratungsteam* in den folgenden Jahren, dass verschiedene Personen aus unterschiedlichen Szenen über die Reichsbürger-Ideen zusammenfanden und politisch aktiv wurden. Bereits das *Fürstentum Germania* führte in den knapp drei Monaten seines Bestehens bei den Verwaltungen zu einem Aktenberg, der die eigentliche Arbeit dort erheblich behinderte. Im Fall Krampfer wurde etwas formuliert, das später bei *Pegida* (Patriotische Europäer gegen die Islamisierung des Abendlandes) zum politischen Programm aufstieg: die Delegitimierung des Staates und seiner Institutionen. Die Vorstellung, dass Bürger ihre »Mitgliedschaft« in einem Staat kündigen können, ist in beiden Milieus sehr verbreitet. Grundlage für diese Idee ist die Ansicht, dass es den Staat eigentlich gar nicht gibt. Der Gedanke geht auf Wolfgang Ebel und seine *Kommissarische Reichsregierung* zurück, die ihn ab 1985 verbreiteten. In West-Berlin fristete die Gruppe in den 1990er-Jahren allerdings ein sehr randständiges Dasein, bis durch das aufkommende Internet die obskuren Ideen Verbreitung fanden. Die wenigen »Minister« der KRR bliesen sich großbürgerlich auf und versuchten, wenigstens optisch so etwas wie Seriosität zu vermitteln. Innerhalb der rechtsextremen Szene galt die KRR als eine exotische und eher belächelte Truppe von alten Zauseln, die ihren skurrilen Hobbys nachgingen. Der ehemalige Kader der rechtsextremen *Freien Kameradschaften* Axel Reitz äußerte sich am 21. Januar 2017 gegenüber dem Internetportal »Vice« despektierlich über Reichsbürger: »Sektiererische Gruppen wie die Reichsbürger gab es auch schon vor 20 Jahren, genauso wie die Identitären. Zum Teil sind das sogar die gleichen Leute, die haben sich nur einen neuen Namen gegeben und freuen sich nun über Aufmerksamkeit.« Aber: Sie haben Zulauf, wie Reitz eingestehen muss. Anfänglich orientierten sich die Reichsbürger noch an Ebel, der aber irgendwann störte, da er die Szene mit seiner KRR zu monopolisieren versuchte. Die Folge: Allein von 2001 bis 2016 hat sich die KRR acht Mal gespalten.

Im ländlichen Raum und kleinen Städten

Im südbrandenburgischen Landkreis Elbe-Elster, der sehr peripher an der sächsischen Grenze liegt, hat sich schon relativ früh, Ende der 1990er-Jahre, eine regionale Reichsbürger-Szene entwickelt. Sie war als solche aber über lange Zeit nicht zu erkennen, weil die agierenden Personen nicht öffentlich als Gruppe auftraten, recht verstreut lebten und zudem mit unterschiedlichen Milieus verbunden waren. Auf das Problem aufmerksam wurde das *Mobile Beratungsteam* in Brandenburg durch Hinweise von engagierten Gruppen, dass in einer dörflichen Kommune die Freiwillige Feuerwehr von Verschwörungstheoretikern und Anhängern rechtsextremer Gesinnung unterwandert sei. In diesem Umfeld bewegte sich auch der Tischler Frank Wolfgang Richter, der nacheinander bei der KRR, der rechten *Deutschen Sozialen Union* (DSU) und der rechtsextremen *Deutschen Volksunion* (DVU) aktiv war. Für die DVU, die später in der NPD aufging, kandidierte er 1999 bei der Landtagswahl in Brandenburg und wurde später Referent der DVU-Fraktion im Brandenburger Landtag. Danach wandte er sich den Reichsbürgern zu – mit den üblichen Konsequenzen. Ab 2003 wurden gegen ihn Strafbefehle wegen Beleidigung, Verleumdung und Amtsanmaßung mit jeweils einigen Hundert Euro Geldstrafe verhängt. Eine strafbewehrte Unterlassungserklärung musste er als unerlaubter »Rechtsberater« ebenfalls unterzeichnen. In allen Fällen weigerte er sich jedoch, die auferlegten Gelder zu bezahlen, und ging dafür in Zwangshaft.

Zunehmend geriet Richter ins soziale Abseits und entwickelte immer größeren Fanatismus. Nach einem Hintergrundgespräch mit dem *Mobilen Beratungsteam* recherchierte der Journalist Jürgen Becker zu dem regionalen Phänomen und veröffentlichte einen Artikel in der »Lausitzer Rundschau«, in dem er mit Einverständnis der Akteure deren volle Namen sowie Fotos verbreitete. Dieser Artikel vom 5. Januar 2004 lenkte in den Kommunen die Aufmerksamkeit auf das Phänomen. Er hatte aber auch eine andere Wirkung: Für die Reichsbürger-Gruppe wirkte er eher stimulierend. Richter kämpfte öffentlichkeitswirksam an allen Fronten und wehrte sich vor allem gegen den *Herzberger Wasser- und Abwasserzweckverband* (HWAZ) mit einer von ihm aufgestellten »Tafel der Betrüger«:

»Am 9.9. hat der ›HWAZ‹ unter dem RÄDELSFÜHRER K. überfallartig den Wasseranschluß beseitigt, da der ›Verband‹ ›HWAZ‹ KEINE RECHTSGRUNDLAGEN hat, die uns zum Anschluß verpflichten und (einen) Präzedenzfall durch mehrere brutale Terror-Überfälle unter Mittäterschaft der ›Polizei‹ gegen uns zu verhindern suchte!!! NIEMAND muß sich anschließen und

KEINERLEI finanzielle Beiträge entrichten.« Die Namen, Adressen und Telefonnummern der beteiligten Personen wurden auf der Tafel ebenfalls öffentlich gemacht. Gerade die Aktion gegen den HWAZ sorgte in den Dörfern für eine klammheimliche Solidarität. Zwar gab es keine unmittelbaren Sympathiebekundungen, aber die Tatsache, dass sich ein Bürger gegen den HWAZ offensiv wehrte, wurde mit großer Sympathie aufgenommen, da im Osten Deutschlands nach 1990 vielerorts viel zu große Abwasseranlagen gebaut worden waren, was ungewöhnlich hohe Kosten für alle Angeschlossenen bedeutete. Zudem gewann Richter in seinem Dorf einen Gesinnungsgenossen, der sich ebenfalls offensiv zu den Reichsbürgern bekannte. Dieser formuliert 2004 großspurig: »Wir haben schließlich unsere eigenen Reichsgerichte und in Sachsen bereits eine bewaffnete Polizei.« Die Gruppe hatte rund ein Dutzend Mitglieder und war über eine recht große Region von Görlitz bis Finsterwalde und von Cottbus bis Dresden verteilt.

Aufgrund der geografischen Distanzen und der sehr unterschiedlichen Interessenlagen haben die Gruppenbildungen im Bereich der Reichsbürger zumeist nur eine geringe Halbwertszeit. So wurde auch Richter aus der Bahn katapultiert. Die gegen ihn verhängten Geldstrafen und Bußgelder bezahlte er nicht, musste dafür in Haft und »emigrierte« schließlich nach Norwegen. Von dort aus mischte er aber weiter in Internetforen der Reichsbürger mit und denunzierte seine ehemaligen Mitstreiter als »Feiglinge« und Profiteure des Verkaufs von »Reichsdokumenten«. Inzwischen lebt er wieder in der Region und agiert weiterhin in gewohntem Stil. Verändert hat sich aber die Sicht des Dorfes: Aus dem kleinen Robin Hood ist ein Bankrotteur geworden, der seine Familie ins Unglück gestürzt hat.

Anders sah die Situation in Gosen im Landkreis Oder-Spree südöstlich von Berlin aus. Hier agierte der Reichsbürger B.W., der zu einer *Gemeinschaft deutscher Rechts-Konsulenten* gehörte. Seine Frau beschäftigte mit unzähligen Schreiben die lokalen Behörden. Auch wenn die beiden später wegzogen, fruchteten doch ihre Ideen des eigenen Staates. Am 5. März 2013 gründeten Anwohner vom Berghaus Gosen zusammen mit weiteren Menschen die *Grundgemeinde Gosen*. Christoph Hennig verkündete die neue Gemeinde innerhalb der bestehenden Gemeinde. Die Akteure formierten sich alsbald als *Freie Wähler Initiative NeuBeginn Deutschland* und mieteten für ihren Verein von privater Hand eine Immobilie. Ein aufmerksamer Gemeindevertreter klärte in der Gemeindezeitung über Ziel und Zweck der Reichsbürger-Bewegung auf und löste eine öffentliche Debatte aus. Im Ergebnis dessen trat die stellvertretende Vorsitzende des ortsansässigen Kulturvereins, die Mitglied der *Grundgemeinde Gosen* war, von ihrem Amt zurück. Wie sich zeigte, gehörten zu den Reichsbürgern nicht nur Zugezogene, sondern auch alteingesessene Gosener Bürger.

Im Sommer 2013 spitzte sich die Situation zu. In Gosen, Erkner und Schöneiche bei Berlin verstärkte das *Deutsche Polizei Hilfswerk* (DPHW) seine Werbeaktivitäten. Das im April 2012 in Sachsen gegründete DPHW sah sich als eine Art Bürgerwehr, die in Ersatzfunktion zur regulären Polizei agierte. Von Sachsen aus expandierte die Gruppe, die eindeutig Reichsbürger-Ideen vertritt, nach Brandenburg. Das DPHW präsentierte sich in Schöneiche bei einer Veranstaltung der Grünen und bei Veranstaltungen in Erkner und Grünheide. Die Staatsanwaltschaft Dresden ermittelte zu dieser Zeit bereits gegen die sächsischen Mitglieder des DPHW wegen Bildung einer kriminellen Vereinigung gemäß § 129 des Strafgesetzbuches (StGB). In Brandenburg kam es zu einer Durchsuchung in Schöneiche im unmittelbaren Einzugsbereich Gosens. Die Polizei fand dabei funktionstüchtige Gewehre. Die Selbstverwalter hatten sich mit einer bewaffneten Gruppe verbündet, die dieselben Ziele verfolgte.

Dass Reichsbürger auch integraler Bestandteil der rechtsextremen Szene sein können, zeigte sich in Zossen, im Landkreis Teltow-Fläming, südlich von Berlin. Die *Kameradschaft Freie Kräfte Teltow-Fläming*, DVU-Mitglieder, Verschwörungsfanatiker und Reichsbürger bildeten hier ein Milieu aus, das über Jahre das Erscheinungsbild der Stadt prägte. Dabei schuf eine extreme Verhärtung der lokalpolitischen Fronten bis hin zu persönlichen Beleidigungen eine Bewegungsunfähigkeit der Politik, die der rechtsextremen Szene viele Spielräume eröffnete. Rainer Link war bis zu seinem Suizid 2009 einer der Macher dabei. Der Holocaustleugner unterhielt ein Internet-Café und demontierte die

Stolpersteine, die zum Gedenken an jüdische Bürger der Stadt verlegt worden waren. Er wurde später innerhalb der rechtsextremen Szene als Produzent homosexueller Kinderpornografie geoutet. In Zossen hatte er direkten Kontakt zu Horst Mahler, der als Holocaustleugner bekannt ist und schon früh den Reichsvorstellungen anhing. Von 2008 bis 2011 verfügte die Szene über das Internetnetzwerk »Püppilotta«, in dem verschiedenste Verschwörungstheorien verbreitet und kommunale Vorgänge mit Aktivitäten des Mossad, der CIA und anderer ausländischer Organisationen in Verbindung gebracht wurden. Die drei wesentlichen Redakteure des Netzwerkes arbeiteten ehrenamtlich und finanzierten ihre Homepage auf Spendenbasis, bis ihnen 2011 das Geld ausging.

Die in Zossen aktive *Kameradschaft Freie Kräfte Teltow-Fläming* zählte zu den handlungsorientiertesten im Land und rekrutierte sich mehrheitlich aus bildungsschwachen, männlichen Mitgliedern. Die Täter waren in der Regel eher Jugendliche, die von den älteren, geistig Überlegenen zu speziellen Taten angestiftet wurden.

Rainer Link und der mit ihm befreundete Reichsbürger W. waren 2006 aus dem West-Berliner Bezirk Spandau nach Zossen gekommen. Gemeinsam hatten sie bereits 2004 vor Bernauer Schulen gegen die »Auschwitz-Lüge« polemisiert und entsprechendes Infomaterial verteilt. W. musste sich inzwischen mehrmals vor Gericht verantworten und wurde dabei von dem einschlägig bekannten Anwalt Wolfram Nahrath vertreten, der auch im Verfahren gegen den *Nationalsozialistischen Untergrund* (NSU) Rechtsvertreter des Angeklagten Ralf Wohlleben ist. NPD-Angehörige und Holocaustleugner sind weitere Mandanten des Anwalts. Er selbst war bis zum Verbot der *Wiking-Jugend* 1994 ihr Vorsitzender und wirkte auch bei der *Heimattreuen Deutschen Jugend* mit – bis zu deren Verbot 2009.

Die »Nein zum Heim«-Kampagnen

DSU, DVU, NPD und *Freie Kameradschaften:* Mit diesen Verbindungen einzelner Reichsbürger ist das *Mobile Beratungsteam* in Brandenburg immer wieder konfrontiert. Auffallend: Die Idee des

Reiches als politischer Rahmen spricht nur eine begrenzte Klientel an – überwiegend Männer über 40 Jahre, wie aus einem Bericht des Innenausschusses des Bayerischen Landtags vom 15. Februar 2017 hervorgeht. Ein größeres Mobilisierungsthema, das die Reichsbürger-Bewegung aufgreift, ist seit 2014 die Asyl- und Einwanderungspolitik. Mit dem Aufkommen der »Nein zum Heim«-Kampagnen gelang den Akteuren ein deutlicher Schub in Richtung rechtspopulistischer »Bürgerbewegung«, wobei versucht wurde, sich an die DDR-Bürgerrechtsproteste anzulehnen. Auf diese Traditionslinie bezieht sich auch *Pegida,* weshalb die ausländerfeindlichen Demonstrationen immer montags stattfinden. Die emotional aufgeladene Asyldebatte veränderte ab 2015 die atmosphärische Stimmung. Das Sag- und Wählbare verschob sich weit nach rechts. In Brandenburg blieb die NPD bei den Kommunalwahlen im Mai 2014 zwar weit hinter ihren Erwartungen zurück, errang aber 20 Mandate in den Kreistagen, da bei den Kommunalwahlen keine 5-Prozent-Hürde vorhanden ist. Die *Alternative für Deutschland* (AfD) gewann jedoch fast doppelt so viele Mandate, nämlich 39. Bei den Landtagswahlen am 14. September 2014 war der Unterschied noch größer: Die NPD erhielt 2,2 Prozent der Zweitstimmen, die AfD dagegen 12,2 Prozent. Mit zehn Abgeordneten zog sie ins Parlament ein und konnte mit Alexander Gauland an der Spitze eine Fraktion bilden. Die Strategie, eine Art »Rechtsextremismus light« zu etablieren, der sich auf demokratische Traditionslinien stützt und von der Bevölkerung stärker angenommen wird, ist bei der Wahl aufgegangen. Besonders erfolgreich war die AfD im ländlichen und kleinstädtischen Raum. Wie bei den Reichsbürgern auch, war die Zusammensetzung der Akteure hier ähnlich: zu rund 85 Prozent männlich, im Altersdurchschnitt mehrheitlich zwischen 45 und 55 Jahren, alleinstehend, sozial distanziert oder isoliert, häufig mit gebrochener (Berufs-) Biografie. Die wirtschaftlichen Verwerfungen nach der deutschen Einheit mit Arbeitsplatzverlusten und rapidem Abbau sozialer Unterstützung zeigten ihre Nachwirkungen. Es entstanden neue Mischszenen aus Frustrierten, Reichsbürgern und *Pegida*-Anhängern, die im Herbst 2015 überraschend aktiv wurden. In vielen Städten und Gemeinden organisierten sie die Proteste gegen Geflüchtete und Unterkünfte, wie etwa in Cottbus.

09.10.2015: Kundgebung in Sachsendorf (Cottbus) zum Thema Belegung einer Turnhalle, 300 Teilnehmer, Organisatoren: unbekannt.

16.10.2015: Kundgebung in Sachsendorf zum Thema Belegung einer Turnhalle, 500 Teilnehmer, Organisatoren: Reichsbürger-Umfeld.

16.10.2015: Kundgebung und Demonstration in Sachsendorf zum Thema »Nein zum Heim«, 150–500 Teilnehmer, Organisatoren: NPD.

23.10.2015: Kundgebung in Sachsendorf zum Thema »Gegen Behördenwillkür«, 300 Teilnehmer, Organisatoren: Reichsbürger-Umfeld (danach gab es Übergriffe).

30.10.2015: Kundgebung und Demonstration in Sachsendorf zum Thema »Nein zum Heim«, 300 Teilnehmer, Organisatoren: NPD.

06.11.2015: Kundgebung und Demonstration auf dem Altmarkt (Stadtmitte) zum Thema »Das System ist das Problem«, 200 Teilnehmer, Organisatoren: Reichsbürger-Umfeld.

13.11.2015: Kundgebung und Demonstration in Sachsendorf zum Thema »Nein zum Heim«, 120 Teilnehmer, Organisatoren: NPD.

20.11.2015: Kundgebung und Demonstration auf dem Oberkirchplatz (Stadtmitte) zum Thema »Das System ist das Problem«, 100 Teilnehmer, Organisatoren: Reichsbürger-Umfeld.

27.11.2015: Kundgebung in Sachsendorf zum Thema »Nein zum Heim«, 60–80 Teilnehmer, Organisatoren: NPD.

Der Protest orientierte sich zunächst am Modell *Pegida*. Die Reichsbürger-Ausrichtung wurde von den Teilnehmern entweder nicht wahrgenommen oder war ihnen egal. In der öffentlichen Rhetorik spielten Reichsbürger-Argumentationen allerdings auch kaum eine Rolle. Die NPD reagierte sehr schnell und organisierte schon bei der zweiten Cottbuser Kundgebung eine parallel stattfindende Konkurrenzveranstaltung. Der Partei gelang es aber nicht, die beabsichtigte Führungsrolle zu übernehmen. So teilte man sich die Kundgebungstermine fortan.

In Brandenburg an der Havel entstand die Initiative BRAMM *(Brandenburger für Meinungsfreiheit und Mitbestimmung)*, eine

Pegida-Kopie, die ihren Rassismus bemüht moderat präsentierte und verstärkt in Ostbrandenburg aktiv wurde. Schon bei ihrer ersten Demonstration am 26. Januar 2015 waren unter den 200 Teilnehmern zahlreiche Protagonisten der NPD, der *Jungen Nationalen* und der Partei *Der III. Weg* sowie einschlägig bekannte Einzelpersonen der rechtsextremistischen Szene. Einige Aktivisten beteiligten sich auch an den *Pegida*-Aufmärschen in Dresden und besuchten zusätzlich Aktionen im Land Brandenburg:

17.10.2015 Spremberg: Kundgebung »Nein zum Heim« – NPD, 300–350 Teilnehmer (TN)

19.10.2015 Großräschen: Kundgebung Selbstverwalter, ca. 80 TN

26.10.2015 Großräschen: Kundgebung Selbstverwalter, ca. 100 TN

30.10.2015 Senftenberg: Kundgebung und Demo von BRAMM und *Pegida,* ca. 200 TN *(Bürgerinitiative Heimat & Zukunft)*

02.11.2015 Großräschen: Kundgebung »Gemeinsam neue Wege gehen«, Selbstverwalter, ca. 100 TN

09.11.2015 Großräschen: Kundgebung »Gemeinsam neue Wege gehen«, Selbstverwalter, ca. 100 TN

16.11.2015 Großräschen: Kundgebung »Gemeinsam neue Wege gehen«, Selbstverwalter, ca. 110 TN

Ab November Senftenberg/Brieske: *Bürgerinitiative Heimat & Zukunft*; »Nein zum Heim«-Aktionen in Brieske

27.11.2015 Senftenberg: Kundgebung und Demo BRAMM und *Pegida,* ca. 50 TN

05.12.2015 Guben: Kundgebung NPD, ca. 80 TN

Reichsbürger und AfD

Die Veranstaltungen von BRAMM/*Pegida* waren der Versuch, zwischen Dresden und Berlin ein weiteres Protestzentrum rund um Hoyerswerda und Senftenberg zu etablieren. Ohne Erfolg. In Großräschen, einer Kleinstadt an der sächsischen Grenze, etablierte sich ein Selbstverwalter, der sich mit demonstrativen, auch gewalttätigen Aktionen profilierte. Heute bevorzugt er die Kampagne »Gelber Schein«. Diese Kampagne geht davon aus, dass die bundesdeutschen Identitätspapiere nicht gültig seien. Erst der gelbe Schein – ein »Staatsangehörigkeitsausweis« – mache einen zum Staatsbürger. In dem Protest gegen die Asyl- und Flüchtlingspolitik herrschte nicht bloß bei der NPD ein Konkurrenzdruck um die ihnen geneigte Klientel. In Cottbus reagierte die AfD im Herbst 2015 mit einem eigenständigen Programm. Der Stadtteil Sachsendorf war über viele Jahre Brennpunkt rechtsextremer Skinheadkultur. Die *Kameradschaft »Sturm Cottbus«* hielt dort bis zur Auflösung Hof. Genau dieser Stadtteil war Standort von Flüchtlingsunterkünften und sollte um die Turnhalle einer Schule erweitert werden. Am 26. Oktober 2015 fand ein Bürgerforum der AfD mit der Bundessprecherin Frauke Petry statt. Ab dem 4. November 2015 folgte die »Herbstoffensive« der AfD mit Alexander Gauland, dem Landtagsfraktionsvorsitzenden und Bundesvizesprecher. An die 550 Teilnehmer kamen zu der Veranstaltung mit ihm. Einen Monat später, am 25. November 2015, gab es eine Demonstration. Neben Gauland trat der Landtagsfraktionsvorsitzende aus Thüringen, Björn Höcke, als Redner auf. Zwischen 600 und 700 Anhänger hörten zu.

In der Peripherie des Gebietes fand zudem die AfD-nahe Aktion »Grablicht« statt. Dabei sollten in den Kommunen Grablichter als Symbol für den bevorstehenden »Volkstod« gegen die »unkontrollierte Einwanderung« aufgestellt werden. In Bad Liebenwerda, Finsterwalde und Plessa fanden derartige Veranstaltungen statt, die aber nicht gut besucht waren. Die Aktionen wurden unterstützt durch Akteure aus dem Umfeld der Medien »Compact« und »Kopp Online«, also bekannten AfD-Unterstützern. Die Aktion »Grablicht« ist dann in die Kampagne »Ein Prozent für unser Land« um den Mitgründer des neu-rechten *Instituts für Staatspolitik*, Götz Kubitschek, integriert worden. Die *Ein-Prozent-Bewegung* bezieht sich auf ein Prozent Nationalisten, die eine Bewegung starten wollen, die später eine Massenbewegung werden soll. Die Köpfe hinter dem Verein, der hauptsächlich Spenden sammelt, sind Götz Kubitschek und Jürgen Elsässer. Der Verein unterstützt *Pegida*, AfD, Burschenschaften und *Identitäre*. Sein Ziel ist es, Geld für rechte Kampagnen zu sammeln, wie etwa das Schiff der *Identitären* gegen Flüchtlinge vor Libyen oder »Wahlbeobachter« gegen Fälschungen der Bundestagswahl.

In Brandenburg suchte die AfD im Zeitraum 2014 bis 2017 kaum die Nähe zur Reichsbürger-Bewegung. Die Bewegung wendete sich auch nicht auffallend dem Landesverband zu. Petry erklärte 2016 nach den tödlichen Schüssen eines Reichsbürgers auf einen bayerischen Polizeibeamten: Reichsbürger haben in der AfD nichts zu suchen. Gauland wiegelt jedoch gegenüber dem ARD-Fernsehmagazin »Kontraste« am 27. Oktober 2016 ab: »Harmlose Irre.« In der Partei fielen aber bundesweit immer wieder Mitglieder mit Hang zu Reichsbürger-Ideen auf.

Im Frühjahr 2016 traten in Hessen die Politiker Bernd Ebhardt und Axel von Baumbach nach der Kommunalwahl von ihren Ämtern zurück. Über die Liste der AfD waren sie in den Kreistag von Hersfeld-Rotenburg eingezogen. Die »Frankfurter Rundschau« hatte enthüllt, dass von Baumbach sich 2012 von der *Kommissarischen Reichsregierung* zum Innenminister hatte berufen lassen. Von ihm stammte auch ein Internet-Post, in dem er Bundeskanzlerin Angela Merkel den Tod durch Erhängen wünschte.

Bei der Wahl zum Abgeordnetenhaus in Berlin 2016 gelang dem AfD-Politiker Kay Nerstheimer ein Direktmandat im Bezirk Lichtenberg. Auf seiner Facebook-Seite sprach er von der BRD als Treuhandgesellschaft mit Sitz in Frankfurt am Main. Neben dieser Formulierung im Reichsbürger-Geist hetzte er gegen Homosexuelle und Flüchtlinge und leugnete den deutschen Angriffskrieg im Jahr 1939. Die Fraktion musste er daraufhin verlassen, die Partei leitete ein Ausschlussverfahren gegen ihn ein.

Aus Baden-Württemberg kam von Rainer Rösl ein Änderungsantrag zum Grundsatzprogramm der AfD. Rösl, Gründungsmitglied des *Pforzheimer Kreises*, einer Interessenvertretung der Christen in der AfD, wollte, dass im Grundsatzprogramm die Bundesrepublik nicht als Staat und das Grundgesetz nicht als Verfassung bezeichnet werden. Im Antrag LT17 schrieb er, Deutschland sei kein souveräner Staat, sondern eine Verwaltungsorganisation ohne Verfassung. Reichsbürgerideen würde er aber ablehnen, hieß es später aus der Partei.

Im Sommer 2014 geriet der AfD-Politiker Rainer Wink in die Kritik. Über die AfD-Liste war er in den Stadtrat von Bad Kreuznach in Rheinland-Pfalz eingezogen und hatte sogar für den Posten des Oberbürgermeisters der Stadt kandidiert. An die amtierende Oberbürgermeisterin schrieb er damals in einem Brief: »Sämtliche Behörden handeln illegal.« Seit 1990 würde kein deutscher Staat mehr existieren. Die Stadträte seien nicht Vertreter des Volkes, sondern »Handlanger einer Firma«. Die AfD ging auf Distanz. 2015 wurde er aus dem Stadtrat ausgeschlossen.

2016 berichtete das ARD-Magazin »Kontraste« über den stellvertretenden AfD-Kreisvorsitzenden von Kulmbach-Lichtenfels, Edwin Hübner, der wie andere Reichsbürger meinte: »Wir sind besetzt, ja, ja. Und es gibt ja auch noch die berühmte Kanzlerakte: Nach jeder Bundestagswahl muss der gewählte Bundeskanzler mit dem Außenminister nach Amerika, und da weiß man ja, dass die dann ihre Anweisungen kriegen, unterstell' ich.« Das Fernsehmagazin berichtete auch, dass Sebastian Schulze, AfD-Vorstand in Iserlohn im Märkischen Kreis, Chef eines Vereins ist, der zu einem Wissenskongress 2016 zahlreiche Stichwortgeber aus der Reichsbürger-Szene eingeladen hatte. Carsten Härle wiederum, Fraktionsvorsitzender der AfD Heusenstamm, vertrat die Ansicht, dass die tödlichen Schüsse in Georgensgmünd auf einen Polizisten bloß inszeniert sein könnten, um eine »Anti-Reichsbürger-Agenda voranzutreiben«.

Die Ideen der Reichsbürger sind in der AfD allenthalben virulent. Die Bundesführung versucht zwar, Reichsbürger aus der Partei möglichst herauszuhalten, da sie nicht kompatibel mit funktionierenden Organisationsstrukturen sind. Außerdem möchte die Partei auch nicht die Wählerschaft der gesellschaftlichen Mitte mit Reichs-Debatten verschrecken. Insofern ist ein direkter Einfluss von Reichsbürgern auf die AfD derzeit nicht messbar. Umgekehrt ist es allerdings anders: Die Reichsbürger fühlen sich politisch bei der AfD eher zu Hause als bei der NPD oder dem *III. Weg*. Sie kreuzen bei den einschlägigen Demonstrationen zumeist am Rande, aber regelmäßig auf. Das Verhältnis der Reichsbürger zu *Pegida* ist in der Regel sehr eng. Man respektiert sich wechselseitig und räumt sich Redezeit bei Kundgebungen ein. Über *Pegida* scheint sich auch eine Verschiebung des Reichsbürger-Milieus zu ergeben. Waren es lange Zeit Bankrotteure, Verwirrte und Rechtsextreme, die die Klientel stellten, sind es nun auch Unternehmer und Angehörige der lokalen Mittelklasse, die sich dort engagieren.

Regionen ohne Staat und Zivilgesellschaft

Der »Erfolg« der Bewegung beruhte vermutlich auf einigen Faktoren, die spezifisch für die Entwicklung des ländlichen Raumes stehen. Das Areal ist politisch kaum repräsentiert. Die Parteien haben in den peripheren Gebieten oft keine Mitglieder mehr und haben die Kommunikation dorthin praktisch auch aufgegeben. In einem Milieu, in dem die Menschen sich einfach als Praktiker und Macher definieren, werden zunehmend »intellektuelle« und städtische Verhaltensweisen verlangt – Genderbewusstsein, Interkulturalität, Bildungsorientierung, Sprachgewandtheit –, die mit dem traditionellen Selbstbild kollidieren.

Ein eigentümliches Phänomen ist dabei, dass sowohl bei Reichsbürgern als auch bei *Pegida* und AfD kaum jugendliches Potenzial vorhanden ist. Die nach der Wende geborenen Generationen scheinen weitgehend in der pluralen Demokratie angekommen zu sein. Der Altersdurchschnitt der Akteure verweist zudem auf eine Generation von Menschen, die zu Beginn der 1990er-Jahre erlebt hatten, dass man einen Staat abschaffen kann und dass man dann in einer Art politischem Vakuum die Spielregeln in den abgehängten Regionen selbst definieren kann. Den demokratischen Parteien fällt es offenkundig sehr schwer, diese Gruppen zu erreichen. Die Jugendorganisationen der demokratischen Parteien sind nahezu ausnahmslos durch junge Menschen mit Hochschulreife besetzt, die kaum ein Gespür für die Themen ländlicher Räume haben. Die Rechtsextremen haben hier den Vorteil, dass sie mit ihren Ideologieversatzstücken deutlich kompatibler sind, und so nimmt es nicht wunder, dass die NPD bundesweit einen sehr niedrigen Altersdurchschnitt hat, sowohl bei den Mitgliedern als auch bei ihren Wählern. Die AfD und ihre Jugendorganisation erreichen dagegen kaum Jugendliche. Vor allem die *Junge Alternative* schwankt zwischen klar rechtsextremen Positionen und sich eher moderat gebendem Rassismus.

Präventive Intervention

Ein zentrales Problem demokratischer Organisationen in der Auseinandersetzung mit Reichsbürgern besteht darin, dass traditionelle Formen wie sachliche Aufklärung, die bei Amtsträgern beispielsweise sehr erfolgreich ist, in den ländlichen Milieus nicht funktioniert. Hinzu kommt, dass sich durch die Schaffung von Großkreisen die Verwaltungen immer mehr von der Basis entfernen und Institutionen wie Parteien, Gewerkschaften und Kirchen in den Regionen kaum noch mit eigenen Repräsentanten vertreten sind. Entsprechend verlaufen dann die Versuche der Interventionen: Man überträgt bekannte, durchaus erfolgreiche Modelle der Städte auf den ländlichen Raum, scheitert und erklärt die Bevölkerung für unwillig, unfähig und verstockt. Dass etwa das Konzept des zivilgesellschaftlichen Engagements dort nicht funktionieren kann, weil die Abhängigkeit eines jeden Einwohners von den anderen eine Konstante dörflichen Lebens ist, wird praktisch nicht wahrgenommen. Es gibt daher die fast einvernehmliche Lösung der projektorientierten Institutionen, den Begriff »ländlicher Raum« so weit aufzuweichen, dass zumindest die Klein- und Kreisstädte dazugehören. Dort kann dann wieder mit den etablierten Methoden gearbeitet werden, weil sich die städtische Gesellschaft ausdifferenziert hat und die notwendigen Institutionen besitzt. Seit den 1930er-Jahren besteht keine spezielle Didaktik für die Erwachsenenbildung im ländlichen Raum mehr. Es gilt seitdem die Annahme, dass der Dorfbewohner ein Auslaufmodell ist, dem nicht weiter Aufmerksamkeit geschenkt werden muss. Entsprechend werden dort Volkshochschulen und Landschulen bevorzugt geschlossen. Die Unterrichtszeiten in den Städten werden so ausgedehnt, dass Kinder und Jugendliche dorthin pendeln können, was aber bedeutet, dass sie am dörflichen Leben kaum noch teilnehmen können. Das gesellschaftliche Leben auf dem Lande kommt oft zum Erliegen. Geht die Verbindung zum immer ferneren Staat aber verloren, ist es nicht weit zu der Idee, sich ganz selbstständig zu machen, womöglich einen eigenen Staat zu gründen und alles Fremde abzulehnen. Die letzten ehrenamtlich Tätigen sehen sich plötzlich einer abweisenden Mehrheit gegenüber, wie das sehr anschaulich der ehemalige Bürgermeister von Tröglitz in Sachsen-Anhalt, Markus Nierth, in seinem Buch »Brandgefährlich« (2016) beschrieben hat.

Eine der letzten zuverlässigen Institutionen im ländlichen Raum sind die Freiwilligen Feuerwehren. Sie erfüllen eine überlebenswichtige Funktion für die dörfliche Gemeinschaft, sind zugleich aber auch für die Ausbildung demokratischer Gedanken wichtig. In Brandenburg stellen die Mitglieder der Feuerwehren die meisten kommunalen Abgeordneten in den Gemeindevertretungen. Da sie eine wichtige Wirkung ins konservative Milieu hinein ausüben, lässt sich über sie mitunter auch ein humanistischer Konsens in den Gemeinden herstellen. Mit dem *Landesfeuerwehrverband Brandenburg* wurde 2011 das Projekt »Ohne Blaulicht« gestartet, um vor Ort in aller Ruhe über anstehende Konflikte zu beraten und auch das Thema Rechtsextremismus anzusprechen. Die in Städten übliche Stigmatisierung rechtsextremer Einstellungen funktioniert in Dörfern in der Regel nicht. Dort greift die Solidarität des Dorfes mit dem Einzelnen, und das kann sogar über die vorhandene Wagenburg-Mentalität eher zu einer Verbreitung rechtsextremer Einstellungen führen als zu einer Reduzierung.

Die Erfahrungen, die in diesem Bereich gesammelt wurden, können auch im Umgang mit Reichsbürgern helfen. Dort, wo Staat und Zivilgesellschaft die Frustrierten, Ohnmächtigen und Abgehängten alleine lassen, kann sich die Bewegung noch verstärken. Eine Erosion demokratischer Werte im ländlichen Raum kann nur verhindert werden, wenn den Regionen mehr Aufmerksamkeit geschenkt wird, wenn Mittel zur Belebung des sozialen und kulturellen Lebens zur Verfügung stehen und die Leute mit ihren Problemen vor Ort ernst genommen werden.

Carsten Janz und Andreas Speit

»Wir sind im Krieg«

Waffen innerhalb der Szene

»Achtung, Achtung, hier ist die Polizei«, brüllt ein Beamter durch sein Megafon. Die Polizei steht in Mannschaftsstärke vor einem Haus in Handewitt, einem kleinen Ort bei Flensburg. In dem Gebäude sollen Reichsbürger wohnen, bewaffnete Reichsbürger. Die Polizeikräfte sind angespannt. »So einen Einsatz hat es bei uns noch nicht gegeben«, sagt Polizeisprecherin Franziska Jurga. Die Hinweise durch das Megafon bleiben ohne Reaktion. Bevor die Polizei das Grundstück stürmt, ruft sie die Bewohner an, in der Hoffnung, eine friedliche Lösung zur Waffenübergabe zu erreichen. Die Waffenbehörde hatte dem Paar kurz vor diesem Einsatz die Zuverlässigkeit abgesprochen, eine Waffe zu besitzen und zu führen. Mit den Todesschüssen aus dem fränkischen Georgensgmünd am 19. Oktober 2016 im Hinterkopf hatte sich die Polizei in Flensburg auf alles vorbereitet, sich in Büschen rund um das Gelände platziert, Kameras auf die Szenerie gerichtet, die Waffen immer im Anschlag. Die Anwohner berichteten später, sie hätten sich wie im Krieg gefühlt. Die Polizei wollte jedoch lediglich verhindern, dass jemand zu Schaden kommt. Der Anruf der Polizei wird beantwortet. Erleichterung bei der Beamtin. Mit »Frau Elfi« meldet sich eine Frauenstimme. Typisch für Reichsbürger, die sich häufig den Namenszusatz »Mensch«, »Frau« oder »Mann« geben. Die Polizei macht »Frau Elfi« klar, dass sie entwaffnet werden soll. Die Beamten stellen ihr frei, selbstständig die Tür zu öffnen und nach draußen zu kommen. Falls nicht, werden die Spezialkräfte der Polizei das Haus stürmen. Die ältere Dame willigt ein zu öffnen, und gemeinsam mit ihrem Mann steht sie kurze Zeit später in der Tür. Die Ermittler durchsuchen das Anwesen und werden fündig. Ein halbes Dutzend Waffen stellen sie sicher: zwei Revolver, zwei Pistolen und zwei Gewehre, klein- und großkalibrig. Die

Reichsbürger leisten keinen Widerstand, lassen die Beamten das ganze Haus durchsuchen, nach eigener Aussage waren die Waffen ordnungsgemäß verstaut. Mit den Waffen wird dem 73-jährigen Mann und seiner 69 Jahre alten Frau auch gleich die Waffenbesitzkarte abgenommen, denn nach der Entscheidung der Waffenbehörde sind sie ab diesem Tag, dem 2. November 2016, nicht mehr berechtigt, Waffen zu besitzen.

Nicht nur im hohen Norden versucht die Polizei seit Ende 2016, Anhänger der heterogenen Bewegung zu entwaffnen – oft unterstützt von Spezialkräften. Die Schüsse mit tödlichen Folgen in Georgensgmünd haben zu bundesweiten Maßnahmen geführt. Von einem Tag auf den anderen änderte sich die Sichtweise der Sicherheitsämter und -behörden zu den Reichsbürgern. In den Jahren zuvor schienen Polizei, Verfassungsschutz, Staatsanwaltschaften und Verwaltung diese Bewegung kaum ernst genommen zu haben. Deren Aktivitäten – von Fahren ohne Führerschein bis zur Verweigerung von Strafzahlungen – wurden von Behörden und Ämtern eher als lästig wahrgenommen. In zwei Bundesländern nahmen Politik und Verwaltung die Reichsbürger bereits vor den Schüssen ernster. Hier traten und treten sie auch massiv auf. Um einen angemessenen Umgang mit den Reichsbürgern zu finden, bot *Demos – Brandenburgisches Institut für Gemeinwesenberatung* bereits 2009 erstmals eine Veranstaltung für Bedienstete der Landes- und Kommunalverwaltung an. Das Ministerium für Justiz in Sachsen-Anhalt und die Landeszentrale für politische Bildung des Bundeslandes richteten 2014 ein Seminar für Richter, Staatsanwälte und Bedienstete der Justizvollzugsanstalten zu Reichsbürgern aus.

Schwankende Zahlen und keine Daten zu Waffen

Im November 2016 offenbart eine Recherche der »taz«, wie unterschiedlich Polizei und Verfassungsschutz die Reichsbürger bis dahin wahrnahmen, sodass diese die Waffenverbreitung schwer einschätzen konnten. Einige Bundesländer wussten nicht einmal, wie viele Reichsbürger in ihren Ländern leben und agieren. Aus Sachsen kamen keine Zahlen, weil sich der Verfassungsschutz bis zu dem Zeitpunkt nicht für diese Bewegung interessierte. Auch aus Hessen und Mecklenburg-Vorpommern folgten keine Angaben zu Reichsbürgern und ihren Waffen. Die Recherchen ergaben, dass in Baden-Württemberg 50 Reichsbürger Waffen besaßen, in Bayern 50, in Nordrhein-Westfalen 14, in Niedersachsen 35. Keine Daten zum Waffenbesitz gab es aus Schleswig-Holstein, Hamburg, Bremen, Berlin, Brandenburg, Sachsen-Anhalt, Thüringen und Rheinland-Pfalz. Handlungsbedarf zu einer bundeseinheitlichen Verständigung wurde offensichtlich.

In Niedersachsen handelte Innenminister Boris Pistorius (SPD) am 28. November 2016. Per Erlass stieß er die Entwaffnung aller Reichsbürger im Lande an. Der Angriff eines Reichsbürgers im eigenen Bundesland dürfte die Entscheidung mit bestärkt haben. In Sögel wollten sechs Polizeibeamte am 17. November einen Reichsbürger festnehmen, da er eine Geldstrafe nicht bezahlt hatte. Nach mehrfachem Klingeln öffnete der 42-Jährige die Wohnungstür in der emsländischen Gemeinde und behauptete, die Strafe beglichen zu haben. Einen Beleg konnte er allerdings nicht vorzeigen. Stattdessen erklärte er, bewaffnet zu sein, und versuchte zu fliehen, wobei er die Beamten mit Pfefferspray besprühte. Ein Polizist musste im Krankenhaus ambulant behandelt werden, der Festgenommene ebenso, da er sich bei der starken Gegenwehr verletzt hatte. »Der feige Angriff auf Polizeibeamtinnen und Polizeibeamte in Sögel führt uns deutlich vor Augen, dass von den sogenannten Reichsbürgern, die mit ihrer verqueren Weltsicht unsere freiheitlich-demokratische Grundordnung ablehnen, eine hohe Gefahr ausgeht«, sagte Pistorius und erklärte weiter: »Es kann nicht sein, dass jemand unseren Staat ablehnt, aber von diesem einen Waffenschein ausgestellt bekommen möchte.« Erstmals erklärte ein Innenministerium, dass die Reichsbürger grundsätzlich als waffenrechtlich unzuverlässig anzusehen seien und sie keine waffenrechtlichen Erlaubnisse mehr erhalten dürften. Bereits erteilte Genehmigungen können nun in einem Verfahren auch wieder entzogen werden. Ein aufwendiges Prozedere. »Jeder Einzelfall muss geprüft werden, und es kommt vor, dass sich der erste Verdacht im persönlichen Gespräch nicht bestätigt«, sagte unlängst Landespolizeipräsident Uwe Binias. In Niedersachsen standen im Mai 2017 109 Personen im Verdacht, Reichsbürger zu sein und einen Waffenschein oder eine Waffenkarte zu besitzen. Im Vergleich zu den Angaben aus dem November 2016: 74 Reichsbürger mehr mit Waffen. Der Hälfte könnten am Ende die Waffen entzogen werden, so Binais gegenüber dem NDR.

Doch die Abnahme der Waffen versuchten einige Reichsbürger zu umgehen, indem sie sich in andere Länder ummelden. So bei einem Jäger in Osnabrück, der nun in Irland seinen Lebensmittelpunkt haben wollte. Daraus ergab sich die behördliche Frage der offiziellen Zuständigkeit. Der Landkreis meldete den Fall dem zuständigen Bundesverwaltungsamt. Dieses verwies auf das Bundesinnenministerium, das erneut auf das Bundesverwaltungsamt verwies. Nach weiteren Überprüfungen stand fest: Der Landkreis ist zuständig. »Wir kümmern uns um eine schnelle Lösung, die Polizei ist eingeschaltet«, erklärte Landkreissprecher Henning Müller-Detert am 2. Februar 2017.

In Baden-Württemberg entschied das Innenministerium ebenfalls, die Reichsbürger zu überprüfen. Landesinnenminister Thomas Strobl (CDU) gab am 20. Januar 2017 den Stadt- und Landkreisen eine Anweisung, gegen die Anhänger der Reichsideen vorzugehen. Das Ordnungsamt der Landeshauptstadt Stuttgart überprüfte daraufhin 100 Verdächtige. Die Auswahl der Betroffenen erfolgte aufgrund von Anträgen oder Schreiben an die Stadt, die nahelegten, dass sie dieser Szene anhängen. Zehn von ihnen droht der Entzug der Waffenscheine. »Menschen, die den Rechtsstaat in ihren Schreiben angezweifelt haben, bekommen es nun mit dem Rechtsstaat zu tun«, erklärte Ordnungsamtssprecher Sven Matis.

Razzia bei der Gruppe um »Druide Burgos von Buchonia«

Im Rahmen einer bundesweiten Razzia gegen eine Gruppe aus dem Reichsbürger-Milieu bekam für die Bundesanwaltschaft das »Ländle« eine besondere Rolle: Einer der Hauptverdächtigen, Karl Burghard Bangert, kam aus Schwetzingen nahe Heidelberg. Die Bundesanwaltschaft warf den sechs Betroffenen vor, Anschläge auf Juden, Flüchtlinge und Polizisten geplant zu haben. Ein weiterer

Betroffener soll Waffen besorgt haben. Außer in Baden-Württemberg gingen rund 200 Beamte am 25. Januar 2017 in Berlin, Brandenburg, Niedersachsen, Rheinland-Pfalz und Sachsen-Anhalt gegen die Gruppe vor, durchsuchten zwölf Wohnungen und weitere Räumlichkeiten.

In seiner Region ist der Hauptbeschuldigte kein Unbekannter. Im Gegenteil: Bangert gehört der Druiden-Szene an, tritt offen als »Druide Burgos von Buchonia« auf. Die neuzeitlichen Druiden beziehen sich auf unterschiedliche Weise auf die historischen Druiden der Kelten. Einzelne Gruppen verstehen sich neuheidnisch. Glaubt man Bangert, dann wurde er nach eigenen Angaben in einer bitterkalten Winternacht vor 2500 Jahren geboren. Sein Onkel sei Merlin gewesen, der berühmte Druide aus der Artus-Sage, erzählte er dem »Bayerischen Rundfunk«, der ihn beim Kräutersammeln im Wald und beim Bogenschießen filmte. In zahlreichen Videos im Internet erscheint der frühere Versicherungsvertreter mit weißem wallendem Gewand, grauem langem Bart und wilden Haaren. Am Gürtel trägt der 67-Jährige eine Tasche, eine Sichel und ein Trinkhorn. Dieser Mann soll ein rechter Terroristenanführer, ein militanter Reichsbürger sein? Dem »Bayerischen Rundfunk« erzählte er, dass er bei Vollmond in den Wald gehe, um nackt seinen Kraftbaum zu umarmen. Die esoterischen Ideen weitete er für sich allerdings weit rechts aus. Er nahm an rechten Veranstaltungen bei *Die Freiheit* in München und bei *Pegida* in Frankfurt am Main teil. Aus Solidarität besuchte er 2015 einen Prozess gegen die Holocaustleugnerin Ursula Haverbeck. Der *Förderverein Steinkreis* im badischen Brühl schloss ihn schon 2012 aus, nachdem er auf Facebook ein Bild mit einer brennenden Moschee veröffentlicht hatte und seiner Hoffnung Ausdruck gab, dass bald das islamische Heiligtum Mekka brennen würde, wie »Spiegel Online« am 25. Januar 2017 berichtete. Bei Facebook hatte er am 4. Mai 2015 geschrieben, dass Deutschland seit 130 Jahren »bekriegt« werde: »Wir sollen umgevolkt werden. Wir sollen unserer Identität beraubt werden.« Der »Zionist Winston Churchill« hätte gar den Befehl gegeben, »Millionen Menschen unseres Volkes« zu vernichten. Der Druide forderte zudem: »Friede mit unseren russischen Brüdern.« In jüngerer Zeit war er, so »Spiegel Online«, vor allem im russischen VK-Netz aktiv, das gern von Verschwörungstheoretikern genutzt wird. »Antisemit ist, wer sich das Denken nicht verbieten lässt« oder »Ohne Juden keine Kriege, ohne Kriege keine Asylanten«, verkündete er online. Sein Leitspruch auf seiner Profilseite bei »VK.com«: »Mein Selbsterhaltungstrieb sagt mir, dass ich die Juden und Moslems vernichten muss, bevor diese meine Sippe oder meine Familie vernichten.« Am 20. April 2016 stellte Bangert ein Foto von sich online mit dem Bekenntnis: »Vorsicht: Menschenrechtler Tier- und Naturschützer Druide; Nach Ansicht der »BRD Behörden« bin ich ein GEFÄHRDER«. »BRD Behörden« ist ein Begriff, den Reichsbürger oft verwenden. Die Bundesanwaltschaft schreibt Bangert eine ideologische Nähe zu dieser Bewegung zu. Seit dem Frühjahr 2016 soll die Gruppe um ihn Anschläge geplant haben. Bei den Durchsuchungen stellten die Ermittler Sprengstoff, Schusswaffen und Munition sicher. Monate nach der Razzia erklärt die Bundesanwaltschaft am 21. August 2017, dass der »Tatverdacht der Bildung einer rechtsterroristischen Vereinigung« sich nicht erhärtet habe. Bangert lebe »in einer verqueren Vorstellungswelt« und befürchte »innerstaatliche Unruhen bis hin zum Ausbruch des Dritten Weltkrieges«. Aus dem »Grund wollte er gemeinsam mit den übrigen Beschuldigten und weiteren Gleichgesinnten an einem ›sicheren Rückzugsort‹ in einer Art Wohngemeinschaft autark« leben. Die Waffen und die Munition seien »lediglich« für den Krisenfall beschafft worden, so die Bundesanwaltschaft. Die örtliche Staatsanwaltschaft führe nun die Ermittlungen wegen des Verstoßes gegen das Waffengesetz. Der »Druide« blieb weiter in Haft.

Am 7. Februar 2017 gingen nicht nur in Baden-Württemberg Polizeikräfte gegen Reichsbürger vor. In Bayern und Rheinland-Pfalz durchsuchten zeitgleich 250 Beamte Wohnungen und Geschäftsräume – mit dabei Spezialeinheiten, wegen der Erfahrung von Georgensgmünd, wie Hans-Peter Kammerer vom Polizeipräsidium Oberbayern Nord erklärte. Die Betroffenen hätten sich aber größtenteils »kooperativ« verhalten. Nur ein 51-Jähriger im bayerischen Landkreis Haßberge habe zunächst versucht, die Beamten am Betreten seiner Wohnung zu hindern. Die Durchsuchungen von Staatsanwaltschaft und Polizei richteten sich gegen 16 Beschuldigte im Alter von 40 bis 66 Jahren, ihnen wird eine banden- und gewerbsmäßige Urkundenfälschung vorgeworfen.

Grundlage der Razzia war ein vor einigen Wochen eingeleitetes Verfahren der Staatsanwaltschaft München II. Sieben Beschuldigten hält die Staatsanwaltschaft vor, Vertreter eines selbst ernannten *Bundesstaats Bayern* zu sein. Die sieben sollen aus ihrem *Bundesstaat* mit Sitz in Pliening östlich von München Faxe und Widersprüche zu Pfändungs- oder Bußgeldbescheiden versandt haben und auch Schreiben, in denen sie selbst Forderungen gegen die betroffenen Behörden erhoben hätten. Für die Staatsanwaltschaft erfüllen diese Aktionen den Tatbestand der versuchten Erpressung, versuchten Nötigung und Amtsanmaßung. Die weiteren Beschuldigten seien Sympathisanten und Käufer der »Urkunden« wie Ausweise und Führerscheine dieses selbst ernannten Staats. Ziel der Beschuldigten – darunter 14 Männer und zwei Frauen – sei die Schaffung eines *Deutschen Reichs.* Mehrere Computer, Dokumente, Reichsbürger-Fahnen und Schreckschusswaffen nahm die Polizei mit.

In Bayern stellten Polizeikräfte am 8. März 2017 bei Reichsbürgern in Rottach und Otterfing Waffen sicher, die diese legal besaßen. Am 21. März führten Beamte Durchsuchungen im Umfeld der Gruppierung *Bundesstaat Bayern* durch und stellten Waffen, Munition sowie Totschläger und Wurfsterne sicher. Bei einem Reichsbürger in einer Gemeinde im Landkreis Neu-Ulm entdeckte die Polizei ein Waffenarsenal mit Messern, Dolchen, Schwertern, Macheten, Armbrüsten, einem Luftgewehr und großen Mengen Munition und Pfeilen. Auch Drogen und NS-Devotionalien fand sie. In Garching bei München erschoss sich am 30. Mai ein Reichsbürger. Mehrfach war er zuvor von der Stadtverwaltung aufgefordert worden, seine Waffen nebst Waffenschein abzugeben. Im Landkreis Landshut verletzte ein Reichsbürger am 3. Juli zwei Polizeibeamte. Die Beamten hatten ihn wegen eines Haftbefehls aufgesucht. Der Mann und dessen Lebensgefährtin widersetzten sich der Festnahme. Verletzt wurde auch der Reichsbürger, der nach seiner Behandlung im Krankenhaus in eine Justizvollzugsanstalt eingeliefert wurde.

Auch in Thüringen schritt die Polizei gegen Reichsbürger ein. In Sondershausen entdeckten sie bei einem Anhänger der Bewegung und dessen Mutter Substanzen und Chemikalien, mit denen ein Sprengsatz hergestellt werden könnte. Elektrische Bauteile für den Bau einer Zündeinrichtung wurden zudem entdeckt, berichtete am 16. März der MDR. Am 28. des Monats fand die Polizei bei einem Reichsbürger und Sportschützen in Nohra bei Weimar ein Waffenarsenal: 13 Langwaffen, vier Kurzwaffen, zwei Pistolen, zwei Revolver, viel Munition, eine Böllerkanone und Granatenköpfe wurden beschlagnahmt. In Gefell im Saale-Orla-Kreis zog die Polizei am 6. April den Revolver eines Sportschützen und Reichsbürgers ein.

Die Polizei versuchte nach den tödlichen Schüssen ebenso in Nordrhein-Westfalen Reichsbürger zu entwaffnen. Am 2. Februar 2017 stellte sie in Kleve bei einem Reichsbürger, der auch Mitglied der *Hells Angels* ist, eine Pistole und Springmesser sicher sowie Kokain im Straßenwert von 100 000 Euro. In Essen nahm die Polizei am 8. März ein Ehepaar fest. Sie stürmten das Haus, ein Dobermann wurde erschossen, drei Schusswaffen sichergestellt. Das Paar soll sich im Umfeld der reichsbürgernahen Gruppe *Verein für bioenergetisches Leben e. V.* in Hünxe bewegt haben. In Krefeld, Grefrath und Nettetal konnte die Polizei Waffen und Munition sicherstellen.

Die Aktionen machen den Wandel in der offiziellen Wahrnehmung deutlich. Am 14. Juni 2017 beschloss die Innenministerkonferenz (IMK) in Dresden, »dass Reichsbürger keine Waffen haben dürften«. In der Beschlussvorlage für die Innenminister und -senatoren heißt deutlich: »Die IMK ist der Auffassung, dass Personen dieser Szene grundsätzlich nicht die erforderliche Zuverlässigkeit« zum Führen einer Waffe besitzen. Reichsbürger sollen fortan auch nicht mehr Beamte oder Staatsbedienstete werden können, da ihre Ideologie »mit der arbeits- und beamtenrechtlichen Pflicht öffentlicher Bediensteter, für die freiheitlich demokratische Grundordnung einzutreten«, unvereinbar sei.

Wege zu Waffen

Die Waffen der Reichsbürger kommen nicht alle aus dem kriminellen Milieu, wurden nicht nur illegal beschafft. In Georgensgmünd kam der Reichsbürger Wolfgang Plan als Jäger ganz legal an seine Waffen – er hatte einen Jagdschein. Mehr als 30 Kurz- und

Langwaffen stellte die Polizei bei ihm sicher. Unter den Waffen waren auch amerikanische und historische Waffen. Ganz legal bezog das ältere Paar aus Handewitt über den Sport seine Waffen. Als Sportschützen gingen sie jede Woche in den örtlichen Schützenverein. Die Waffenbesitzkarte (WBK) ist eine Grundvoraussetzung zur Ausübung dieses Sportes. Diese WBK teilt die Behörde des Kreises aus und verlangt, dass die Sportschützen schon zwölf Monate Mitglied in einem Schießsportverein gewesen sein müssen und dass sie den Sport regelmäßig ausüben. Eine weitere Voraussetzung ist aber, dass die Inhaber einer waffenrechtlichen Erlaubnis auch »zuverlässig« sind, so steht es in § 5 des Waffengesetzes. Doch wer ist zuverlässig und wer nicht? Das Waffengesetz ist da nicht ganz so eindeutig. Personen, die in den vergangenen fünf Jahren Mitglied in *Bestrebungen* waren, die sich gegen den Gedanken der Völkerverständigung oder gegen die verfassungsmäßige Ordnung stellen, seien »in der Regel« nicht zuverlässig. Viel Spielraum für die Behörden, die lange Zeit gar nicht wussten, mit wem sie es bei den Reichsbürgern überhaupt zu tun haben. Lange blieben so diese Gefährder unter dem Radar der Waffenbehörden. Schon früh hatte sich jedoch die Tendenz zu der Selbstermächtigung gezeigt – auch mit Gewalt.

Vor fünf Jahren, am 23. November 2012, nahm das *Deutsche Polizei Hilfswerk* (DPHW) in Bärwalde, einen Ortsteil von Radeburg nördlich von Dresden, einen Gerichtsvollzieher fest. Der Mann sollte im Namen des Amtsgerichtes Meißen bei dem DPHW-Gründer Volker Schöne ein Bußgeld in niedriger zweistelliger Höhe eintreiben. An die 15 Mitstreiter der vermeintlichen Polizei in blauen Fantasieuniformen lauerten dem Gerichtsvollzieher auf, fesselten ihn mit Kabelbindern und nahmen ihn eine Dreiviertelstunde lang »vorläufig« fest, um ihn der Polizei zu übergeben, wie es in einer Art Einsatzbericht des Generalstabs des DPHW heißt. Für Schöne wäre nach der Hagener Landkriegsordnung die Bußgeldeintreibung eine »Plünderung«. Dies war kein Einzelfall. In Chemnitz bedrängten DPHW-Anhänger einen Finanzbeamten und in Weimar einen Gerichtsvollzieher. In Berlin betätigte sich ein DPHW-Vertreter am 10. Juli 2012 bei einer Razzia eines Reichsbürgers als »Rechtsbeistand«. Am 11. Oktober 2012 musste die Polizei in Thüringen gegen Anhänger des DPHW vorgehen, da sie den Chef des Finanzamtes in Sonneberg bedrängten. Das DPHW »entwickelte sich zur bislang größten Gruppierung des ›Reichsbürger‹-Spektrums«, resümiert Falko Grimmendorf 2017 in der März/April-Ausgabe des antifaschistischen Magazins »Rechter Rand«. Mit einem Artikel vom Gründer und »General« des *Deutschen Polizei Hilfswerks* Schöne begann im Herbst 2011 der Aufbau seiner Gruppe.

Selbst ernannte Polizei

Damals erklärte Schöne, Angst zu haben wegen des Abbaus der Polizeikräfte in Sachsen, und er behauptete, viele deutsche Gesetze seien nicht gültig, weil ihnen der Geltungsbereich fehle. Eine klassische Behauptung der Reichsbürger. Der Text erschien nicht irgendwo im Internet. Er wurde auf der Website des sächsischen Landesverbandes der Deutschen Polizeigewerkschaft veröffentlicht. Im Vorstand des DPG Sachsen saß der 46-Jährige bis zum Herbst 2011. Schöne, so sagte er der »Zeit« am 5. September 2013, sei aus dem Beamtenverhältnis entlassen worden; die Polizeigewerkschaft habe ihn angezeigt. Ab April 2012 hatte er begonnen, diese Gruppe aufzubauen, die wie eine Freiwillige Feuerwehr agieren sollte. Er selbst verglich das Projekt mit der wehrkundlichen Zivilverteidigung der DDR. Ein achtköpfiger Generalstab entstand per Schulterklappen, abgestuft nach Dienstgraden. Lange Haare waren unerwünscht, NVA-Ränge wurden auf Antrag angerechnet. Die vermeintliche Uniform: Einsatzoverall. Stiefel, Pfefferspray und Metallhandschellen bekamen die Anhänger aber nicht gestellt. Sie durften sie erwerben – das Set zu 99 Euro. Ein Dienstausweis und eine Vereidigung nach »deutschem Gesetz« waren obligatorisch. Im Buch »Die BRD-GmbH« von Klaus Maurer wurde die Beteiligung an der DPHW empfohlen, da sie vor »Übergriffen durch das BRD-System« und der »Hochfinanz« schütze. Die Empfehlung verschwand bei späteren Auflagen. Wie viele Mitglieder und Sympathisanten des DPHW es bundesweit gebe, wollte die Bundestagsfraktion der Linken von der Bundesregierung wissen. Die Antwort auf eine Kleine Anfrage am 19. Juni 2013: »Der Bundesregierung liegen derzeit keine hinreichenden verfassungsschutzrelevanten

Erkenntnisse zum Deutschen Polizei Hilfswerk (…) und seinen Mitgliedern vor. Auskünfte zu Mitgliederzahlen nach Ländern und regionalen Schwerpunkten sind daher nicht möglich.«

Die Auswertungen von sichergestellten Asservaten nach Durchsuchungen offenbarten erst das Ausmaß: Bis zu 400 Personen sollen Beitrittserklärungen abgegeben haben – vorrangig aus Sachsen. Seit 2012 wurden gegen den Personenkreis allein von sächsischen Staatsanwaltschaften über 600 Ermittlungsverfahren eingeleitet, von Steuerhinterziehung bis zu fahrlässiger Tötung reichten die Vorwürfe. Den Ermittlungen dürfte geschuldet sein, dass im Juni 2013 das DPHW seine Auflösung bekannt gab. Etliche Mitglieder sollen aber auch längst verstimmt gewesen sein. Denn mitzuwirken war außerhalb des »Generalstabs« kaum möglich.

Im Dezember 2015 und März 2016 verurteilte das Amtsgericht Meißen 13 Beteiligte der DPHW-Aktion in Bärwalde in erster Instanz wegen gemeinschaftlicher Freiheitsberaubung in Tateinheit mit gefährlicher Körperverletzung und dem Missbrauch von Amtszeichen zu Haftstrafen zwischen zehn und 30 Monaten fast ausschließlich ohne Bewährung. Etliche Beschuldigte erklärten getreu der Reichsideologie, das Gericht nicht anzuerkennen. Schöne war zwischenzeitig untergetaucht, wurde mit internationalem Haftbefehl gesucht. In Dresden wurde er entdeckt, mit verändertem Aussehen. 25 Monate Haft war das Urteil für ihn, gegen das er erfolgreich Berufung einlegen konnte. Die Strafe wurde auf anderthalb Jahre gesenkt und zur Bewährung ausgesetzt. Die Staatsanwaltschaft ging daraufhin in Revision. Um sein Haus vor einer Zwangsversteigerung zu bewahren, vermietete Schöne es an die selbst gegründete *Jüdische Gemeinde*. Die angebliche Gemeinde vertritt sein enger Mitstreiter Thomas Uwe Wetzig. Im September 2014 geriet dieser in Dresden in eine Fahrzeugkontrolle und wollte flüchten. Ein Polizeibeamter sprang in den BMW, um ihn aufzuhalten. Rund eineinhalb Kilometer fuhr Wetzig weiter. Der Beamte hing mehr oder weniger mit dem Fahrer auf dem Fahrersitz. Er erlitt eine Schürfwunde am Bein. Erst eine Zivilbeamtin konnte Wetzig mit einer Waffe in der Hand stoppen. Sie war hinterhergesprintet.

Auch Schöne fiel weiter auf: Er musste sich im Oktober 2016 vor dem Amtsgericht Dresden wegen versuchter Nötigung und

Amtsanmaßung verantworten. Ab 2013 soll er versucht haben, die Zwangsvollstreckung seines Hause zu verhindern, indem er dutzendfach Briefe, garniert mit Unterlassungsaufforderungen, Rechnungen, Mahnungen, Schuldscheinen und Pfandbriefen, verschickte, ausgestellt auf US-Dollar-Beträge im zweistelligen Millionenbereich und adressiert an hochbetagte Nachbarn und Biet-Interessenten in Bärwalde. Mehrere Amtsrichter und die Leiterin des Finanzamtes in Meißen und der Präsident des Amtsgerichts Dresden erhielten entsprechende Briefe, wiederholt auch an die Privatadressen seiner Opfer adressiert. Den angeblichen Schuldschein hatte er »notariell« beglaubigt, mit einem Stempel samt sächsischem Staatswappen und der Aufschrift »Volker Schöne Notar in Sachsen«. Das Gericht verurteilte ihn zu einer Freiheitsstrafe von sechs Monaten ohne Bewährung. Mit seinen rechtswidrigen Forderungen habe Schöne bewusst eine Drohkulisse aufgebaut und Betroffene in Angst versetzt.

Das DPHW war nur ein Vorbote der fortschreitenden Radikalisierung der heterogenen Szene. In Bramsche versuchte im April 2016 ein Reichsbürger, sich der Verhaftung zu entziehen, und verletzte einen Polizisten mit Pfefferspray. Im selben Monat wollte sich ein Reichsbürger in Rostock, nachdem er zu schnell gefahren war, einer Kontrolle entziehen. Im Anschluss an die Kontrolle fuhr er mit seinem Smart los, obwohl sich ein Beamter gerade vor dem Fahrzeug aufhielt. Er lud diesen auf und bremste nach ca. 25 Metern wieder stark ab, sodass der mitgerissene Beamte von der Motorhaube fiel. Er wurde leicht verletzt.

Verteidigung des *Staates Ur*

Knapp zwei Monate vor der tödlichen Auseinandersetzung in Bayern fielen mehrere Schüsse in Sachsen-Anhalt. Mit Mitstreitern wollte Adrian Ursache am 25. August 2016 die Zwangsräumung seines Hauses in Reuden, einem Ortsteil der Stadt Zerbst, verhindern. Auf dem Grundstück hatte er den *Staat Ur* ausgerufen. Die Räumung sollte schon am Vortag laufen, doch die Anwesenheit der zahlreichen Unterstützer verhinderte die Maßnahme. Der damals 41-Jährige bepöbelte den Gerichtsvollzieher unter Zuspruch seiner Anhänger, was per Video festgehalten wurde. Über das Internet hatte Ursache um Unterstützung gebeten: »Wenn irgendeine Sau versuchen sollte, uns hier von unserem heiligen Boden zu entfernen, wird das mit Blut bezahlt werden, egal ob Frauen, Kinder, Schwangere. Der Staat Ur gehört den Menschen in Ur.« Bis zu 120 Anhänger waren daraufhin angereist. Sie zelteten auf dem Grundstück der Schwiegereltern von Ursache – auf dem angeblichen *Staatsgebiet Ur*. Am Morgen des 25. August rückten dann Spezialeinsatzkommandos (SEK) an: rund 200 Polizeibeamte. Mit Flaschen und Steinen bewarfen Ursaches Anhänger die Beamten. Einen Revolver soll Ursache gezückt haben. Vier Schüsse fielen. Er selbst wurde dabei verletzt, musste mit einem Hubschrauber auf eine Intensivstation gebracht werden. Zwei SEK-Beamte wurden verletzt, einer am Hals, ein anderer wurde von einem Unterstützer gebissen. Ein Haftbefehl wegen des Verdachtes auf versuchten Todschlag folgte.

Wann Ursache den *Staat Ur* gründete, ist nicht genau datiert, es soll im Jahr 2014 gewesen sein. Die Anwohner wunderten sich auch über den Wandel ihres Nachbarn, der verheiratet ist und zwei Söhne hat. Auf seinem Grundstück zog der ehemalige »Mister Germany 1998« die Staatsfahne von *Ur* auf: eine schwarz-weiß-rote deutsche Reichsflagge, in die von links ein Dreieck hineinragt, auf dem ein Wappen mit einem gekrönten Stier prangt. Im Ort schimpfte er immer öfter über das »Micky-Maus-Grundgesetz«. Die Kanzlerin und den Bundespräsidenten bezeichnete er als »Frau Ferkel« und den »Gauckler«, erzählten Anwohner. »Diese beiden Vollpfosten reißen die Nation in den Abgrund«, soll er gesagt haben, berichtete Julia Schaaf am 12. September 2016 in der »FAZ«. Als Reichsbürger will Ursache nicht eingeordnet werden. Aber genau aus dieser Bewegung kamen seine Unterstützer gegen die Räumung. Mit dabei allerdings auch Rechtsextreme aus der Region: der NPD-Kader Steffen Thiel und der Inhaber des Black-Metal-Versands »Pesttanz Klangschmiede«, Martin Christel.

Durch die Auseinandersetzung stieg der frühere Schönheitskönig zu einem der Helden der Bewegung auf. Ein Video, das ein Wortgefecht zwischen ihm und der Polizei dokumentiert, wurde zu einem der YouTube-Hits. Nach der Inhaftierung erfuhr Ursache sogleich eine breite Solidarität aus der Szene – nicht nur im

Netz. Am 12. September 2016 protestierte eine Gruppe aus der Bewegung am Haftkrankenhaus Leipzig, wo Ursache lag. Sie wollten »die Menschenrechtsverletzung, die von der BRD gegen Adrian Ursache ausgeführt wurde«, anprangern. Bei YouTube finden sich auch Kommentare zum Video von der Aktion: Einer von 281 lautet: »Adrian wurde von Merkels Gestapo niedergeschossen und verhaftet, natürlich Rechtswidrig ist klar! Den Verantwortlichen für diese verbrecherische Tat sage ich: ›Eure Tage sind gezählt!‹ Ihr Schwerverbrecher!« Eine weitere Anmerkung: »Der Fall ›Adrian Ursache‹ wird Gerechtigkeit finden. WIR SCHAFFEN DAS! Der Krieg gegen die BRD hat am 24.08.2016 begonnen! Ursache und Wirkung!«

Nur verbale Militanz? Bloß radikale Rhetorik? Einer seiner Unterstützer vor Ort gegen die Zwangsräumung: Wolfgang Plan, jener Reichsbürger, der in Georgensgmünd später ohne Vorwarnung auf die Polizeikräfte schoss und dabei einen Beamten tödlich verletzte. Filmaufnahmen, die RBB und MDR vorliegen, belegen seine Anwesenheit. Auf seiner Facebook-Seite hatte Plan sich mit dem selbst ernannten Staatsoberhaupt solidarisiert. Dem RBB sagte am 29. November 2016 Michael Hüllen vom Landesamt für Verfassungsschutz in Brandenburg: »Wir haben zum einen das Mobilisierungspotenzial in dieser Szene unterschätzt. Wir haben zum anderen das Vernetzungspotenzial in dieser Szene unterschätzt. Und wir haben auch unterschätzt, wie wichtig es der Szene tatsächlich ist, nach außen zu dokumentieren, dass sie sich in totaler Opposition gegenüber unserem Staat befindet und deshalb tatsächlich auch Repräsentanten unseres Staates – zum Beispiel der Polizei – stärker in den Blick genommen hat.«

Diese Einschätzung dürfte nicht nur für den brandenburgischen Verfassungsschutz zutreffend sein. Verschiedene Geheimdienste haben die Reichsbürger-Bewegung zuvor zwar wahrgenommen, aber nicht analytisch erfasst. Das Bundesamt schaute gar nicht erst hin. Der Verfassungsschutz in Schleswig-Holstein begann bereits 2015, die Reichsbürger zu beobachten. Schleswig-Holstein war neben Brandenburg damit Vorreiter im Vergleich zu den anderen Bundesländern und auch dem Bund. Trotzdem lag die Reichsbürger-Bewegung in dem Land zwischen den Meeren auch hier lange Zeit eher im Dunkeln. Ende 2016 sprach Innenminister Stefan Studt noch von 40 Reichsbürgern, zwei Wochen später von 50. In seinem aktuellen Bericht von 2017 geht der Verfassungsschutz in Kiel von 54 Personen und weiteren 31 Verdachtsfällen aus. Die Zahlen beruhen auf der Zählung im Jahr 2016. Im August 2017 geht das Innenministerium von 307 Reichsbürgern in Schleswig-Holstein aus. 182 Personen sind bereits eindeutig als Reichsbürger identifiziert. Bei den restlichen Personen handelt es sich um registrierte Verdachtsfälle, die weiter aufgeklärt werden. Die Zahlen haben sich also innerhalb kurzer Zeit vervielfacht. Das Innenministerium erklärte dazu, dass jetzt das »Dunkelfeld« aufgehellt wurde.

Provinz Schleswig-Holstein im *Freistaat Preußen*

In der Tat ist die Szene in Schleswig-Holstein sehr zersplittert. Viele Reichsbürger fühlen sich nur als Herrscher ihres Gartens oder ihres Campingwagens. Nur wenige Organisationsstrukturen sind zu erkennen, wie etwa der *Freistaat Preußen,* eine Organisation, die bundesweit Ableger hat und auch in Schleswig-Holstein aktiv ist. Die *Provinz Schleswig-Holstein* im *Freistaat Preußen* sitzt nach eigenen Angaben in Barsbüttel am Rande von Hamburg und hat auch eine Provinzverwalterin: Regina aus dem Hause R. Zusammen mit vier anderen Reichsbürgern war sie bis vor Kurzem auf der Internetseite »www.freistaat-preussen.info« genannt. Die unterschiedlichen Personen haben in der Organisation Aufgaben, die namentlich an Ministerposten in der Bundesrepublik Deutschland erinnern, wie »Bereich Innere Angelegenheiten«, »Bereich Äußere Angelegenheiten« und den »Bereich Besondere Angelegenheiten«. Dass nur vier Reichsbürger auf der Seite genannt sind, schließt aber nicht aus, dass deutlich mehr Menschen sich dem *Freistaat Preußen* angeschlossen haben.

In Schleswig-Holstein besteht eine enge Verbindung der Reichsbürger zu rechtsextremen und auch sektenähnlichen Strukturen. Die Provinzverwalterin »Regina aus dem Hause R.« hatte auf ihrer eigenen Website angegeben, dass sie Ron Hubbard, der Gründer von *Scientology,* »inspiriert« habe. (Auf der Website stand »inspiziert«, aber dies ist vermutlich ein Fehler.) Dank dessen Finanztipps habe sie ihr Leben wieder in den Griff bekommen.

Außerdem betätigt sich Reichsbürger Harro H. im Umfeld von rechtsextremen Verlagen, die auch Literatur von Mathilde Ludendorff vertreiben. Der rechtsextreme *Bund für Gotterkenntnis (Ludendorff) e.V.* ist im Bundesland aktiv. In ihren Schriften hat Ludendorff dargelegt, dass die nordischen »Lichtrassen« dem Göttlichen nahe seien, die »Schachtrassen« dagegen unvollkommen und sündhaft. Die Ärztin lehrte auch, dass die Juden »insbesondere den Deutschen eine Art von Irrsein« eingepflanzt hätten – die Folge: »Volkstod« durch »Blutsvermischung«.

Der *Freistaat Preußen,* der auf seiner Website einschlägige rechte Literatur zur Relativierung der deutschen Schuld am Zweiten Weltkrieg vorstellt, ist nicht die erste reichsbewegte Organisation im nördlichsten Bundesland. Bei der Landtagswahl im Jahr 2009 war bereits die *Interim Partei Deutschland* zur Wahl zugelassen worden. Der Widerspruch, den Reichsbürgern nahezustehen und dennoch Mandate in einem Landtag erlangen zu wollen, störte sie selbst nicht. Für die Zulassung zur Landtagswahl war es erforderlich, 500 Unterschriften zu sammeln: Die Partei nahm diese Hürde und kam auf 549 Unterstützer. Bei der Wahl blieb sie zwar unter der 0,1-Prozent-Marke, dennoch wählten 849 Menschen die Partei, die die BRD nicht als Staat anerkennt.

Am 15. Juni 2017 betonte Landesinnenminister Stefan Studt (SPD) bei der Vorstellung des aktuellen Verfassungsschutzberichtes 2016, dass die Reichsbürger nunmehr unter stärkerer Beobachtung seien und bei ihnen eine hohe Affinität zu Waffen festgestellt wurde. Das Innenministerium werde fortan eine »Null-Toleranz-Strategie« verfolgen. Alle Informationen, die der Verfassungsschutz über Reichsbürger mit waffenrechtlicher Erlaubnis habe und die auch gerichtlich verwertbar seien, würden künftig den zuständigen Waffenbehörden gemeldet.

In Kiel ist dem Ministerium aber ein Dilemma bewusst, das es so auch in anderen Bundesländern gibt: Die Behörden und Ämter können nicht allen Reichsbürgern nachweisen, Reichsbürger zu sein. Denn es fehlt ihnen an klaren Organisationsstrukturen und Führungsverantwortlichen. Das Ausfindigmachen von Reichsbürgern mit legalen Mitteln ist insofern nicht leicht. Unklar ist auch, wie die Kontrolle laufen könnte. Bislang waren keine Anfragen der Waffenbehörde an den Verfassungsschutz für einen kleinen

Waffenschein verpflichtend. Das heißt, dass Rechtsextreme oder Reichsbürger einen kleinen Waffenschein beantragen können und auch erhalten, solange sie nicht strafrechtlich aufgefallen sind oder der Waffenbehörde des Kreises und der örtlichen Polizei keine Informationen vorliegen, dass der Person die nötige waffenrechtliche Zuverlässigkeit fehlt. Häufig wissen aber genau diese Personen gut, wie sie ihre politische Einstellung vor den betreffenden Behörden verbergen können. Dies ist vor allem bedenklich, wenn man die Zahl der Neugenehmigungen von kleinen Waffenscheinen in Schleswig-Holstein betrachtet. Im Jahr 2015 haben nur 811 Menschen einen derartigen Waffenschein bekommen, 2016 waren es bereits 6124, und 2017 steigen die Zahlen weiter an. Inhaber bekommen erfahrungsgemäß später leichter einen großen Waffenschein für scharfe Munition. Zudem ist es schwierig, ihnen einmal genehmigte Waffen wieder abzunehmen, wie der Fall der beiden Reichsbürger aus Flensburg-Handewitt zeigt. Die Behörden hatten sie schon mehrmals postalisch aufgefordert, Waffen und Waffenbesitzkarte abzugeben. Aber die Post haben sie einfach nicht geöffnet und somit auch nicht darauf reagiert. Denn sie sind nach eigener Aussage seit Anfang 2014 nicht mehr Bürger der Bundesrepublik Deutschland. Die Behörde habe deshalb kein Recht, über ihre waffenrechtliche Erlaubnis zu entscheiden. Und außerdem, so argumentieren sie, war die Post gar nicht an sie gerichtet. Schließlich seien sie »Frau Elfi« und »Mensch Peter« aus der Provinz Schleswig-Holstein und nicht »Peter und Elfi R.« aus Handewitt. Mit dieser Argumentation konnten sie insgesamt gut zweieinhalb Jahre ihre Waffen behalten.

Hier gibt es ein Gefahrenpotenzial, das für die Behörden nicht einzuschätzen ist, denn laut dem Kieler Innenministerium ist die Gewaltbereitschaft in der Szene seit dem Schusswechsel in Georgensgmünd deutlich angestiegen. Die Reichsbürger treten in zunehmend renitenter und aggressiver Weise auf. Aus den zuständigen Behörden im Land ist zu hören, dass sich die Mitarbeiter unsicherer im Umgang mit Reichsbürgern fühlen und tatsächlich Angst haben, auch Opfer ihrer Gewalt zu werden.

Frau Elfi, Reichsbürgerin aus Handewitt, kann diese Angst nicht verstehen. Im Gespräch nach der Razzia in ihrem Haus erzählt sie, dass sie die Waffen nur für den Sport nutzen würde. Sie redet ruhig und überlegt. Sie hat ein gepflegtes Äußeres, wählt ihre Worte gut und bedacht aus. Mal würde sie mit der Pistole schießen, mal mit dem Gewehr, sagt sie. Doch am liebsten habe sie den Revolver. »Der liegt so schön in der Hand« und sei am genauesten. Schießen würde sie nur auf die Scheibe. »Auf Menschen würde ich nie die Waffe richten«, flüstert sie mit einem leichten Kopfschütteln. Sie wirkt glaubhaft, wirkt tatsächlich so, als ob sie keiner Fliege etwas zuleide tun könnte. Ihr Mann, »Mensch Peter«, steht daneben, sportlich, mit scharfen Gesichtszügen. Er fügt hinzu, dass sie eigentlich nur Frieden wollen. Dieser Frieden sei aber nicht gegeben, weil in dem Potsdamer Abkommen 1945 festgehalten wurde, dass Deutschland in einem Kriegszustand sei. »Wir sind im Krieg«, betont er immer wieder, und gegen die Entscheidung der Waffenbehörde will er Beschwerde einlegen. Der Beschluss der Waffenbehörde sei unwirksam, weil unter dem gestempelten Siegel eine Unterschrift eines Behördenmitarbeiters ist. Das widerspreche Recht und Gesetz. Das Siegel müsste komplett allein stehend zu sehen sein.

»Mensch Peter« soll einst für den Bundesgrenzschutz gearbeitet haben. Er hat nach eigener Angabe eine Ausbildung bei der Polizei gemacht und einst deutsches Recht durchgesetzt – auch damals schon bewaffnet im Staatsdienst. »Mensch Peter« wartet darauf, dass der internationale Gerichtshof entscheidet, dass die Preußen die Ureinwohner Deutschlands sind. Das würde für ihn bedeuten, dass alle anderen, die in Handewitt, dem Kreis Schleswig-Flensburg und in ganz Schleswig-Holstein leben, Deutschland verlassen müssen. Nur er, seine Frau und die anderen Bürger des *Freistaats Preußen* könnten dann hier bleiben. Die Frage, ob er alle anderen dann mit Waffengewalt vertreiben würde, verneint er. »Aber wir sind im Krieg«, betont er noch einmal.

Jan Rathje

Die vermeintlichen »Mächte im Hintergrund«

Antisemitismus im Milieu von Reichsbürgern, Selbstverwaltern und Souveränisten

Die Einschätzung ist eindeutig. In seinem Bericht des Jahres 2017 stellt der *Unabhängige Expertenkreis Antisemitismus* des Bundestages zum Milieu der Reichsbürger, Selbstverwalter und Souveränisten fest, dass der Antisemitismus »kein herausragendes Ideologieelement der ›Reichsbürger‹« bilde, diese Ressentiments »aber immer dann instrumentalisiert« würden, »wenn es um die angeblichen Hintergründe der etablierten Politik geht. Es gibt Anspielungen ebenso wie Hassbilder.« Die Auffassungen zur Fortexistenz des »Reichs« und zur Nicht-Existenz der Bundesrepublik Deutschland mögen noch so absurd erscheinen, schreibt der Expertenkreis um die Koordinatoren Dr. Martin Salm und Prof. Dr. Peter Longerich, dennoch dürfe nicht ignoriert werden, »dass die ›Reichsbürger‹ überaus aktiv sind und auch Auseinandersetzungen vor Gericht führen. Ihre Behauptungen, wie etwa ›Die Bundesrepublik Deutschland ist eine GmbH und kein Staat‹« würden zudem »über das Internet erstaunlich weite Verbreitung« finden. Und sie betonen: »Damit geht nicht primär, aber doch sekundär auch Antisemitismus einher.« Doch ist der Antisemitismus in dieser heterogenen Bewegung wirklich ausschließlich ein »instrumentalisierter«, der nur »sekundär« zur Erklärung der Hintergründe politischer Entscheidungen dient?

In den Debatten um eine Definition des Antisemitismus schlägt Lars Rensmann vor, ihn als »besondere, moderne und politisch-kulturell situierte Form der Stereotypbildung, sowie (…) als Ensemble von Vorurteilen, Klischees, fixierten kollektiven Bildern, binären Codes und kategorialen Attribuierungen sowie diskriminierenden Praktiken gegenüber Juden« zu verstehen, »die sich zur politischen Ideologie und zum Weltbild verdichten können«. Die Definition Rensmanns in »Demokratie und Judenbild. Antisemitismus in der politischen Kultur der Bundesrepublik Deutschland« bleibt nicht statisch, sondern berücksichtigt in einer näheren Bestimmung auch eine Dynamik bei der Ausbildung von Vorurteilsmustern. In diesem Zusammenhang verweist er schon 2005 auf die Besonderheit antisemitischer Umwegkommunikation nach der Shoah, in welcher Antisemitismus durch Codes, Andeutungen und indirekte Sprechakte zum Ausdruck gebracht wird. Voraussetzung hierfür ist ein Reservoir antisemitischer Stereotype, aus welchem das »augenzwinkernde ›Wissen‹« der Umwegkommunikation sich speist. In der Bewegung vom Reichsbürger über den Selbstverwalter bis zum Souveränisten sind diese Positionen und Codes mehr als virulent, sie sind fundamental.

Klassisch organisierte Rechtsextreme seit 1945

Seit dem Untergang Deutscher Reiche existieren innerhalb der deutschen Rechten und des deutschen Rechtsextremismus Bestrebungen zur »Wiederherstellung« des Reiches. Das Reich bildet in dieser Vorstellung einen mythischen Heilsort, an dem die Widersprüche moderner Gesellschaften in der Volksgemeinschaft ohne Juden und Fremde aufgehoben sein sollen, schreibt Volker Weiß in »Die Autoritäre Revolte – Die Neue Rechte und der Untergang des Abendlandes« 2017. Diesem Streben widmete sich als Erstes in der Bundesrepublik Deutschland die in nationalsozialistischer Tradition stehende *Sozialistische Reichspartei* (SRP).

Unmittelbar nach der Gründung der Bundesrepublik Deutschland und der Deutschen Demokratischen Republik herrschte eine besondere Konstellation vor. Das nationalsozialistische Deutsche Reich hatte den von ihm verursachten Zweiten Weltkrieg und, infolge dessen, Staatsgebiete verloren; seine besiegte Bevölkerung hatte die Schuld für die nationalsozialistischen Menschheitsverbrechen zu tragen. Eine weitere Konsequenz der deutschen Niederlage war die Teilung des Reiches in zwei deutsche Staaten durch die alliierten Siegermächte. Sie stellten ganz konkret eine Fremdherrschaft über Deutschland dar. Für die Dauer des dreijährigen Bestehens der SRP von 1949 bis 1952 war die Hoheit der Alliierten über die Bundesrepublik reell erfahrbar. Dennoch sah sich die

Partei dazu veranlasst, das Wesen dieser Herrschaft durch den Mythos der »jüdisch-bolschewistischen Weltverschwörung« zu identifizieren. Der SRP-Funktionär, Bundestagsabgeordnete und Hochstapler Franz Richter (Fritz Rößler) führt in den von ihm herausgegebenen und von der Partei nicht sanktionierten »FR-Briefen« aus: »(Es) liegen alle wesentlichen Regierungsfunktionen der USA nachweislich in Händen von Leuten, die schon seit vielen Jahren alles Erdenkliche zur Förderung des Kommunismus und zur Unterdrückung jeder antikommunistischen Stimme getan haben und noch tun. Wir haben in unserer Zeitschrift (…) einen großen Teil dieses Beweismaterials veröffentlicht.« Es gehe »daraus eindeutig hervor«, so Richter, »daß die Ziele der gegenwärtigen nordamerikanischen Politik die gleichen sind, nämlich eine Weltregierung nach kommunistischem System, wie sie im kleinen heute nicht nur in der Sowjetunion und ihren Satellitenstaaten, sondern auch in Israel vorexerziert wird.« In einer der ersten Studien zur SRP aus dem Jahr 1957 merkt Peter Furth in einer Neuausgabe von 1967 an, dass der Antisemitismus der SRP bei der Wiederholung des Mythos, aber auch bei der Identifikation des »raffenden Kapitals« als jüdisch offen hervorbrach.

Von der Existenz der »jüdischen Weltverschwörung« war auch Manfred Roeder überzeugt. Der Jurist verbreitete seit den 1970er-Jahren Behauptungen über das Deutsche Reich und die Bundesrepublik, die innerhalb des Milieus noch immer zirkulieren. Roeder nimmt eine herausragende Stellung ein, da er die Handlungsfähigkeit des Reiches nicht in einer fernen Zukunft sah, sondern sie bereits durch einen *Reichstag zu Flensburg* im Jahr 1975 einleiten wollte. Er trat auch als einer der Ersten mit einem Amtstitel für das gesamte Deutsche Reich auf; 1978 bestimmte ihn seine Gruppe *Freiheitsbewegung Deutsches Reich* zum »Reichsverweser«, schreibt Roeder 1979 selbst in »Ein Kampf ums Reich«. Er positionierte sich bereits zu Beginn seiner »Karriere« innerhalb des Milieus aber auch offen antisemitisch. So kolportierte er im Vorwort zu Thies Christophersens holocaustleugnendem Werk »Die Auschwitz-Lüge« 1973 erste Thesen zur Fortexistenz des Deutschen Reiches und witterte eine jüdische Weltverschwörung gegen das deutsche Volk. »Unsere ganze Schuljugend wird mit diesen Lügen über ihre Väter vergiftet, damit der Hass zwischen den Generationen abgrundtief wird. So macht man ein Volk kaputt, nach dem Rezept der Weltverschwörer«, klagt Roeder in der achten, erweiterten Auflage aus dem Jahr 1978. Und er schreibt weiter: »Eine Leserin fragte besorgt, ob ich nicht in einen neuen Antisemitismus geriete? Ganz im Gegenteil! Ich sorge dafür, daß die Juden wie alle andern behandelt werden und keine Sonderrechte beanspruchen können. Denn nur Sonderrechte und Lügen, die von bestimmten jüdischen Weltherrschaftscliquen verbreitet werden, bringen neuen Antisemitismus.«

Seiner Ansicht nach handelte es sich bei der »sogenannten« Bundesrepublik Deutschland um eine Fremdherrschaft durch Besatzung sowie ein »Verwaltungsprovisorium der Alliierten«, dessen »sogenannte Volksvertreter« das Recht zugunsten einer »haßerfüllten Minderheit« beugen würden. Den Feind des Reiches beschreibt er als jüdisch und »antideutsch«. In »Ein Kampf ums Reich« führt er weiter aus: »Die Unterstellung deutscher Soldaten unter das Kommando fremder und antideutscher Mächte ist mit der Souveränität und Würde unseres Volkes unvereinbar. Niemals darf es einen selbstmörderischen Bruderkrieg geben. Ein politisch andersdenkender Deutscher steht uns immer noch näher als ein amerikanischer Jude oder ein sowjetischer Funktionär. Niemals darf Deutschland wieder das Schlachtfeld anderer Machtgruppen werden wie im 30jährigen Krieg!« Und er weiß: »Es war der folgenschwerste und grandioseste Irrtum des 3. Reiches, im Westen artverwandte Völker zu sehen, ohne zu merken, daß das verjudete Angelsachsentum schlechthin zu der Bedrohung der Menschheit geworden ist. Amerika ist der Vorhof zur Hölle! Ich war oft und lange genug drüben, um das beurteilen zu können.« Am 30. Juli 2014 verstarb Roeder in Neukirchen (Knüll). Dort unterhielt der 1982 als Rädelsführer einer terroristischen Vereinigung Verurteilte lange ein Zentrum. Heute versucht Meinolf Schönborn, in dem ehemaligen Roeder-Anwesen einen bundesweiten Treffpunkt zu etablieren. Die Reichsideen und die Verharmlosung des Holocaust pflegt er weiter.

Von ganz weit links kommt dagegen ein Akteur, der innerhalb des Milieus Begriffe prägte: Horst Mahler. Nach einer linksterroristischen Vergangenheit outete sich der ehemalige Rechtsanwalt Ende der 1990er-Jahre als rechtsextrem. Er war in verschiedenen klassisch orientierten Organisationen aktiv, etwa als Anwalt der NPD im ersten Parteiverbotsverfahren im Jahr 2000. Mit Reinhold Oberlercher und Uwe Meenen stand er dem *Deutschen Kolleg* (DK) vor, das ein »Viertes Reich« errichten wollte. Später gründete er mehrere reichsideologische und holocaustleugnende Organisationen mit, etwa die *Reichsbürgerbewegung* und den *Verein zur Rehabilitierung der wegen Bestreitens des Holocaust Verfolgten*. Anfang der 2000er-Jahre prägt er das Kürzel OMF-BRD. In Anlehnung an einen Ausspruch Carlo Schmids (SPD) im Parlamentarischen Rat stellt die Bundesrepublik Deutschland für Mahler eine »Organisationsform einer Modalität der Fremdherrschaft« dar. Schmid hielt seine Rede jedoch innerhalb der besonderen historischen Konstellation des Jahres 1948. Die Bundesrepublik Deutschland erhielt erst ab dem Jahr 1955 die volle Souveränität zurück. Bis dahin kann also durchaus von einer Fremdherrschaft gesprochen werden. Nach diesem Jahr – und erst recht nach dem Zwei-plus-vier-Vertrag von 1990 – ist diese Aussage jedoch falsch. In »Verkündigung der Reichsbürgerbewegung« erklärt Mahler 2003 auch sofort, dass die »US-Ostküste« bzw. die »jüdische Weltverschwörung« hinter der Fremdherrschaft stecken würde. 1997 hatte er bereits geschrieben: »Deutschland ist noch ein besetztes Land. Es ist das wichtigste Territorium, das Reich des Geistes, das fremder Herrschaft unterworfen ist.« Dieser Position ist er treu geblieben: »Die Bundesrepublik Deutschland ist kein Staat, sondern ein Reichsvernichtungsregime, das Carlo Schmid zutreffend als ›Organisationsform einer Modalität der Fremdherrschaft‹ (OMF) charakterisiert hat (…). Alle Institutionen der OMF-BRD (…) sind Institutionen der Fremdherrschaft. Um das Deutsche Volk zu täuschen, segeln sie unter falscher Flagge«, schreibt er 2004 in »Das Ende der moralischen Geschichtsbetrachtung führt zur Antwort auf die Judenfrage«. Hier erklärt er zudem die Intention der Holocaustleugnung: »Die Deutschen sind erst wieder frei, wenn das Deutsche Reich seine Handlungsfähigkeit wiedererlangt hat. Der Weg zur Selbstherrlickeit (sic!) des Deutschen Reiches führt über den Sturz der Jüdischen Fremdherrschaft. Die Jüdische Fremdherrschaft stürzt mit der Entlarvung der Auschwitzlüge.«

Reichsbürger

Seit den 1980er-Jahren bildete sich ein neues Untermilieu von Reichsbürgern heraus, dessen Handlungen den Begriff derzeit maßgeblich in der öffentlichen Wahrnehmung prägen. Der Begründer Wolfgang Ebel, »Reichskanzler« der *Kommissarischen Reichsregierung* (KRR), erklärte 2000 in »Der verfassungsrechtlich besondere Status von Berlin« die BRD als ein »besatzungsrechtliches Provisorium«. In einem Interview mit dem esoterisch-verschwörungsideologischen Online-Sender »Bewusst TV« legte Ebel Anfang der 2010er-Jahre die Situation der Herrschaft nach 1990 dar. Demnach habe Helmut Kohl einen Putsch gegen die Alliierten durchgeführt. Weiterhin wusste er zu berichten: »Sie wissen ja, welche Stellung er (Helmut Kohl; JR) in der Loge innehat. Sie kennen seine Religion. Die Leute in Deutschland kennen das auch – wer sich ernsthaft dafür interessiert.« Ebel griff die in rechtsextremen und esoterischen Kreisen verbreitete »Hennoch-Kohn«-Lüge von Helmut Kohls angeblich jüdischer Abstammung auf, die etwa von dem US-amerikanischen Rechtsextremen Gary Lauck oder dem antisemitischen rechtsextremen Esoteriker Jan Udo Holey alias Jan van Helsing kolportiert wurde. Der Bundeskanzlerin Angela Merkel unterstellte er in der gleichen Sendung, sie besitze einen israelischen Pass.

»Fürstregent« und »Reichskanzler« Norbert Schittke von der *Exilregierung Deutsches Reich/Kaiserreich* hält die BRD für eine »alliierte Selbstverwaltung«, nutzt aber auch den Code der »BRD GmbH«. Wie schon Ebel griff auch Schittke die antisemitische Lüge der jüdisch-israelischen Staatsführung auf, um die Fremdherrschaft zu identifizieren. In seiner »Neujahrsansprache 2017« tat der »Reichskanzler« kund, dass nicht nur Angela Merkel insgeheim dem Judentum angehöre, sondern auch andere dieser »Religionsgemeinschaft« in einer geheimen Weltverschwörung gegen Deutschland und die ganze Welt zu Felde zögen. Mit dem Ziel, das »deutsche Volk zu vernichten«. »Die ehemalige Regierungssprecherin und Stasi-Agentin Angela Merkel gehört zu eben dieser (andere manipulierenden; JR) Religionsgruppe. Dies hat sie bei einer Rede in der Knesset, dem israelischen Parlament, selbst gesagt und den Beginn der Rede sogar in ihrer Muttersprache *hebräisch* gehalten. Diese Rede kann man an mehreren Stellen im Internet, finden. (…) So wünsche ich uns allen, daß wir die kritische Zeit überstehen und Deutschland wieder in seiner ursprünglichen Größe erblüht. Dies ist zwar der Albtraum unserer jetzigen angeblichen Regierungschefin Angela Merkel, deren Ziel es zu sein scheint, das deutsche Volk zu vernichten. Natürlich handelt sie nicht allein, sondern im Auftrag der wirklichen derzeitigen Machthaber in und über Deutschland. Und, wie wir alle wissen, ist dies ja nicht nur auf Deutschland beschränkt.«

Selbstverwalter

Im Untermilieu der Selbstverwalter ist zu Beginn der 2010er-Jahre Peter Frühwald eine zentrale Figur. Er gründete die *Arbeitsgemeinschaft Staatlicher Selbstverwaltungen* und bietet Schulungen in diesem Bereich an. In seinen Dokumenten bezeichnet er die Bundesrepublik als »Besatzungskonstrukt« und »nichtstaatliche Organisationsform« (NGO). Als wahre Bedrohung sieht seine Gruppierung jedoch den Zionismus. Dies machte sie durch eine Aktion im Jahr 2013 deutlich. Die Gruppe klebte an das Cottbuser Finanzamt einen Artikel eines antisemitischen Blogs aus dem Milieu, der zur Befreiung von »Multikulturalismus, Kapitalismus, Globalismus und Zionismus« aufruft.

Einen großen Einfluss auf das Milieu übt darüber hinaus Peter Fitzek aus. Als esoterischer Psychogruppen-Guru und »König« des *Königreichs Deutschland* hat er nicht nur zwischen 2012 und 2017 ein vermeintliches »Staatsgebiet« auf einem ehemaligen Krankenhausgelände in Wittenberg (Sachsen-Anhalt) regiert, sondern auch eine Vielzahl Menschen an sich gebunden. Bereits vor seiner Zeit als »König« verbreitete Fitzek in einem Artikel für die Esoterikzeitschrift »sein« am 8. Oktober 2008 die Geschichte von der Herrschaft der Alliierten über Deutschland. Er bezeichnete die BRD darin als »eine Art GmbH« bzw. »Staatssimulation«, was er in seiner »Personenstandserklärung« aus dem Jahr 2010 um die Begriffe »Fremdherrschaft« und »Wählertäuschung« erweiterte. Offen antisemitische Begrifflichkeiten nutzte Fitzek schließlich anlässlich der Gründung seines *Königreiches:* Der »Mitteldeutschen Zeitung« gegenüber gab er in einem am 14. September 2012 veröffentlichten Artikel an, dass sein Staat der »Zinsknechtschaft« nicht unterliege. Damit reproduziert Fitzek einen antisemitischen Begriff aus dem Vokabular des Nationalsozialismus. Er konkretisierte seine »Kritik« am Kapitalismus in dem Magazin »sein« wie folgt: »Dass das gegenwärtige Geld-, Finanz- und Wirtschaftssystem immer mehr Probleme aufwirft, ist nicht zu übersehen. (…) Es muss also ein neues System geschaffen werden, das gerecht ist und das die belohnt, die tätig sind, etwas leisten und die dabei dem Allgemeinwohl und der Umwelt dienlich sind.« Fitzek reproduziert 2008 an dieser Stelle ebenso das antisemitische Stereotyp des »raffenden Kapitals«, dem ein tätiges, »schaffendes Kapital« gegenüberstehe. Den Code von der BRD GmbH verbreitet das *Königreich Deutschland* auch 2014 auf dem Videoportal YouTube mit dem Clip »Politiker sprechen Klartext – BRD KEIN STAAT! Wir zeigen Lösungen! Königreich Deutschland«.

Dieses Video wurde 2016 ebenfalls unter der Rubrik »Wer oder was ist die BRD?« auf der Website »no-nwo.info« geteilt, die angibt, »auf die Initiative des Staatsoberhauptes von ›Ur‹ hin entstanden« zu sein. Als solcher bezeichnet sich der Selbstverwalter Adrian Ursache, der durch Schüsse auf Polizeibeamte im Zuge einer Zwangsvollstreckung im August 2016 Berühmtheit erlangte. Bereits der Seitenname »no-nwo.info« gibt Aufschluss über die Ansichten von Ursache und seinem Umfeld: Die Chiffre NWO *(New World Order/Neue Weltordnung)* ist in verschwörungsideologischen Kreisen weit verbreitet. Seine Ursprünge liegen in den USA, wo die NWO auch von rechtsextremen Bewegungen der *Christian Identity* sowie der *Militias* als unverfängliche Bezeichnung für ZOG *(Zionist Occupation Government, Zionistische Besatzungsregierung)* genutzt wurde. Aus diesem Milieu gingen in den 1990er-Jahren die *Sovereign Citizens* hervor, schreibt Mark Pitcavage 2012 in »The Lawless Ones. The Resurgence of the Sovereign Citizen Movement«. Deren Ideen der Selbstverwaltung werden längst international aufgegriffen und dienen als ein Vorbild des deutschen Untermilieus.

Souveränisten

Die souveränistische Position wird innerhalb des Milieus prominent durch das »Compact«-Magazin vertreten, das sich bereits im Untertitel »Magazin für Souveränität« nennt. Es stellt eine Schnittstelle zu Querfrontbestrebungen der »Neuen Rechten« und einem breiteren, verschwörungsideologieaffinen Publikum dar. »Compact« veranstaltet seit dem Jahr 2012 jährlich »Souveränitätskonferenzen«, manche davon mit prominenten Referenten, etwa Peter Scholl-Latour (2012) oder Egon Bahr (2014).

Bereits in der zweiten Ausgabe von »Compact« aus dem Jahr 2011 ist der Aufmacher ein Dossier mit dem Titel: »Besetztes Land. Wer regiert wirklich?« Im Editorial leitet der Chefredakteur und Mitherausgeber Jürgen Elsässer durch Rückgriff auf die bekannte Widerstandserzählung um den Gallier »Asterix« in das Thema ein: »Wir befinden uns im Jahr XXI der Neuen Weltordnung. Ganz Europa ist von den Truppen des Imperiums besetzt.« Dieser Linie folgt das Heft 2015 auch in der Sonderausgabe Nr. 6 mit dem Titel »Ami go home!« In ihr wird die BRD als »Militärkolonie«, »US-Besatzung«, »Wirtschaftskolonie« und »alliierte Schattenregierung« bezeichnet. Kevin Culina und Jonas Fedders arbeiteten in ihrer Studie »Im Feindbild vereint. Zur Relevanz des Antisemitismus in der Querfront-Zeitschrift Compact« 2016 heraus, dass das Magazin fortlaufend verschiedene antisemitische Stereotype reproduziert. So wird das Bild vermittelt, dass Juden oder Israel als letzte Instanz der Fremdherrschaft alle Fäden in der Hand halten: Kontrolle über den deutschen Staat durch die Kontrolle der Regierung, Kontrolle der deutschen Wirtschaft durch die Kontrolle der Banken und des Zinses.

Die offene und codierte Identifikation der vermeintlichen jüdischen Fremdherrschaft über die Deutschen durch das Milieu bleibt nicht ausschließlich auf eine erkenntnisfördernde Funktion beschränkt. Die Entwicklungen des Milieus der Rechtsextremen seit 1945 veranschaulichen, wie der Weg vom Wunsch nach der Wiederherstellung der Handlungsfähigkeit des Deutschen Reiches zur Holocaustleugnung führen kann. Horst Mahler verdeutlichte bereits 2004 stellvertretend für die Entwicklungen von Manfred Roeder und dem ehemaligen zweiten Vorsitzenden der SRP, Otto

Ernst Remer, diesen Zusammenhang in seinem Ausspruch, dass die »jüdische Weltverschwörung« mit der »Entlarvung der Auschwitzlüge« stürze.

Aber nicht nur Holocaustleugnung zählt zu den Aktionen, die von der antisemitischen Grundstruktur des Milieus geleitet sind. Der seit Anfang 2017 in Untersuchungshaft sitzende »Druide« und Reichsbürger Burghard Bangert plante Terroranschläge gegen Jüdinnen und Juden, Polizeikräfte sowie Asylunterkünfte. Damit ging er über die Holocaustleugnung hinaus und sah den Einsatz von Waffengewalt vor, um »das deutsche Volk zu befreien«. Auch im Untermilieu der Selbstverwalter ist Gewalt logisch angelegt: Die persönliche Souveränität sowie die des eigenen Staates muss in letzter Konsequenz durch Waffengewalt gesichert werden. Der Selbstverwalter und Verbündete Adrian Ursaches, Wolfgang Plan, der im Oktober 2016 tödliche Schüsse auf einen Polizeibeamten abgab, glaubte sich gegen eine »zionistische Söldnerschaft« zur Wehr zu setzen. Ein Posting, das solches behauptete, teilte er im April 2015 auf Facebook.

Keine instrumentelle Position

Der Antisemitismus ist ein zentrales Strukturelement der Ideologie des Reichsbürger-Milieus. Er liefert nicht nur eine Welterklärung, sondern dient auch der Identitätskonstruktion zwischen bösen, weltbeherrschenden Juden und guten, unterdrückten Deutschen. Die Vorstellung einer in Gut und Böse getrennten Welt existiert nicht nur innerhalb des Milieus. Sie ist Teil von allen verschwörungsideologischen Weltbildern und gibt ihren Anhängenden einen Platz in einer modernen Welt, deren Prozesse sie nicht verstehen und die sie verängstigen. Kapitalismus, Kommunismus, Liberalismus, Individualismus etc. werden als Bedrohung wahrgenommen. Wie sich an der Kapitalismuskritik Peter Fitzeks beispielhaft zeigt, werden in letzter Instanz Jüdinnen und Juden für die negativen Seiten der Modernisierung verantwortlich gemacht. Dabei greift er auf tradierte judenfeindliche Stereotype zurück, die, etwa in den »Protokollen der Weisen von Zion«, Jüdinnen und Juden für alle Übel der modernen Welt verantwortlich machen.

Thomas Haury bezeichnet diese Personifizierung, gekoppelt an den Weltverschwörungsmythos und die Täter-Opfer-Umkehr, in seiner Dissertation »Antisemitismus von links« (2002) als grundlegende Strukturprinzipien des Antisemitismus. Sie alle sind prominent innerhalb des gesamten Milieus vertreten. Die Gut-Böse-Konstruktionen verweisen auf einen letzten Konflikt, an dessen Ende der Sieg des deutschen Volkes über das Judentum oder sein Untergang stehen. In seinem auf YouTube hochgeladenen Vortrag »Was stimmt hier nicht? Wovor habt ihr Angst?« weiß Adrian Ursache etwa siegesgewiss von einem bevorstehenden »Nürnberg 2.0« zu berichten. Er will damit offenbar ausdrücken, dass Verbrechen im Ausmaß des nationalsozialistischen Völkermordes gegen das deutsche Volk stattfinden würden, die zu einer Neuauflage der Nürnberger Kriegsverbrecherprozesse führen sollten. Die siegreichen Deutschen werden in der Vorstellungswelt des Milieus am Ende mit einem mythischen Heilsort (Deutsches Reich, eigener Staat, Souveränität) belohnt.

Die Verschwörungsideologie des Milieus stellt für ihre Anhängenden also eine Krisenbewältigungsstrategie mit Heilsversprechen bereit, die auf dem Fundament des modernen Antisemitismus aufgebaut ist. Die synonyme Nutzung von Codes zur Beschreibung der Fremdherrschaft innerhalb des gesamten Milieus (Ostküste, BRD GmbH, Staatssimulation etc.) – teilweise im gleichen Text – verdeutlicht, dass es gar nicht um den damit explizit ausgedrückten Vorwurf geht – etwa, dass der Staat in Wirklichkeit eine Firma sei –, sondern vielmehr um den in allen Codes implizit enthaltenen Mythos der »jüdischen Weltverschwörung«. Antisemitismus nimmt dementsprechend keine untergeordnete oder »instrumentelle« Position bei Reichsbürgern, Selbstverwaltern und Souveränisten ein; er ist vielmehr ein zentrales Element ihre Ideologie.

Susann Bischof

Männersache? Gender, Reichsbürgerinnen und Reichsbürger

Im Süden Niedersachsens waren Anfang Mai 2017 zwei mutmaßliche Reichsbürgerinnen wegen gefährlicher Körperverletzung sowie Widerstands gegen Vollstreckungsbeamte angeklagt. Das Amtsgericht in Herzberg am Harz dürften die Frauen aus dem Reichsbürger-Milieu nicht als Instanz anerkannt haben. Und so ließen sie den Termin vor Gericht platzen. Im Juni 2015 hatte die 29-jährige Tochter im Wohnhaus ihrer 68-jährigen Mutter in Barbis im Südharz eine Flasche mit säurehaltigem Sanitätsreiniger über den Kopf eines Polizisten geschüttet. Der Beamte erlitt schwere Verätzungen an den Augen. Ein Mitarbeiter des Landkreises wurde laut Anklage ebenso an Gesicht und Augen verletzt. Die Frauen sollen beide Beamte mit Bissen und Tritten angegriffen haben. Seit Jahren liegen sie mit den niedersächsischen Behörden im Streit. Der Anlass für den Polizeieinsatz mit rechtlichen Folgen: Der Bezirksschornsteinfeger hatte um Hilfe gebeten. Denn die Mutter hatte laut Staatsanwaltschaft Göttingen mehrfach eine Inspektion der Heizungsanlage verweigert, weshalb die Anlage offiziell stillgelegt werden sollte.

Dieser Angriff rückte die Frauen des Reichsbürger-Milieus verstärkt in den Fokus der Medien. Bisher war die Berichterstattung über das Milieu vornehmlich durch Männer dominiert: Da ist der verurteilte Holocaustleugner Horst Mahler, der über Jahre die extrem rechte Kampagne zur Wiederherstellung des Deutschen Reiches vorantrieb. Da ist der charismatische Bewegungsunternehmer Peter Fitzek, der das *Königreich Deutschland* anführte, bis er für Veruntreuung in Millionenhöhe verurteilt wurde. Da ist der aktivistische Mahnwächter Rüdiger Hoffmann, der schon mehrfach zu »Stürmen auf den Reichstag« aufrief und »Wettermanipulationen« dokumentiert. Und da sind Wolfgang Plan und

Adrian Ursache, die sich im Widerstand gegen die Überschreitung der Grenzen ihrer vermeintlichen Staatsterritorien dem von ihnen nicht anerkannten Gewaltmonopol der Bundesrepublik Deutschland mit Waffen entgegenstellten.

Das Bayerische Landesamt für Verfassungsschutz geht laut einem Bericht aus dem Innenausschuss des Landtags vom 15. Februar 2017 davon aus, dass 70 Prozent der Reichsbürger und Reichsbürgerinnen zwischen 40 und 69 Jahre alt und 75 Prozent männlich sind. Auch in Hessen sei der überwiegende Teil laut Innenministerium männlich (80 Prozent) sowie zwischen 40 und 60 Jahre alt, so ein Bericht aus der »Allgemeinen Zeitung« vom 22. Februar 2017. Im Osten Deutschlands ist das nicht viel anders. Als das Landeskriminalamt in Brandenburg 220 behördlich relevante Vorfälle zwischen 2012 und 2016 auswertete, stellte es laut »Zeit Online« vom 20. April 2016 einen Männeranteil von 83 Prozent fest. Das Durchschnittsalter lag bei 52 Jahren.

Die Reichsbürgerin gibt es so wenig wie *den* Reichsbürger. Im Reichsbürger-Milieu treten Frauen mit unterschiedlichen reichsbürgerlichen Aktionsformen in Erscheinung. Im Interview mit der MDR-Sendung »Exakt«, ausgestrahlt am 30. November 2016, gibt die Bauunternehmerin und Selbstverwalterin Birgit Fazekas an, durch einen Streit über die Hundesteuer zur Bewegung gekommen zu sein. Danach hat sie die Behörden mit seitenlangen Schreiben und nur schwer nachvollziehbaren Argumentationsmustern zu deren Nicht-Legitimität überflutet. Auf YouTube sind einige ihrer Konfrontationen mit Verwaltung, Justiz und Polizei noch immer abrufbar, obwohl sie bereits verurteilt wurde, weil sie Beamtinnen und Beamte bei einer Durchsuchung filmen ließ und das Video im Netz veröffentlichte. Eine dieser Aufnahmen zeigt, wie ihr der Führerschein abgenommen wurde. Während mehrere Beamtinnen und Beamte im Raum sind, sitzt sie routiniert über ihren Papieren, fordert die Herausgabe der Dienstausweisnummern, verweigert die Unterschrift unter die staatlichen Papiere, schreibt derweilen eifrig ihr eigenes Gegenprotokoll und bietet den Polizisten eine Kopie für deren Unterlagen an.

Auch mit der sogenannten Malta-Masche ist Fazekas hervorgetreten. Staatsbediensteten werden hier Schuldscheine angedichtet und diese dann zur Begleichung teils extrem hoher Summen aufgefordert. Auf Steuer- und Bußgeldforderungen reagiert sie mit der Nötigung zur Tilgung vermeintlicher Schulden, auf amtliche Schreiben antwortet sie mit noch dickeren Briefen. Zeitweilig konnte sie sich dabei gar auf die Autorität ihres Scheinamtes als Außen- und Landwirtschaftsministerin der *Republik Freies Deutschland* beziehen.

Fazekas ist nur eine von vielen offen agierenden Reichsbürgerinnen. Frauen erklären auf YouTube, warum die BRD nur eine Firma sei und sie daher Steuer- und Bußgeldzahlungen an den Staat ablehnen. Sie bekleben ihre Nummernschilder mit Fantasiewappen, fahren ohne Führerschein oder versuchen, mit Reichsbürger-Pässen ins Ausland zu reisen. Sie rufen Scheinstaaten aus, leiten Scheinregierungen, organisieren reichsbürgerliche Mobilisierungs- und Vernetzungsveranstaltungen und verdienen an Gegendokumenten wie Scheinführerscheinen. Sie werden wegen Beleidigung und Volksverhetzung angeklagt und nutzen das Gericht als Bühne, um für ihre Thesen zu agitieren.

Den Reichsbürgerinnen werden ebenso wie ihren Männern die Waffenbesitzkarten aberkannt, und sie sind genauso zum »Widerstand« bereit. So ist eine der Verurteilten im Prozess um die Reichsbürger-Bürgerwehr *Deutsches Polizei Hilfswerk* weiblich. Bei dem Prozess war es um einen Vorfall Ende 2012 auf einem Grundstück in der Nähe von Meißen gegangen. Die Gruppe hatte einen Gerichtsvollzieher »festgenommen«, der ein Bußgeld vollstrecken sollte, und diesen verletzt.

Harmonische Gemeinschaft

Im Hintergrund vieler reichsbürgerlicher Selbstverwaltungsprojekte steht eine romantisierende Vorstellung einer weitestgehend autarken, homogenen und harmonischen Gemeinschaft als Gegenentwurf zur pluralistischen Gesellschaft des Nationalstaats. Damit wird eine Abkehr von modernen Abhängigkeitsbeziehungen zu Staat und Wirtschaft vollzogen, was sich unter anderem an der Steuerverweigerung zeigt. Der deutsche Nationalstaat zieht eine seiner wesentlichen Legitimationen aus seinen sozialstaatlichen Funktionen und sorgt in gewisser Weise damit für eine staatlich vermittelte Solidargemeinschaft. Die Steuerverweigerung der Reichsbürger und Reichsbürgerinnen steht somit für den Ausstieg aus dieser national definierten Solidarität und die Schaffung lokaler Gemeinschaften, die ihre Solidaritätsbekundungen allerdings ausschließend gestalten.

Das Politische wird hier zum Privaten: Geteilte Regeln, Zielvorstellungen und Werte sollen in der selbst definierten Gemeinschaft hergestellt werden, nicht in der Gesellschaft. Die Gesellschaft wiederum wird als Subjekt angesehen, das willentlich die Bestrebung verfolgt, die eigentlichen Absichten der Menschen einzuengen und Konflikte herbeizuführen. »Es gibt doch gar keinen Dissens zwischen den Menschen, der wird erzeugt. Der ist künstlich erzeugt. Von früh bis spät«, so der prominente Reichsbürger Adrian Ursache in einem auf YouTube veröffentlichten Video.

Ein weiteres Beispiel dafür sind die Ausführungen der *Gemeinde Neuhaus*. Dabei handelt es sich um ein den *Kommissarischen Reichsregierungen* ähnliches Reichsbürger-Projekt, das sich auf den Rechtsstand von vor 1914 bezieht und die Bundesrepublik Deutschland als Besatzungskonstrukt ansieht. In ihrem Internetauftritt geben sie an, »eine – bei der UNO, EU, BRD – proklamierte / gemeldete Gebietskörperschaft mit Bodenrecht« zu sein. Neben eigenen Dokumenten und Ausweispapieren verbreiteten sie ein umfangreiches Handbuch mit dem Titel »Souveräner Staat durch Friedensvertrag«. In der angeblich dritten Auflage vom Juni 2016 formulieren sie unter anderem ihre »Zukunftsvision 2020«. Darin heißt es, dass in nur wenigen Jahren ein »menschenfreundliches Steuerrecht«, ein »entschleunigtes Landleben«, ein neues Wirtschaftssystem, dezentrale Energieversorgung und eine allgemeine Grundabsicherung möglich seien. Der Zukunftshorizont wird als utopisches, gemeinschaftliches Miteinander jenseits von Herrschaftsbeziehungen nachgezeichnet: »Heute, im Jahr 2020, lebt die Mehrheit der Menschen in Verbundenheit und Liebe. Kaum einer spielt das alte Spiel von ›Teile und Herrsche‹ noch mit. Obwohl vieles schon besser geworden ist, so ist noch nicht alles perfekt, aber täglich wird unser Leben besser. Dies ist eine Zukunftsvision, die nach einem Friedensvertrag möglich werden kann.« Die imaginierte Gemeinschaft ist eine harmonische, entschleunigte und vor allem überschaubare. Der Gesellschaft in ihrer jetzigen Form wird unterstellt, dass sie vor allem durch die planvollen »Trennungsanstrengungen des Staates« geprägt sei. Erfolgreich könne sich der Staat daher »in den entstehenden Lücken, Löchern und Gräben (zwischen Mann und Frau, Eltern und Kindern, Arbeitgebern und Arbeitnehmern, Kranken und Gesunden, Alten und Jungen, usw.) breitmachen«, wie es in einem Artikel mit dem Titel »Mit Eid gegen das Volk« vom Mai 2017 heißt, der über verschiedene Blogs verbreitet wurde, etwa auf dem »Freistaat Preußen Blog« oder bei »Der Honigmann sagt …«. Aus dieser harmonistischen Zukunftsversion und der Leugnung von gesellschaftlichen Machtverhältnissen erklärt sich auch die oft von Reichsbürgern und Reichsbürgerinnen bemühte Rede davon, dass man ein »Mensch« sei. Da Konflikte zwischen Geschlechtern, Generationen, Arbeit und Kapital in der idealen Zukunftsgemeinschaft »freier Menschen« ausgeschlossen werden sollen, werden auch die strukturellen Unterschiede zwischen Männern und Frauen ausgeblendet. Die geschlechtliche Ordnung ist in der harmonischen Gemeinschaft oft so eindeutig, dass sie gar nicht erst thematisiert werden muss, allenfalls implizit taucht das Leitbild der heterosexuellen Kernfamilie auf. So auch in der »Zukunftsvision 2020« der *Gemeinde Neuhaus:* »Immer mehr junge Paare entscheiden sich für eine Familie mit Kindern. Sie sehen eine schöne Zukunft auf uns zukommen.« Hier sind die reichsbürgerlichen Vorstellungen nah an gesellschaftlichen Leitbildern von heterosexuellen Männern, Frauen und Kernfamilien.

Kinder tauchen in vielen reichsideologischen Publikationen auf. Die *Gemeinde Neuhaus* etwa agitiert für ihr Buch mit der Aufforderung: »Schützen Sie Ihre Familie, Freunde, Rechte, Immobilien und Ihr Vermögen! Mit Schritt-für-Schritt-Anleitungen, Formularen, Gesetzestexten, Vordrucken und wichtigen Adressen« und widmet es »unseren Kindern und allen nachfolgenden Generationen«, »damit sie in Frieden und Freiheit mit allen Völkern dieser Welt leben können«. Ein reichsbürgerlicher Verein zur Förderung des Recht-Sach-Verstandes in der Bevölkerung fragt auf seinem Mobilisierungsflyer: »Woher komme ich. Wo sind meine Wurzeln? Was bin ich heute. Was sind meine Rechte? Was wird aus mir, meinen Kindern, uns Menschen?«, und kommt von diesen großen Fragen nach Vergangenheit, Gegenwart und Zukunft unvermittelt zur Sinnfrage: »Warum zahle ich Steuern, Abgaben und Zölle und wofür werden sie verwendet?« Kinder werden benutzt, um an weitverbreitete Ängste bezüglich der Zukunftsaussichten der nächsten Generation anzudocken und die eigene Position zu legitimieren.

Eine, die diese Strategie persönlich erfolgreich umsetzt, ist Monika Unger, mittlerweile die reichsbürgerliche Präsidentin des *Staatenbundes Österreich.* Über ihre Mutterschaft schaffte sie es bis in eine Talkshow des zweiten Fernsehprogramms des Österreichischen Rundfunks zum Thema »Karriere machen kann nicht jeder«. In der »Barbara Karlich Show« vom 16. Februar 2016 konnte sie ihre traditionellen Vorstellungen über Mutterschaft ausbreiten und über den Druck auf Frauen sprechen, sich in das Erwerbssystem einzugliedern zu müssen. Daneben konnte sie aber auch ihre reichsbürgerlichen Thesen platzieren. Die eingeblendete Bauchbinde markierte sie als »Monika, 39, Freewoman«.

»Für die Familie«

In dem Milieu inszenieren sich ebenso Männer in Sorge um ihre Familie und Kinder. Der Gründer des Staates Ur, Adrian Ursache, sagte: »Ich bin nur ein Mann, ganz normal, der für seine Familie kämpft.« Das Zitat stammt aus einem im Internet von seinen Unterstützerinnen und Unterstützern verbreiteten Video, das einen Tag vor der eskalierten Zwangsräumung seines Grundstücks im August 2016 aufgenommen wurde. Im Verlauf des Interviews kommt Ursache immer wieder auf seine Männlichkeit zurück. Er wolle als Mann Verantwortung für seine Familie übernehmen und sorge sich um diese. Über die Einnahme der Position als Vater Staat versucht er, sein Handeln zusätzlich zu legitimieren: »Staaten existieren für sich alleine. Staaten brauchen nicht von der BRD Strom. Und deswegen, ich brauch' den Strom nicht. Dann mach' ich es lieber mit dem Hamster oder trete Fahrrad. Das ist meine Sache. Das kann doch euch scheißegal sein, wie ich lebe. Das ist meine Sache. Meine eigene Sache. Das ist doch meine eigene Entscheidung. Ich stehe als Mann für mich alleine. Ich brauch' euch nicht. Ich versorge meine Familie ohne euch.« Der Staat – das ist er: Adrian Ursache, der Mann, der für seine Familie entscheidet, der sie, wenn nötig, autark mittels Körperkraft mit Energie versorgt, Hauptsache, selbstbestimmt. Der Staat, das Haus und die Familie bilden eine Einheit, und er ist zugleich Staatsoberhaupt, Hausherr und Vater, der die Entscheidungen trifft und die Versorgung sichert. Genau dieses Leitbild des männlichen Ernährers ist aber im Angesicht der Zwangsvollstreckung bedroht, weshalb er mit allen Mitteln dagegen kämpft. Die harmonistische Gemeinschaft knüpft bei ihm an Vorstellungen eines vormodernen, weitestgehend autarken Hauses an, das zugleich Wirtschafts-, Sozial-, Rechts- und Herrschaftsverband darstellt.

Hier ist man an die Ausführungen von Robert Claus in seinem Buch »Maskulismus. Antifeminismus zwischen vermeintlicher Salonfähigkeit und unverhohlenem Frauenhass« von 2014 erinnert. Unter Maskulismus kann nach Claus eine »bürgerliche, teilweise konservative, antifeministische Männerpolitik« verstanden werden, »welche die kritische Auseinandersetzung mit dem angeblich männerfeindlichen Feminismus sowie eine subtile bis offene Frauenfeindlichkeit mit der Stärkung alter, traditioneller Männerbilder kombiniert«. Maskulistische Redeweisen sind nach Claus von einfachen Schwarz-Weiß-Konstruktionen getragen, die auf einer romantisierenden Kapitalismuskritik basieren. Dabei werde besonders auf das Bild des »Hauses« Bezug genommen: »Der Maskulismus präsentiert (...) eine klare Trennung zwischen der Familie einerseits und einem bedrohlichen Außen andererseits. Innen werden alle positiven, weiblich konnotierten Werte wie Liebe, Fürsorge, Emotionalität, Sicherheit und Harmonie verkörpert. Außen wiederum finden sich Mobbing, Konkurrenz und Leistungsdruck als Bedrohung.«

Ähnlich kann man Adrian Ursaches Selbstdarstellung lesen. Haus, Familie und Gemeinschaft werden mit positiven Werten besetzt, die Gesellschaft steht für das bedrohliche Andere. Er als Mann, Hausherr und Souverän steht am Gartenzaun und bildet die Grenze zwischen dem harmonischen Inneren und dem bösen Außen. Auch hier ist Ursache nicht weit entfernt von altbekannten Leitbildern einer geschlechtsspezifischen Rollenverteilung. Was ihn als Reichsbürger aber davon unterscheidet, ist die Selbstaufwertung vom Mann zum Staat. Und auch die ihn Unterstützenden scheinen dies so gedeutet zu haben. So erwartet einer von ihnen in den einleitenden Worten zu dem auf YouTube verbreiteten Interview kurz vor dem angekündigten Eintreffen des Gerichtsvollziehers einen »pardon – Schwanzgrößenvergleich« zwischen dem Gewaltmonopol der BRD und dem *Staat Ur:* »Wir werden also heute wahrscheinlich etwas Ähnliches erleben können, also dass hier auf jeden Fall die Staatsmacht zeigt, was sie hat.«

Nicht allein Ursache hat für das Wohl der Kinder dem Staat den Kampf angesagt. Für einen Teil des Milieus ist ein wichtiger Schritt zur vermeintlichen Befreiung von der staatlichen Infiltration die Umgehung der Schulpflicht durch Heim- oder Privatunterricht. Eine Beschulung nach dem Schetinin-Prinzip oder in einer *LAIS-Schule* gilt häufig als ideal. Der Begriff »Lais« soll auf das Gotische zurückgehen. Wobei »lais« so viel heiße wie »ich weiß« oder »ich habe nachgespürt«. Die Schetinin- oder *LAIS-Schulen* werden beispielsweise vom *Königreich Deutschland* und dem *Staatenbund Österreich* um Monika Unger propagiert. Dabei bezieht man sich vor allem auf eine russische Schule in Tekos, die von Michail Petrowitsch Schetinin, einem ehemaligen Musiklehrer, 1997 gegründet wurde. Ebenso gibt es in Deutschland Bestrebungen, sogenannte *LAIS-Schulen* aufzubauen, die sich auf Schetinin beziehen. Während staatliche Schulen als äußerst repressiv dargestellt werden, die kaum Raum zur Entfaltung der individuellen Möglichkeiten von Kindern ließen, seien in den *Schetinin-Schulen* fantastische Lernerfolge beobachtet worden. Auf Blogs wie »Wissenschaft3000« wird davon berichtet, dass Kinder durch das »natürliche Lernen« in der *Schetinin-Schule* innerhalb von ein bis vier Jahren einen Lernerfolg vorweisen könnten, wie er in staatlichen Schulen erst nach elf Jahren zu verzeichnen sei. Auch der militärische Teil der Schule in Tekos wird nicht unterschlagen: »Die Schüler sind körperlich durchtrainiert, fast jeder macht leicht einen Salto aus dem Stand, Flick-Flacks oder sonstige akrobatische Manöver. Man ist offensichtlich in seinem Körper zu Hause. Sie sind in Kampfsport ausgebildet – auch an Waffen. So sieht man auch mal ein 10-jähriges Mädchen Schwertkampf auf Ninja-Niveau vorführen. Oder Jungs in Militär-Klamotten bei militärischen Kampfübungen im Wald. Wer diese Schule verlässt, ist nicht nur ein Allround-Genie, er ist auch ein Krieger. Angstfrei, durchtrainiert und stark.« Propagiert wird ein Lernen ohne Lehrer und Lehrerinnen, bei dem die Älteren den Jüngeren den Unterrichtsstoff nahebringen, wobei alle Potenziale der Kinder zur Entfaltung kommen sollen. Schetinin selbst betont dabei, dass die Schüler und Schülerinnen »an die kollektive Volksseele, ihre Ahnen angebunden sein, verwurzelt in der Natur ihres Heimatlandes« sein müssten. Nur so könne ein Mensch seine volle Kraft entfalten. Matthias Pöhlmann weist in seinem Aufsatz von 2016 »Esoterische Pädagogik im Aufwind. Anmerkungen zu ›LAISING‹, ›LAIS-Schulen‹, ›Natürliches Lernen‹« darauf hin, dass es sich hier nicht um Schulen im Rahmen der gesetzlichen Vorgaben, sondern um Lerngruppen mit klar esoterischem Hintergrund handele.

Teile des Reichsbürger-Milieus sind durchaus an solche esoterischen Konzepte anschlussfähig. Sie wollen Bildung und Erziehung zur Privatsache der Familie oder Gemeinschaft machen. Es geht nicht nur um die Form der Beschulung, sondern ebenso um die Inhalte. Von weit rechts wird schon lange die vermeintliche »Frühsexualisierung« durch Bildungs- und Lehrpläne, die nicht bloß Heterosexualität als normal vorstellen, angeprangert. Auch Reichsbürger und Reichsbürgerinnen sind diesbezüglich in Sorge. In einem Thesenpapier des *Königreichs Deutschland* heißt es unter dem Punkt »Für die Abschaffung der Frühsexualisierung unserer Kinder«: »Das vorrangige Recht zur Erziehung haben die Eltern. Sie sollten bestimmen, wann und wie ein Kind mit Sexualität in Berührung kommt. Schulen dürfen keine Orte zur Frühsexualisierung von 8-jährigen Kindern sein!«

Mit der Proklamation eines ausschließlich privaten Elternrechts auf die Sexualerziehung von Kindern wird die feministische Parole »Das Private ist politisch« in gewisser Weise umgekehrt. Gesellschaftliche Aushandlungsprozesse über Geschlechterverhältnisse und Sexualität sollen keinen Einzug in die neue Gemeinschaft finden. Auch in dieser Hinsicht sind viele Angehörige des Reichsbürger-Milieus rückwärts orientiert.

Dies ist jedoch keineswegs ein originär reichsbürgerliches Verständnis von Geschlecht und Sexualität. Vielmehr werden sie hier anschlussfähig an konservative bis rechte Vorstellungen. Gerade über das Verhältnis zu sexueller Vielfalt wird dies deutlich. So hatte sich auch *Pegida* in ihren Dresdner Thesen von 2015 einen Stopp der »Genderisierung« und »Frühsexualisierung« auf die Fahnen geschrieben. Und auch an den »patriarchalen Antifeminismus« der AfD ist hier zu denken, den Samuel Salzborn 2017 in »Angriff der Antidemokraten. Die völkische Rebellion der Neuen Rechten« herausarbeitet. Ein Teil des Reichsbürger-Milieus würde sich demnach in die pluralistische Wir-Gemeinschaft der Gender-Gegner und -Gegnerinnen einfügen, die nicht immer mit einer völkischen Gemeinschaft der extremen Rechten gleichzusetzen sei, wie sie Juliane Lang in »Familie und Vaterland in der Krise. Der extrem rechte Diskurs um Gender« (2015) beschrieben hat.

Von einer Destabilisierung von Kindern durch Aufklärung über sexuelle Vielfalt berichtet immer wieder das Blatt »Stimme und Gegenstimme«. Es erscheint im Handzettel-Format, das auf verschiedenen reichsideologischen Seiten kostenlos heruntergeladen werden kann. Die Idee dahinter scheint zu sein, dass die Handzettel von den Leserinnen und Lesern selbst vervielfältigt und unter die Leute gebracht werden können. Als verantwortlicher Redakteur ist Ivo Sasek angegeben, ein Schweizer Laienprediger, der sich für die Vernetzung zwischen verschiedenen esoterischen und verschwörungsideologischen Strömungen einsetzt. »Frühsexualisierung« wird in »Stimme und Gegenstimme« als ein Mittel beschrieben, die Widerstandskraft von Kindern zu brechen. Diese würden »möglicherweise gezielt verunsichert und verwirrt«, heißt es beispielsweise 2015 in Ausgabe 19. Die natürliche Entwicklung der Kinder werde gestört, und überhaupt seien Ganztagsbetreuung, Vollzeiterwerbsarbeit für Frauen und die Abschaffung von Geschlechtsstereotypen als »Umerziehung von Mensch und Gesellschaft« zu verstehen, die zu massivem Kindesmissbrauch führe, so zu lesen in Ausgabe 21 aus dem Jahr 2015. »Gender« steht in dieser Lesart für die als gesellschaftlich hegemonial dargestellte Bejahung sexueller Vielfalt, die als Bedrohung für traditionelle Lebensentwürfe angesehen wird.

Damit zählen auch die Vorstellungen von Geschlechterordnungen zu den gemeinsamen Bezugspunkten und ideologischen Versatzstücken, die Teile des Reichsbürger-Milieus mit Spektren der extremen Rechten verbinden.

In einigen Teilen des Reichsbürger-Milieus bleibt besonders das Frauenbild merkwürdig unbestimmt. Dort bezieht man sich eher auf den »Menschen« allgemein. In eindeutiger extrem rechten Kreisen des Milieus hingegen werden Frauen aktuell vor allem auf zwei Weisen thematisiert: deutsche oder europäische Frauen als Opfer von Gewalt und Bedrohung durch fremde Männer auf der einen Seite und feministische Täterinnen einer Verschwörung gegen vermeintlich abendländische Traditionen auf der anderen Seite. Das Ganze lässt sich besonders auf den Blogs und YouTube-Kanälen, die dem Milieu nahestehen, klar beobachten. Auf Seiten wie »Der BRD-Schwindel«, »Wahrheit für Deutschland« oder »Der Honigmann sagt ...« wird in einer hochemotionalisierenden Sprache und mit erschreckenden Bildern gearbeitet. Auch Frauen melden sich diesbezüglich auf reichsbürgerlichen Kanälen zu Wort. Das Aktionsbündnis »gelberschein.net« beispielsweise postete auf seinem Kanal einen »Erfahrungsbericht« mit dem Titel »Mädels, bereitet euch vor«. Eine Frau schildert dort, wie sie wiederholt von »Nicht-Österreichern« belästigt wurde, zeichnet das als gesellschaftlichen Normalzustand und nutzt dies, um Frauen dazu aufzurufen, sich in Selbstverteidigung auszubilden: »Mädels, macht diese Selbstverteidigungskurse und nehmt diese Angebote, diese unzähligen Angebote bitte endlich an. Es ist nicht mehr fünf vor zwölf, für uns Frauen auf keinen Fall.« Auf derselben Plattform sind auch Beiträge von Stephanie Schulz zu finden. Die Internetaktivistin, die sich auf verschiedenen Kanälen zu Wort meldet, veröffentlichte unter anderem Videos, in denen sie die vermeintlichen Rechtsgrundlagen der reichsbürgerlichen Aktivitäten und Ideologie erklärte und dazu aufrief, sich selbst den »gelben Schein«, also einen verbindlichen Nachweis über die eigene deutsche Staatsangehörigkeit, zuzulegen. Im Januar 2016 schaffte sie es mit ihrem Kommentar zur Silvesternacht in Köln bis zu »Compact-TV«. Der YouTube-Kanal gehört zu dem weit rechten Magazin »Compact« um den Herausgeber Jürgen Elsässer. In dem erklärenden Text zum Video vom 9. Januar 2016 wurde sie als »Volkskommentatorin« vorgestellt, die die Nase nach der »Frauenjagd nordafrikanischer Vergewaltigerhorden auf dem Kölner Hauptbahnhof zu Silvester« voll habe. In dem Beitrag ruft sie als bedrohte Frau die deutschen Männer unter anderem dazu auf, als Verteidiger aufzutreten: »Liebe einheimische Männer, ich habe eine Bitte an euch: Lasst euch mal wieder ein Paar Eier wachsen und verteidigt uns Frauen. Das habt ihr früher gemacht, macht es also bitte auch heute. Ganz ehrlich, ihr könnt uns nicht so im Regen stehen lassen, ich erwarte von euch deutschen Männern echt etwas anderes, und ich weiß, dass ihr das hinkriegt.«

Auffällig ist, dass nicht allen weiblichen Gewaltopfern der Status von Opfern sexueller Gewalt zugesprochen wird. Unter einem Blogbeitrag auf »Stavese Aktuell – Arbeitsgemeinschaft Staatlicher Selbstverwaltungen« über eine sexuelle Belästigung zweier Frauen kommentiert Ulrike beispielsweise: »Die sollen sich nicht so anstellen. München ist doch eine weltoffene Stadt. Ihr kriegt das, was ihr gewählt habt.« Birgit antwortet: »Genau! Noch mehr Übergriffe, vielleicht wachen dann die Tussen und die weltoffene Stadt endlich auf.« Besonders als weltoffen, feministisch oder liberal angesehene Frauen werden nicht als Opfer akzeptiert, sondern als Täterinnen ausgemacht – mit der Subbotschaft: selbst schuld. Die Widerrede zu solchen antifeministischen Thesen scheint sich dabei in der Community anders als bei rein sexistischen Verschwörungserklärungen in Grenzen zu halten.

»Ultranatürlicher Männertyp«

Für Letztere steht ein Repost eines Artikels mit dem Titel »Wenn Frauen Staaten zerstören und andere unbequeme Dinge«. Hier wird erklärt, warum der Feminismus und so denkende Frauen die deutsche Kultur und das Volk zerstören. Die feministischen Kämpfe der Vergangenheit hätten zu einer Emanzipation der Frauen von der Herrschaft des Mannes geführt, sodass diese nun ausschließlich ihren Trieben folgen würden. Diese richteten sich naturgemäß auf starke Männer. Da Feministinnen aber gleichzeitig die deutschen/europäischen Männer umerzogen hätten, würden sie sich nun den hypermaskulinen Fremden zuwenden, was im Grunde den Untergang von Kultur und Volk bedeute. Auch in den Ausführungen Adrian Ursaches werden Anklänge an solche Konstruktionen deutlich. Im Interview hat Ursaches Selbstdarstellung als tatkräftiger Mann, Hausherr und Vater einen negativen Bezugspunkt: den zivilisierten, ruhigen Mann, der Konflikte ausdiskutiert. Er hingegen stellt sich selbst als animalischen, ultranatürlichen Männertyp dar, der mit anderen Männern im Wettbewerb um Reproduktionsgelegenheiten stehe: »Ich bin nicht zivilisiert. Überhaupt nicht. Ich bin ein Mann, und ich bin auch Tier. In dem Moment, wo du mich herausforderst, bin ich Tier. Wie in der Natur ebenfalls. Du willst in meine Herde rein, dann werde ich dir zeigen, entweder steh' ich als Löwe oder du. Wenn du gewonnen hast, hast du die Herde kassiert.« Interessant ist, dass die Konstruktion des marginalisierten, künstlich ruhiggestellten Mannes keine bloße Diagnose darstellt, sondern auf eine fremde Macht Bezug nimmt, die diese Entmännlichung herstellt.

Dieses Muster findet sich auch in den Blogs und Kommentaren, die dem Milieu nahestehen: Der Mann, und das meint oft auch explizit der deutsche Mann, sei durch fremde Mächte entmännlicht worden. Oft werden der Feminismus und die allgemeine sexuelle Liberalisierung dafür verantwortlich gemacht, dass Männer zu »Waschlappen« und »Angsthasen« geworden sind, wie es in einem Video heißt, das »Der Honigmann sagt …« verbreitet. In den Kommentaren zu dem Video mit dem Titel »Das Versagen des deutschen Mannes und Wege aus der Passivität« wird der Zustand des entmännlichten deutschen Mannes unter anderem auf die gezielte Vergiftung mit Glukosesirup zurückgeführt: »Es ist nur ein Beispiel von unendlich vielen Produkten, die uns langsam vergiften. (…) Macht euch sachkundig. Aber Achtung: Die Gegenseite hat weit mehr Seiten im Netz. Sie preisen ihre Produkte (Gift?) auch noch an. (…) Die einzige – von uns gefundene Möglichkeit, dies zu verhindern ist – die direkte Herrschaft des Volkes. Dazu benötigen wir den Friedensvertrag zum WK I.«

Ob die Ursachen für die vermeintliche Entmännlichung der Männer über das Feindbild Feminismus oder das der globalisierten Wirtschaft in Form von Maiszucker gesucht werden, die Diagnose bleibt in beiden Fällen gleich: eine »Krise der Männlichkeit«. Im Anschluss an Yves Müllers Ausführungen in »Gegen Feminismus und ›Dekadenz‹ – die Neue Rechte in der Krise?« (2010) lässt sich die »Krise der Männlichkeit« als ein Szenario deuten, das eingesetzt wird, um die eigene Bedrohung zu inszenieren und um damit zugleich eine Strategie zur Re-Souveränisierung an die Hand zu bekommen. Letztere liegt in dem Angebot eines kämpferischen Männerbildes, das in der extremen Rechten gar zu einem soldatischen werden kann, wie es Fabian Virchow 2010 in dem Aufsatz »Tapfer, stolz, opferbereit – Überlegungen zum extrem rechten Verständnis ›idealer Männlichkeit‹« beschrieben hat.

Neben dem vermeintlich »feminisierten« Mann, der als eine Konstruktion unterdrückter, anderer Männlichkeit gelten kann, taucht oft im selben Atemzug der hypermaskuline fremde Mann auf, worauf unter anderem Michael Kimmel in seinem Buch »Angry White Men. Die USA und ihre zornigen Männer« (2016) hingewiesen hat. Vor dem Hintergrund der Reichsbürger-Diagnose, dass die Mehrheit der (deutschen) Männer (mutwillig) verweichlicht worden sei, und der Diagnose, dass die anderen (fremden) Männer übermännlich seien, erwächst ein Handlungsdruck, sich selbst in einer Form kämpferischer Männlichkeit im Widerstand zu beiden Seiten zu beweisen. Letzteres vor allem, um vermeintlich Gemeinschaft, Familie und Frauen, oder zumindest einen Teil von ihnen, zu schützen.

»Krise der Männlichkeit«

Die Männer- und Frauenbilder von Reichsbürgern und Reichsbürgerinnen dienen oft der Legitimation ihres Handelns und auch zur Emotionalisierung ihrer Thesen. Doch nicht alle Gruppierungen bedienen sich in ihrer Außenkommunikation antifeministischer, sexistischer oder rassistischer Männer- und Frauenbilder. Die Reichsideologie ist als Verschwörungstheorie jedoch auf Sündenbock-Konstruktionen angewiesen, und dazu werden auch entsprechende Geschlechterbilder benutzt.

Die Reden, Texte und Videos von Reichsbürgern und Reichsbürgerinnen sind oft durchdrungen von Leiderfahrungen, von Ignoranz seitens der Verwaltung, der Unmöglichkeit, dem eigenen geschlechtlichen Idealbild gerecht zu werden und das Leben in einer unübersichtlichen Welt zu meistern. Das Milieu unterbreitet das Angebot, dabei komplexe, gesellschaftliche Entwicklungen und Probleme in das Feindbild moderner Nationalstaat/BRD zu kanalisieren und romantisierende, rückwärtsgewandte Gemeinschaftsvorstellungen als Gegenverheißungen zu konstruieren. Frauen sind dabei in allen möglichen Aktionsformen und Funktionen in der Bewegung aktiv. Die bisher vorliegenden Zahlen und der kursorische Durchgang durch reichsideologische Netzfundstücke legen dennoch nahe, dass das Milieu eine spezifische Attraktivität für Männer entfaltet, die auch über die Selbstaufwertung zum (implizit männlichen) Staat und zum (explizit männlichen) Kämpfer für diesen Staat funktioniert. Trotz der allgemeinen Modernisierung der Bilder, die wir uns gesamtgesellschaftlich von den Geschlechtern und ihren Verhältnissen zueinander machen, sind solche kämpferischen Positionen von Männern einfacher einzunehmen als von Frauen. Dies spiegelt sich deutlich im Reichsbürger-Milieu.

Männersache ist das Reichsbürger-Milieu insofern, als es eine Krise der sozialen Reproduktion und des eigenen Status als eine »Krise der Männlichkeit« deutet und darauf reaktionär reagiert, indem es romantisierende Bilder einer verloren gegangenen heilen Gemeinschaft ebenso anbietet wie Bilder einer kämpferischen traditionellen Männlichkeit. Beide können reaktiviert werden, um auf diese Krisen zu reagieren.

Paul Wellsow

Kein Frühwarnsystem

Eine Spurensuche nach den Reichsbürgern in Verfassungsschutzberichten

Die Reichsbürger seien »in ihrer Gesamtheit« eine »staatsfeindliche Bewegung«, erklärte das *Bundesamt für Verfassungsschutz* (BfV). Die Szene habe »eine hohe Affinität zu Waffen« und sei »oftmals gewaltorientiert«. Bundesweit zählen heute 12800 Personen zu dem Spektrum, davon etwa 800 Rechtsextreme, heißt es in dem Anfang Juli 2017 von Bundesinnenminister Thomas de Maizière (CDU) und Verfassungsschutz-Chef Hans-Georg Maaßen vorgestellten Jahresbericht des Inlandsgeheimdienstes für das Jahr 2016. Erstmals wird die Szene nun als »eigenständiger Phänomenbereich« im Bericht des BfV aufgeführt – einsortiert zwischen »Rechtsextremismus« und »Linksextremismus«. Seit dem 1. Dezember 2016 stehen die Reichsbürger als »Sammelbeobachtungsobjekt« im Visier von Bund und Ländern. Es sei eine »ideologisch äußerst heterogene Szene«, betont der Dienst. Anders als von Experten gefordert und in einigen Ländern praktiziert, in denen die Reichsbürger in der Vergangenheit in Verfassungsschutzberichten aufgeführt wurden, will sich das BfV offenbar nicht festlegen, wo die Szene politisch steht: »Nur ein geringer Teil der Szene ist dem Rechtsextremismus zuzuordnen.« Bisher hatte sich das Bundesamt in seinen Berichten nicht ausdrücklich zu dieser Bewegung geäußert, obwohl sie seit Jahrzehnten aktiv ist und ihre Ideologen zumeist offen neonazistisch auftreten.

»... existiert nicht«

2015 hatte die Bundesregierung noch in einer Drucksache vom 28. September behauptet: »Eine einheitliche ›Reichsbürgerbewegung‹ existiert (...) nicht.« Ähnlich argumentierte sie seit 2012, als durch eine Anfrage der Linksfraktion dieses Phänomen im Parlament erstmals Thema wurde. Anlass der Stellungnahme 2015 war eine Anfrage der Grünen, warum im Bundesverfassungsschutzbericht 2014 die Reichsbürger nicht aufgeführt würden, obwohl »doch das Bestreiten der Rechtsgültigkeit des Grundgesetzes verbindendes Element der Bewegung« sei. Ausführlich begründete daraufhin die Bundesregierung die Unterschiede der Szene und betonte, das »Ziel dieser Gruppierungen besteht in der Verwirrung staatlicher Stellen, um diese im Einzelfall von rechtlich gebotenem Handeln abzulenken, und in der Delegitimierung des Staatswesens der Bundesrepublik Deutschland im Allgemeinen«. Die konkreten Aktivitäten und jeweilige »Schuldfähigkeit« seien im Einzelfall zu prüfen, bevor die Bewegung als extremistisch bewertet werden könne.

»Keine konkrete Gefahr«

Als die Linksfraktion 2012 fragte, welche Behörden die Reichsbürger beobachten, war die Antwort der Regierung deutlich: »Die Landesämter für Verfassungsschutz, des Bundes und der Länder beobachten nach Kenntnis der Bundesregierung keine derartigen Gruppierungen« – außer vier einzelne Organisationen: die *Exilregierung Deutsches Reich,* die *Regierung Deutsches Reich,* den *Freistaat Preußen* und die *Deutsche Nationalversammlung* –, eine seltsame Antwort. Auf die erneute Frage der Grünen mochte die Bundesregierung 2015 plötzlich gar nicht mehr antworten. Im Juli 2016 verwies die Bundesregierung immerhin auf die Verfassungsschutzberichte einzelner Länder (Berlin, Brandenburg und Schleswig-Holstein), wo die Szene beobachtet würde. Zudem erkannte sie mittlerweile ein »angestiegenes Störerpotenzial« und »eine verstärkte Wahrnehmung in der Öffentlichkeit«. Dennoch ging die Regierung – nur wenige Monate vor dem Mord an einem Polizisten durch einen Reichsbürger in Bayern – weiter von deren Ungefährlichkeit aus: »Es agieren vielfach Einzelpersonen oder Kleingruppen, denen eine bundesweite Relevanz fehlt. Bei Aktivitäten der ›Reichsbürger‹ stellt sich zudem immer wieder die Frage der Ernsthaftigkeit der politischen Bestrebung.« Die Regierung war sicher, dass Straftaten nur von »Einzelpersonen bzw. Angehörigen von Kleinstgruppen« begangen würden. »Hinweise auf bundesweit bestehende und personell unterlegte Strukturen mit hierarchischer Gliederung liegen, abgesehen vom *Deutschen Polizei Hilfswerk* (DPHW), nicht vor.« Somit sei die »unstrukturierte, zersplitterte Reichsbürgerszene bislang keine konkrete Gefahr«. Eine »belastbare Gesamtzahl zum Personenpotenzial« konnte die Regierung jedoch nicht vorlegen.

Keine zwei Jahre später stehen die Reichsbürger bundesweit in den Verfassungsschutzberichten. Plötzlich kann die Regierung ihr Personenpotenzial sehr genau bestimmen. Bundesinnenminister de Maizière sagte bei der Vorstellung des Verfassungsschutzberichts am 4. Juli 2017: »Im November 2016 habe ich das Bundesamt für Verfassungsschutz angewiesen, zusammen mit den Ländern, auch diese Szene zu beobachten.« Wie kam es zu dieser Wende? Bis dato galten die Reichsbürger vor allem als Spinner, und die Reichsideologie wurde als »diskursorientierter Rechtsextremismus« verharmlost.

»Sozialistisch grundiert«?

Im Jahresbericht des Bundes und in den bisher erschienenen Länderberichten für das Jahr 2016 trennten die Ämter die Reichsbürger in der öffentlichen Darstellung säuberlich vom »Rechtsextremismus«. Ihnen wird zumeist ein eigenes Kapitel zwischen Rechts- und Linksextremismus gewidmet. Doch intern scheint es diese Trennung nicht zu geben. So schreibt das Bayerische Landesamt für Verfassungsschutz, die Reichsbürger würden als ein »angrenzendes Extremismusfeld« von der gleichen Abteilung des Geheimdienstes bearbeitet wie der Rechtsextremismus und Rechtsterrorismus. Warum wird die Szene gegenüber der Öffentlichkeit vom Rechtsextremismus abgetrennt, obwohl man intern die Zusammenhänge sieht?

In den Berichten für das Jahr 2016 werden die Ideologien der Reichsbürger, ihre Aktivitäten und regionalen Schwerpunkte, Gewalttaten und aktive Gruppen aufgelistet und analysiert. Die Gefahren werden heruntergespielt. In Bremen glaubt der Geheimdienst, die Ideen der Reichsbürger seien »auch von sozialistischen Haltungen grundiert«. In eine ähnliche Richtung hatte im Jahr 2000 bereits der Thüringer Verfassungsschutz argumentiert. In einem halb-öffentlichen Bericht beleuchtete das Amt damals eine Debatte in der NPD-Zeitung »Deutsche Stimme« um die Thesen des »Reichswissenschaftlers« und »Theoretikers des ›Vierten Reichs‹« Reinhold Oberlercher. Der Geheimdienst interessierte sich damals mehr für dessen Vorstellungen einer »antikapitalistischen Weltrevolution« und die »Esoterik marxistischer Termini« in dessen Texten, als dass der Dienst seine Überlegungen zu einem neuen »Reich« ernst nahm.

Nur »Querulanten«?

Auch der Verfassungsschutz in Rheinland-Pfalz gibt sich 2016 Mühe, die Szene kleinzureden. Unter den Reichsbürgern gebe es heute vor allem »Mitläufer«, »Trittbrettfahrer«, »notorische Querulanten«, »Menschen mit psychischen Auffälligkeiten«, »Profiteure«, »Vielschreiber« – aber, das wird immerhin eingestanden, auch »weltanschaulich gefestigte (überzeugte) Protagonisten und Wortführer«. In der »Gesamtschau ergeben sich (...) zwar einzelne Berührungspunkte oder Parallelen zur rechtsextremistischen Weltanschauung (...). Hieraus lässt sich aber nicht ableiten, dass das gesamte ›Reichsbürger‹-Spektrum entsprechend weltanschaulich disponiert ist. Wesentliche, den Rechtsextremismus kennzeichnende Kernelemente, wie insbesondere der Rassismus und der Antisemitismus, können nach bisherigem Erkenntnisstand nur in einzelnen Fällen/Ansätzen festgestellt werden.« Nur zwei der 407 erfassten Reichsbürger hätten einen »rechtsextremistischen Hintergrund« teilte die Landesregierung mit. Keine Gefahr also?

Die Einschätzung dürfte kaum haltbar sein, zumal das Land bereits 2012 »Bestrebungen zur Aufrechterhaltung des ›Deutschen Reichs‹ (›Reichsbürgerbewegung‹)« im Bericht aufführte, obwohl laut dem Dienst gar keine Strukturen der Szene erkennbar waren. Eine interessante Aussage, hatte doch der Geheimdienst von Sachsen-Anhalt zwei Jahre zuvor ein »Bürgertreffen« und eine »Amtsträgersitzung« der *Exilregierung Deutsches Reich* in Rheinland-Pfalz sowie eine Kranzniederlegung auf dem Koblenzer Friedhof und einen Auftritt am »Kaiser-Wilhelm-Denkmal« am Deutschen Eck in seinem Bericht aufgelistet. Sogar die »Reichsregierung« hatte im Internet darüber berichtet. 2013 verschwanden die Reichsbürger wieder aus dem Landesbericht in Rheinland-Pfalz.

»Um Behörden zu belasten«

In Sachsen müht sich der Geheimdienst ebenso, die jüngsten Warnungen der Verfassungsschutzämter gleich wieder zu relativieren. Im sächsischen Bericht 2016 heißt es: »Allerdings findet die Szene aufgrund ihrer kruden Theorien und ihres speziellen Auftretens kaum positive Resonanz. In weiten Teilen stellen die Reichsbürger ein polizei- und ordnungsrechtliches Problem dar, da sie Behörden und Gerichte mit umfangreichen Anträgen und Beschwerden belasten. (…) Nur in Ausnahmefällen bilden sich stabile Gruppen, die dann wieder eine hohe Spaltungstendenz aufweisen. Neben eher aus persönlichen Notlagen zur Reichsbürgerideologie greifenden Einzelpersonen, gibt es auch über Jahre hinweg aktive Mitglieder der Szene der Reichsbürger und Selbstverwalter. (…) Die personelle Überschneidung mit den in Sachsen bekannten Rechtsextremisten liegt bei rund fünf Prozent.« Und in einer aktuellen Broschüre wird der sächsische Dienst noch deutlicher. Er betont nicht wie die anderen Dienste wenigstens eine Heterogenität der Szene, sondern verneint gar die Zugehörigkeit zum Rechtsextremismus. Die Reichsbürger seien eine »eigene Erscheinungsform des Extremismus«. Die Ansichten »von der Fortexistenz des ›Deutschen Reiches‹« seien zwar revisionistisch und eine wichtige »ideologische Klammer« der Szene, sie dienten aber hier nur dazu, »um Verwirrung zu stiften und Unsicherheiten zu erzeugen«. Es sei klar: »Es gibt bislang keine Anzeichen für eine systematische bzw. gezielte Vernetzung der ›Reichsbürger- und Selbstverwalter‹-Bewegung mit Rechtsextremisten in Sachsen.« Ihre »speziellen Argumentationsmuster« fänden im Rechtsextremismus »nur wenig Beachtung« und hätten sich »bisher als nicht anschlussfähig gezeigt«.

Das ist falsch. Gerade in Sachsen hätten es die Behörden besser wissen können – und wussten es auch besser. Hier gab es mit dem *Deutschen Polizei Hilfswerk* eine Gruppe, die ab 2012 auf der Grundlage von Reichsbürger-Ideologie eine »Bürgerwehr« aufbaute, Beamte bedrängte und Tätlichkeiten verübte. Ab 2012 gab es Razzien und Ermittlungsverfahren gegen die Gruppe, Haftstrafen wurden verhängt, und das *Hilfswerk* war Gegenstand des Verfassungsschutzberichtes 2012 – war aber im Folgejahr gleich wieder aus dem Bericht verschwunden, obwohl es doch bis mindestens zum Sommer 2013 öffentlich agierte. Sachsen blieb sich 2012 treu, den Rechtsextremismus kleinzureden: »Obwohl es sich bei einzelnen Personen in den Reihen der ›Reichsideologen‹ zweifellos um Rechtsextremisten handelt, stellen viele Reichsbürger-Gruppen nach bisherigen Erkenntnissen keine extremistische Struktur dar.« Entsprechend weiß der sächsische Dienst auch im aktuellen Bericht außer dem Hinweis auf »rund fünf Prozent« Rechtsextreme unter den heimischen Reichsbürgern, der stichwortartigen Nennung zweier Gruppen *(Exilregierung Deutsches Reich, Bundesstaat Sachsen)* sowie einem knappen Hinweis auf an Behörden versendete Drohbriefe nichts Konkretes über die Szene zu berichten.

Differenzen zwischen den Diensten

In Niedersachsen und dem Saarland werden die Reichsbürger dagegen weiterhin im Bereich Rechtsextremismus aufgeführt. Im niedersächsischen Verfassungsschutzbericht 2016 zeigt sich zudem, dass es über diese Frage zwischen den Diensten offenbar Differenzen gibt. Niedersachsen beobachtet Teile der Szene seit 2005 und hat nach eigenen Angaben seit Langem auf ein bundesweit einheitliches Vorgehen der Behörden gedrängt. Ausdrücklich wies das Land darauf hin, dass die Reichsbürger-Ideologie nicht neu sei. Die mit der Szene »verbundenen geschichtsrevisionistischen Elemente« seien schon immer »Bestandteile rechtsextremistischer Argumentationsmuster zur Delegitimierung der verfassungsmäßigen Ordnung« gewesen. Im niedersächsischen Bericht 2016 wird deutlich, was Bund und Länder gemeinsam unter dem Phänomen verstehen. Das Ergebnis der Aushandlung zwischen den Ämtern klingt dann im Amtsdeutsch so: »›Reichsbürger‹ und ›Selbstverwalter‹ sind Gruppierungen und Einzelpersonen, die aus unterschiedlichen Motiven und mit unterschiedlichen Begründungen, unter anderem unter Berufung auf das historische Deutsche Reich, verschwörungstheoretische Argumentationsmuster oder ein selbst definiertes Naturrecht, die Existenz der Bundesrepublik Deutschland und deren Rechtssystem ablehnen, den demokratisch gewählten Repräsentanten die Legitimation absprechen oder sich gar in Gänze als außerhalb der Rechtsordnung stehend definieren und deshalb bereit sind, Verstöße gegen die Rechtsordnung zu begehen.«

Auch Niedersachsen betont im aktuellen Bericht, dass es sich um eine »heterogene Erscheinung« handele: »Das Spektrum reicht von esoterisch geprägten Gruppierungen über völkisch-traditionalistische Gruppen bis zu rechtsextremistisch ausgerichteten Zusammenschlüssen.« Mittlerweile seien die Ideen durch die Verbreitung im Internet auch »über den Bereich des Rechtsextremismus hinaus« so breit gestreut, dass »zwischen extremistisch überzeugten Personen und querulatorisch in Erscheinung tretenden Personen unterschieden werden« müsse. Aber, so schreibt der niedersächsische Dienst weiter, rechtsextreme Forderungen, wie etwa die »Reorganisation des Deutschen Reiches in den Grenzen von 1937«, seien eine der häufigsten Positionen von Reichsbürgern. Zudem würden sich auch die »überwiegend nicht rechtsextremistisch motivierten« sogenannten Selbstverwalter in ihren Argumentationen klar der »rechtsextremistischen Reichsideologie« bedienen. So seien Thesen aus einem »rechtsextremistischen Kontext« nun zu breit genutzten »Argumenten« gegen den Staat geworden. Übersetzt sagt das Amt damit: Die Ideologie ist rechtsextrem. Während andere Länder offenbar unter auffällig gewordenen Reichsbürgern mit der Lupe nach Mitgliedern von rechtsextremen und neonazistischen Organisationen suchen und nur diese Personen dann dem Rechtsextremismus zuschlagen, scheint die Zuordnung in Niedersachsen stärker über die vertretenen politischen Positionen vorgenommen zu werden.

»Frühwarnsystem«?

»Dem Verfassungsschutz kommt (...) die Aufgabe zu, Gefahren durch politischen Extremismus (...) weit im Vorfeld polizeilicher Maßnahmen zu erkennen und einzuschätzen«, schreibt das BfV in seinem Jahresbericht 2016. Er sei ein »effektives ›Frühwarnsystem‹«. Doch stimmt das?

Eine Spurensuche in Hunderten Verfassungsschutzberichten des Bundes und der Länder seit den 1980er-Jahren gibt verstreute Hinweise. Die Reichsbürger wurden durch die meisten Verfassungsschutzämter über Jahre hinweg offenbar völlig falsch eingeschätzt oder gar nicht eingeschätzt. Die von ihnen ausgehende Gefahr wurde nicht erkannt – trotz Hinweisen und Warnungen aus Medien und Wissenschaft, von Antifaschisten, Mobilen Beratungen gegen Rechts sowie aus einigen wenigen Landesämtern. Zudem stand ein relevanter harter Kern der Szene – frühe Ideologen wie Mahler und Oberlercher, die *Reichsbürgerbewegung* und das *Deutsche Kolleg* (DK), *Reichsregierungen* oder *Exilregierungen* – immer wieder auch in den öffentlichen Berichten der Dienste einiger Länder. Die auffällige Nicht-Thematisierung im Bund und der Mehrheit der Länder brach erst zusammen, als 2016 die Gewalt eskaliert war und im Oktober in Bayern ein Polizist ermordet wurde und im August in Sachsen-Anhalt mehrere Beamte verletzt worden waren.

Reichsbürger: »Diskursorientierter Rechtsextremismus«?

Die übergroße Mehrheit der Verfassungsschutzämter führte die Szene in ihren Berichten nie auf. Dort, wo sie genannt wurde, unterschieden sich die Einschätzungen massiv voneinander. Es herrschte Verwirrung über Begriffe und Definitionen. Einige schlugen sie in den 1990er-Jahren fälschlich der *Neuen Rechten* zu, andere wie Berlin führten die Reichsbürger ebenso wie Holocaustleugner oder die später verbotene neonazistische *Heimattreue Deutsche Jugend* unter dem Etikett des »diskursorientierten Rechtsextremismus«. Ähnlich in Nordrhein-Westfalen, wo 2011 der Holocaustleugner und Reichsbürger Mahler und die rechtsextreme Zeitschrift »Stimme des Reiches« als »diskursorientierter Rechtsextremismus« abgehandelt wurden. Diskursorientiert, das klingt eher nach harmlosen Debatten-Zirkeln als nach militanten Rechtsextremen.

Seit der gemeinsamen Beobachtung ist mit dieser Einschätzung Schluss. So gelten 2016 in der Bundeshauptstadt von den dortigen 400 Reichsbürgern 100 als Rechtsextreme – der Rest bewege sich »in einem extremistischen, aber nicht notwendigerweise klassisch rechtsextremistischen Spektrum«. Trotz der früheren fragwürdigen Einstufung warnte das Berliner Amt aber auch schon 2012 vor der Szene. Sie sei mit ihrer Ideologie in der Lage, »bereits isolierte Einzeltäter anzusprechen und zu Straftaten zu animieren. Hier stehen die Sicherheitsbehörden vor der besonderen Herausforderung, diese zumeist unauffälligen Einzelpersonen zu identifizieren und von der Begehung schwerer Straftaten abzuhalten.« Eine Prognose, die sich rückblickend und vor dem Hintergrund der schweren Gewalttaten 2016 als hellsichtig erweist. Doch warum wurde sie von den anderen Verfassungsschutzämtern nicht geteilt und verschwand wieder aus den späteren Berichten?

Zum Scheitern verurteilte »Intellektualisierungsbemühungen«?

Mehrere Verfassungsschutzämter meinten in den 1990er-Jahren, die heute den Reichsbürgern zugerechnete Szene habe sich nur um eine »Intellektualisierung« des Rechtsextremismus bemüht oder sei Teil rechtsextremer »Theorie- und Strategiebildung« gewesen. So führten ab 1995 der Hamburger Verfassungsschutz, ab 1996 Bayern und ab 1997 das Berliner Amt das 1994 initiierte *Deutsche Kolleg* (DK) um Reinhold Oberlercher und dessen »Reichsverfassungsentwurf« und »Reichsgedanken« als Gegenmodell zur Demokratie auf. Berichtet wurde über dieses Milieu unter anderem in Baden-Württemberg, Niedersachsen, Nordrhein-Westfalen, Sachsen-Anhalt und Thüringen. Die Einschätzungen in den Berichten ähnelten sich teilweise aufs Wort und wurden über die Jahre kaum aktualisiert.

Bereits 1995 wies das Hamburger Amt auf die Verwendung des Begriffs »Reichsbewegung« in diesem Milieu hin, das von nun an mit seinen Strukturen und Akteuren regelmäßig in den Berichten auftauchte. Unter der Beteiligung des Rechtsextremen Horst Mahler nahmen um die Jahrtausendwende die Aktivitäten des *Deutschen Kollegs* zu. 2004 berichtete dann der Hamburger Verfassungsschutz im Jahr nach der Ankündigung Mahlers, eine »Reichsbürgerbewegung« ins Leben zu rufen, unter der ausdrücklichen Verwendung dieses Begriffs über die entsprechende Entwicklung. Mahler habe nach einem Streit mit Oberlercher über seinen »Feldzug gegen die Offenkundigkeit des Holocaust« das *Deutsche Kolleg* verlassen und den später (2008) verbotenen *Verein zur Rehabilitierung der wegen Bestreitens des Holocaust Verfolgten* (VRBHV) mit aufgebaut. Ihre Ideen verbreiteten sie – angeblich »ohne nennenswerten Erfolg« – an »Reichsbürgerstammtischen« oder durch ihr Blatt »Reichsbürgerbrief – Organ des Allgemeinen Volksaufstandes der Deutschen«. Niedersachsen nannte Mahler 2005 den »Initiator der Reichsbürgerbewegung«. Beobachtet wurde dieses Spektrum aber, weil sie Rechtsextreme waren und Überschneidungen mit Holocaustleugnern und dem später verbotenen VRBHV aufwiesen. Das Amt in Baden-Württemberg meinte 2007, die Szene bestehe nur aus »einer kleinen Gruppe rechtsextremistischer Theoretiker«, die einen »besonders fanatischen, zuweilen äußerst skurril anmutenden Rechtsextremismus« vertreten. Auch in Berlin wies man in dem Jahr kurz vor dem Verbot des VRBHV darauf hin, dass dem Verein Reichsbürger beitreten würden, »um endlich den Allgemeinen Volksaufstand zur Wiedererlangung der Handlungsfähigkeit des deutschen Reiches durch einen organisierten und geordneten Angriff auf die Auschwitzlüge als dem Fundament der Fremdherrschaft über das Deutsche Reich zu beginnen«.

Auch der Bundesverfassungsschutz erwähnte ab 2003 Mahler, Oberlercher, das *Deutsche Kolleg* und die Szene der Holocaustleugner. Ihre Aktivitäten und Strukturen galten entweder als zum Scheitern verurteilte »Intellektualisierungsbemühungen« im Rechtsextremismus oder wurden aufgrund des Revisionismus, der NS-Verklärung und des Antisemitismus und ihrer Nähe zum später verbotenen *Collegium Humanum* in den Berichten aufgeführt.

Ab 2006 attestierte das BfV Mahler, er sei »aufgrund seiner egozentrischen, pseudowissenschaftlichen und teilweise vom rechtsextremistischen Konsens abweichenden Aussagen« mittlerweile »weitgehend isoliert« und beeinflusse nur »eine kleine Gruppe fanatisierter Anhänger«. Eine Bewertung als eigene Bewegung im Entstehen oder eine Analyse der Reichsideologie findet sich in den Berichten des BfV nicht.

In Sachsen-Anhalt waren die Behörden ebenso auf das Spektrum um das *Deutsche Kolleg* aufmerksam geworden. Ausdrücklich wies das Landesamt 2004 darauf hin, dass sich für die Anhänger der Reichsbürger-Idee »aus der angeblichen Fortexistenz des Deutschen Reiches und der daraus folgenden ›Geschäftsführung ohne Auftrag‹ (…) für jeden Reichsdeutschen in letzter Konsequenz die Berechtigung, die Feinde des Deutschen Reiches und Verräter des Deutschen Volkes zu töten«, folge. Eine deutliche Warnung vor möglichen Gefahren, die sich aus der Ideologie der Reichsbürger ergibt. Doch mit dem vermeintlichen Abflauen der Aktivitäten des *Deutschen Kollegs* endeten auch die Berichte.

»Offenkundig rechtsextreme Strömungen«

Schleswig-Holstein führte die Szene erstmals 2014 im Bericht mit einem eigenen Abschnitt im Kapitel zum Rechtsextremismus auf. Anders als andere Ämter, die die Ideologie ins Reich des Irrsinns und des Unpolitischen verbannen wollten, hieß es hier: »Die ›Ideologie‹ der Reichsbürger besteht aus einer Mischung von Geschichtsrevisionismus, Antisemitismus, Esoterik, Ökologie und nicht zuletzt ›völkischen‹ und somit offenkundig rechtsextremistischen Strömungen.« Das sonst von Behörden gerne zur Begründung der Nicht-Beobachtung vorgetragene Argument fehlender Strukturen konterte das Amt 2015: »Übergreifende Netzwerkstrukturen bestehen kaum, dennoch kann davon ausgegangen werden, dass zumindest eine Bekanntheit untereinander besteht.«

In den Hamburger Analysen zeichnete sich ab, dass ein völlig neues Phänomen der extremen Rechten aufschien. Und es zeigte sich, dass dieses Milieu es nicht bei Aufsätzen und Vorträgen belassen wollte. So wies das Hamburger Amt schon 1996 ausdrücklich auf die Strategie Oberlerchers hin, die darauf ziele, »dass es in absehbarer Zeit eine revolutionäre Situation in der BRD geben werde, auf die sich die nationalrevolutionären Kräfte einstellen müssten«. Und im Bericht zu 1999 hieß es, Mahler und Oberlercher würden in ihrer am 9. November vorgestellten »Reichsordnung« und den »Thesen zur Reichsstatthalterschaft« davon ausgehen, dass »das Deutsche Reich besteht«, aber nicht handlungsfähig sei. Sobald sich das geändert habe, müsse die BRD abgewickelt werden. 2010 wies die Behörde auf eine Zäsur der Bewegung hin – wahrscheinlich ohne es zu merken. In einem Interview mit dem NPD-Blatt »Deutsche Stimme« hatte Oberlercher erklärt, die Arbeit des *Deutschen Kollegs* sei mit den vorgelegten Programmen sowie Gesetzes- und Verfassungsentwürfen abgeschlossen. Nun sei die »materielle Gewalt geschichtlich am Zuge«. Das System der Bundesrepublik sei »geistig bereits enthauptet, jetzt ist es nur noch physisch zu enthaupten«. Infolge des »Staatsuntergangs der BRD« strebe das DK die Staatsgewalt an – inklusive des Rechts, »Urteile körperlich zu vollstrecken und die Reichsfeinde militärisch unter Beschluß und Beschuß zu nehmen«. Hätte man die Bewegung der Reichsbürger damals schon ernst genommen, hätten womöglich die späteren Gewalttaten verhindert werden können.

Doch statt die Szene verstärkt im Auge zu behalten, endete mit dem Ende der Aktivitäten des *Deutschen Kollegs* auch die Auseinandersetzung mit diesem Milieu in den öffentlichen Berichten.

»Reichsregierungen«

Abseits der offen rechtsextremen und revisionistischen Reichsideologen beobachten nur wenige Verfassungsschutzbehörden die sogenannten *Reichsregierungen, Exilregierungen* oder *Freistaaten* der Szene und nennen sie in den Verfassungsschutzberichten – zum Beispiel Brandenburg, Niedersachsen, Sachsen-Anhalt und Thüringen. Vom BfV wurde dieses Phänomen in den Jahresberichten nicht thematisiert. Bundesweit standen vor dem Polizistenmord 2016 nur »die als rechtsextremistisch in Erscheinung getretenen Reichsbürgergruppierungen *Exilregierung Deutsches Reich* und *Freistaat Preußen*« im Fokus von Bund und Ländern.

Niedersachsen hatte schon seit 2005 die *Exilregierung Deutsches Reich* im Blick, nachdem sie sich am 8. Mai 2004 zu ihrer Gründung in Hannover getroffen hatte. Doch schon im folgenden Bericht wurde sie nicht mehr erwähnt. Erst ab 2010 tauchten solche Strukturen wieder im niedersächsischen Bericht auf – allerdings nur über den Umweg revisionistischer und neonazistischer Bestrebungen durch den NPD-Funktionär Rigolf Hennig, der als »Staatspräsident« des erfundenen *Freistaats Preußen* auftritt. Sein Ziel sei »die Wiederherstellung der Handlungsfähigkeit des Deutschen Reiches«, hieß es 2011. 2015 hob der niedersächsische Verfassungsschutz die bereits 1995 gegründete Organisation *Freistaat Preußen/Stimme des Reiches* (SdR) noch deutlicher hervor und berichtete auf sechs Seiten zu deren Antisemitismus, Rassismus und Revisionismus – kein Wort aber zum Kontext der *Reichsregierungen* und Reichsbürger.

Nordrhein-Westfalen führte die »Regierungen für das ›Deutsche Reich‹« seit etwa Mitte 2007 auf der Website des Verfassungsschutzes im Bereich Rechtsextremismus unter »Sonstige Organisationen« auf, ohne aber auf Strukturen und Aktivitäten im Bundesland einzugehen. Die Darstellung erschien nicht in den gedruckten Jahresberichten. Diese Praxis erklärt das Landesamt so: »Diese Gruppierungen werden in der Mehrheit nicht im Verfassungsschutzbericht des Landes Nordrhein-Westfalen erwähnt, was jedoch eine Beobachtung im Rahmen des Verhältnismäßigkeitsgebotes nicht ausschließt. Eine Darstellung im Jahresbericht erfolgt, wenn sie öffentlichkeitswirksam auftreten und damit eine gewisse Außenwirkung erzielen bzw. ihre Publikationen für die Meinungsbildung im Rechtsextremismus bedeutsam sind.«

Kurz gesagt: Aus Sicht des Geheimdienstes spielten Reichsbürger keine besondere Rolle. Obwohl in Thüringen 2004 mindestens zwei öffentliche Aktivitäten von *Reichsregierungen* registriert und sogar im halböffentlichen »Nachrichtendienst« des Verfassungsschutzes, der intern an Behörden geht, aufgeführt wurden (ein Vortrag des früheren Rechtsterroristen Manfred Roeder beim *Zentralrat der Kommissarischen Reichsregierung* und die Teilnahme der *Provisorischen Reichsregierung* an nichtrechten Protesten gegen Abwassergebühren), steht kein Wort davon im öffentlichen Verfassungsschutzbericht.

Hartz-IV-Empfänger »entsorgen«

In Sachsen-Anhalt waren die *Exilregierung Deutsches Reich* und die *Kommissarische Reichsregierung des Deutschen Reiches* (KRR), die seit dem Jahr 2000 »verstärkt Aktivitäten« zeigten, ab 2005 Gegenstand der Verfassungsschutzberichte – wobei das Amt 2005 ausdrücklich anmerkte, dass die KRR kein »Beobachtungsobjekt« sei. Aus diesen Kreisen würden der »Fortbestand des Deutschen Reiches in den Grenzen von 1937« proklamiert, abenteuerliche Forderungen gegenüber Behörden erhoben und deren Mitarbeitern mit »disziplinarischen Konsequenzen« gedroht. Die *Exilregierung* entfalte zudem »Bestrebungen gegen die freiheitliche demokratische Grundordnung«, erhebe gebietsrevisionistische Ansprüche und lehne »das Gesamtsystem der freiheitlichen demokratischen Grundordnung« ab. Sie leugne die »Kriegsschuld Deutschlands«, um so »zu einer positiven Darstellung des Nationalsozialistischen Regimes« zu gelangen. 2006 stellte das Landesamt eine »schwindende Identifikation mit der Organisation« und eine »immer geringere Teilnehmerzahl« bei Veranstaltungen fest.

Über derartige Treffen in Thüringen berichtete wiederholt auch das dortige Landesamt für Verfassungsschutz in seinen Jahresberichten und dem halb-öffentlichen »Nachrichtendienst«. Deutlich wies die Behörde 2007 darauf hin, dass an den Treffen Personen »aus dem gesamten Bundesgebiet« teilnehmen. Später berichtete das Amt über eine Abspaltung unter dem Namen *Regierung des Deutschen Reichs* und über Briefe an Arbeitsagenturen, die im Logo einen Adler mit Hakenkreuz zeigten. Darin forderte ein fiktiver »Reichsoberbefehlshaber des Deutschen Arbeitsdienstes« die Behörden auf, Hartz-IV-Empfänger dem *Deutschen Arbeitsdienst* zu überstellen, um sie in Arbeitslager zu stecken und zu »entsorgen«.

»Nur Verwirrung stiften«

2011 berichtete der Verfassungsschutz Sachsen-Anhalt über ein Treffen der *Exilregierung* mit Teilnehmern aus neun Bundesländern und in den Folgejahren über regelmäßige Treffen. Doch im

Bericht für das Jahr 2014 war die Szene plötzlich kommentarlos aus der Publikation verschwunden und wurde auch im Bericht für 2015 mit Ausnahme einer randständigen Nennung aufgrund der Teilnahme von Reichsbürgern an rassistischen Protesten nicht wieder eigenständig aufgenommen. Seltsam, war doch gerade der Aufschwung der Bewegung in vollem Gange. Das wusste auch der Verfassungsschutz. Denn er berichtete stolz über eine Fachtagung im Oktober 2014 mit 270 Teilnehmern aus den Verwaltungen, der Justiz und der Polizei des Landes zum Umgang mit der Szene (»›Reichsbürger‹. Sonderlinge oder Teil der rechtsextremen Bewegung?«), publizierte einen Tagungsband dazu und veröffentlichte einen Flyer mit Verhaltenstipps. Doch warum tauchte die Szene nicht mehr im Verfassungsschutzbericht auf? Eine Erklärung könnte ein Vortrag der Fachtagung liefern. Hilmar Steffen, Referatsleiter Auswertung und Beschaffung Rechtsextremismus/-terrorismus, Verfassungsschutz Sachsen-Anhalt, stellte dort fest: »Zweifellos existiert eine Nähe zum Rechtsextremismus.« Doch Jochen Hollmann, Chef des Verfassungsschutzes, kam zu einem anderen Ergebnis der Tagung: »Die sogenannten Reichsbürger verfolgen nur ein Ziel: Verwirrung stiften, um staatliche Stellen vom rechtlich gebotenen Handeln abzuhalten.« Politische Ziele? Für die Spitze des Geheimdienstes offenbar nicht zu erkennen. Später, im September 2016, betonte Hollmann noch einmal, es gebe zwar Rechtsextreme unter den Reichsbürgern, aber keine strukturellen Verbindungen. Interessant, denn sein Amt beobachtet nach Angaben des MDR ein Viertel der Szene wegen ihrer rechtsextremen Ideologie. Man dürfe die Reichsbürger zudem »in ihrer Unwichtigkeit nicht noch bestärken«, wiegelte Hollmann ab. Mittlerweile ist der Verfassungsschutz-Chef umgeschwenkt: »Reichsbürger sind trotz ihres teilweise abstrusen Denkens und Verhaltens keine harmlosen Spinner«, teilte er im Februar 2017 mit.

Vorreiter Brandenburg

Im Vergleich zu anderen Ämtern war Brandenburg bei der Beobachtung ein Vorreiter. Hier wurde die *Kommissarische Reichsregierung* schon 2003 im Jahresbericht thematisiert und »personelle Überschneidungen« zwischen ihr, dem *Deutschen Kolleg*, den Holocaustleugnern vom *Collegium Humanum* und dem VRBHV festgestellt. Zudem berichtete das Amt, dass Mahler der *Reichsregierung* »Hochverrat« vorwarf. Eine *Reichsregierung*, so meinte er, könne sich nicht selbst ernennen, sondern nur durch eine *Reichsversammlung* konstituiert werden. Später verortete der Brandenburger Geheimdienst die Reichsbürger in einem eigenen Abschnitt des Jahresberichts 2006 als »Grenzbereich zwischen Rechtsextremismus und Geschichtsrevisionismus«. Die Szene insgesamt wurde im »Grenzbereich zwischen extremistischer Bestrebung und wahnhaften Vorstellungen« angesiedelt. Die Gruppen eine der Glaube an den »Fortbestand des Deutschen Reiches« in den Grenzen von 1937, was sie »mit abwegigen juristischen Argumentationen« belegen wollten. Eine wichtige Aktionsform seien aggressive Drohungen von »Phantasieabsendern« gegenüber Mitarbeitern der Verwaltungen, die bis zur angedrohten »Todesstrafe« in der Zeit »nach dem Ende der Bundesrepublik Deutschland« reichten. In den Jahren danach rückte das Thema aber auch in Brandenburg wieder in den Hintergrund, bis das Landesamt 2012 erneut vor den Reichsbürgern warnte und darauf hinwies, dass sie kein regionales, sondern ein bundesweites Phänomen seien. Ab 2012 bot der Dienst Schulungen für Mitarbeiter der Behörden an und beschrieb von nun an Jahr für Jahr Reichsbürger als zusammenhängendes Phänomen und nicht – wie teils bis heute in anderen Ländern üblich – als zusammenhanglose Erscheinung. Zudem wies das Amt auf eine Vielzahl unterschiedlicher Splittergruppen und auf die lange Tradition dieser Denkrichtung seit der 1952 verbotenen *Sozialistischen Reichspartei* hin. 2014 warnte das Amt, die Denkmuster der Reichsbürger hätten sich »in den letzten Jahren sprunghaft in Brandenburg ausgebreitet«. 2015 folgte gemeinsam mit Partnern aus Verwaltung, Polizei und Zivilgesellschaft die Veröffentlichung eines mehr als 220 Seiten starken Handbuchs zum Umgang mit Reichsbürgern, herausgegeben von Dirk Wilking und dem Brandenburgischen Institut für Gemeinwesenberatung *Demos*. Darin kam unter anderem ein Autorenteam des Verfassungsschutzes zu dem Ergebnis, dass die »Ansichten von ›Reichsbürgern‹ ideologisch tiefer im rechtsextremistischen Denken verankert sind als bisher angenommen. Der Dienst trennt die

Szene zwischen einem »unstrukturierten ›Reichsbürger‹-Milieu«, dessen Äußerungen zwar zumeist vom Recht auf freie Meinungsäußerung noch gedeckt seien, die aber dennoch verschwörungstheoretisch und nach rechts anschlussfähig seien. Andererseits existiere ein »offen rechtsextremistisches Reichsbürger-Milieu«. Brandenburgs Geheimdienst-Chef Carlo Weber betonte Ende 2016 gegenüber der »FAZ« zwar die Heterogenität der Szene, sagte aber auch, dass hier ein »nationalistisch-revisionistisches, rassistisches, den Rechtsstaat und die Gewaltenteilung ablehnendes und in Teilen gewaltbefürwortendes Gedankengut« vorhanden sei. Damit seien »wichtige Anhaltspunkte gegeben, die eine Beobachtung durch den Verfassungsschutz rechtfertigen«.

Was wussten die Dienste?

Die Logik der Geheimdienste und die gewollte Intransparenz dieser Behörden macht es unmöglich, von außen zu beurteilen, was die Dienste wirklich wussten. Journalisten, Wissenschaftler oder kritische Beobachter müssen sich auf die Jahresberichte und weitere öffentliche Stellungnahmen beziehen, um das Handeln und Wissen des Verfassungsschutzes zu beurteilen. Es bleibt daher nur eine Spurensuche in öffentlichen Dokumenten. Selbst Anfragen von Abgeordneten in Parlamenten zu Einschätzungen, Arbeitsweisen und Wissen der Dienste wurden im Bund und den Ländern oft nicht sachgemäß beantwortet – sie werden offenbar als unberechtigte Eingriffe verstanden und zurückgewiesen. Ob und welche Antworten die Dienste geben, unterliegt in der Praxis ihrem Gutdünken. Auch in den jüngsten Untersuchungsausschüssen zum *Nationalsozialistischen Untergrund* zeigte sich die Intransparenz deutlich. Dass die in den Berichten veröffentlichten Einschätzungen vollständig sind, darf ebenso ausgeschlossen werden wie der Glaube, bis 2016 hätte man im BfV die Szene nicht gekannt. Klar ist auch, dass in den Berichten nicht alle Beobachtungsobjekte, »sondern nur die bedeutenderen Organisationen und Gruppierungen aufgeführt« werden. Das steht umfassender Information entgegen und bedeutet in der Außenwirkung, dass alle nicht genannten Strukturen als unbedeutend gewertet werden müssen.

Wieder nichts gesehen?

»Die Anhänger dieser Szene wurden wegen ihrer absurd anmutenden Vorstellungen lange Zeit nicht selten belächelt und als Spinner abgetan. Die Anwendung von Gewalt und der tödliche Einsatz von Waffen gegen Polizisten und Staatsbedienstete haben auf tragische Art und Weise deutlich gemacht, dass eine solch oberflächliche Betrachtung und Bewertung der Szene der ›Reichsbürger und Selbstverwalter‹ nicht im Ansatz gerecht werden«, stellte die Berliner Senatsverwaltung für Inneres und Sport im Juli 2017 selbstkritisch fest – eine richtige Einschätzung, aber 32 Jahre nach dem ersten bekannt gewordenen Auftreten einer *Reichsregierung* in Berlin viel zu spät. Die Reichsbürger können nach dem *Nationalsozialistischen Untergrund* als das nächste große Versagen des Verfassungsschutzes gelten. Nichts gesehen, nichts geahnt – und das, obwohl Teile der Reichsbürger regelmäßig im Blick der Dienste waren.

Die Spurensuche in Hunderten Verfassungsschutzberichten hat zwar nur wenige und verstreute Hinweise gebracht. Aber klar wurde: Alt-Nazis seit den 1950er-Jahren und Rechtsextreme in den 1980er-Jahren glaubten an den Fortbestand des »Deutschen Reiches« inklusive territorialer Ansprüche. Das *Deutsche Kolleg*, Mahler und Oberlercher vertraten erkennbar rechtsextreme Ideologie, Reichsbürger horteten schon vor 2016 Waffen und Sprengstoff, verübten Gewalttaten. Sie alle fantasieren seit Jahren vom Sturz und »Enthaupten« der Bundesrepublik – und wurden trotzdem nicht ernst genommen. Gesehen hatte man diese Entwicklungen in den Behörden, das belegen die Verfassungsschutzberichte aus Ländern und Bund aus den vergangenen 30 Jahren. Und es wurde ebenso klar: Die Szene wurde wiederholt als bundesweites Phänomen beschrieben. Die Reichsbürger hätten somit in der Logik der Dienste seit Jahren nicht nur im Fokus jener Länder stehen können, die durch regionale Gruppen besonders betroffen waren, sondern auch vom zuständigen Bundesamt beobachtet werden müssen.

Wir haben keine Kenntnis darüber, warum das BfV und die Mehrheit der Landesämter die Reichsbürger nie in ihren jährlichen Berichten aufführten. Wir wissen nicht, warum Behörden die Szene für harmlose Spinner hielten und teils bis heute halten. Wir können es nicht wissen, weil Geheimniskrämerei die Grundlage des Geschäfts der Geheimdienste ist. Doch der Verfassungsschutz muss sich auch an seinem gesetzlichen Auftrag, seinem Selbstverständnis als »Frühwarnsystem« und seinen tatsächlich erfolgten oder nicht erfolgten Warnungen und Einschätzungen messen lassen, die sich in den Verfassungsschutzberichten widerspiegeln. Ob und welche darüber hinausgehenden Informationen der Geheimdienst hat, kann nicht maßgeblich für die Einschätzung sein. Das BfV hielt es erst nach einem Mord und mehreren schweren Gewalttaten gegen Polizeibeamte für nötig, die Szene bundesweit zu beobachten und im Verfassungsschutzbericht zu erwähnen. In seinem Bericht 2016 hebt das BfV erneut hervor, dass es seine Aufgabe sei, Gefahren »weit im Vorfeld polizeilicher Maßnahmen zu erkennen und einzuschätzen«.

»Potenzielle Untergrundarmee«

Bis heute mogelt sich das BfV in seinem Bericht um eine klare Festlegung herum, wo die Reichsbürger politisch einzuordnen sind. Dass das Phänomen über all die Jahre unterschätzt wurde, zeigen auch die Zahlen der Reichsbürger. Waren es Mitte 2016 nur wenige Hundert, zählt man ein Jahr später fast 13 000. Sie sind aber nicht erst in den vergangenen Monaten zu Anhängern der Reichsideologie geworden. Man hatte sie einfach nicht gezählt und schaute nun erst genauer hin. Das gab man beim Berliner Verfassungsschutz 2016 offen zu: »Das Personenpotential der ›Reichsbürger‹ ist nach einer Neubewertung der ›Reichsbürgerszene‹ durch die Sicherheitsbehörden in Folge einer Ausweitung ihrer Aktivitäten sowie nach zwei schweren Gewaltvorfällen mit ›Reichsbürgern‹ von 100 auf 400 Personen gestiegen.« Die Schreiben mit Reichsbürger-Ideologie, die seit Jahren zu Tausenden in Behörden und Ämtern eingingen, wurden nicht als zusammenhängendes Phänomen betrachtet – ihre Absender galten als vereinzelte Irre. Wie sollten es denn Angestellte und Beamte, die mit ihnen konfrontiert wurden, besser wissen, wenn doch Verfassungsschutz und Regierung das Phänomen gar nicht erwähnten oder entpolitisierten?

Aber auch die aktuellen Zahlen des Verfassungsschutzes müssen vorsichtig betrachtet werden. Auf 40000 statt 12800 Reichsbürger schätzen Gerichtsvollzieher, die tagtäglich mit ihnen konfrontiert sind, die Zahl. »Das ist eine potenzielle Untergrundarmee«, warnte Reinhard Roschka, Geschäftsführer des Landesverbands Baden-Württemberg des Deutschen Gerichtsvollzieher Bundes, in der »Thüringer Allgemeinen« am 19. November 2016.

Im Fall der Reichsbürger gilt, was Claus Leggewie und Horst Meier 2012 nach dem Auffliegen des NSU schrieben: »Eine Behörde, die in ihren Berichten ein ums andere Jahr schwarz auf weiß dokumentiert, wie entbehrlich sie ist, provoziert Fragen nach ihrer Existenzberechtigung: (…) Steht der ganze geheimdienstliche Aufwand in einem angemessenen Verhältnis zu seinem Ertrag?« Nein, ganz offensichtlich nicht.

Hinnerk Berlekamp

Die Reichsbürger, ein internationales Phänomen

Personen und Strukturen in Österreich und der Schweiz, Kanada und den USA, Australien und Neuseeland

Reichsbürger sind eine originär deutsche Angelegenheit – zumindest so lange, wie man den Begriff im wörtlichen Sinne verwendet. Nicht die schrittweise Auflösung des britischen Kolonialreiches, nicht die Implosion der Sowjetunion, der Zerfall Jugoslawiens oder das abrupte Ende anderer größerer oder kleinerer Reiche bot den Nachgeborenen je den Nährboden für Theorien, ein seit einem Menschenalter verschollenes Gemeinwesen sei bis heute legitimiert, die »öffentliche Sache« zu regeln. Allein die jüngere deutsche Geschichte produzierte die historischen Verwerfungen, die die Reichsbürger nun umdeuten, um sodann an ihnen anzuknüpfen: der Untergang Nazideutschlands in den Flammen des Zweiten Weltkriegs, die Jahrzehnte währende Einschränkung der staatlichen Souveränität der beiden Nachfolgestaaten durch die vier alliierten Siegermächte und der anfängliche Alleinvertretungsanspruch des westdeutschen Staates für das ganze Deutschland, der die bundesdeutschen Institutionen zu staatsrechtlichen Kunstgriffen verleitete. Diese Vorgänge sind einmalig, nicht wiederholbar, in ihrer Komplexität nicht auf andere Länder übertragbar. Reichsbürger ohne ihr Reich, ohne das Deutsche Reich als Referenzrahmen, wären keine Reichsbürger mehr.

Und doch gibt es in einer ganzen Reihe von anderen Ländern vergleichbare Bewegungen, werden ähnliche Gedankenspiele vorangetrieben, sind Praktiken im Umgang mit dem jeweiligen Staat und seinen Behörden zu beobachten, die mit denen der deutschen Reichsbürger auffallend korrespondieren. Nicht allein in Deutschland finden sich seit geraumer Zeit Menschen zusammen, die dem realen, in seinen Institutionen, seinen Gesetzen und durch seine Amtsträger überall präsenten Staat die Anerkennung verweigern, indem sie sich zu Bürgern von Fantasiestaaten erklären. Es tauchen – auch in Deutschland – Einzelkämpfer oder ganze Gruppen von Aktivisten auf, die sich überhaupt keinem Staat zugehörig fühlen wollen, jeder Obrigkeit die Anerkennung verweigern und stattdessen verkünden, sie seien souveräne Bürger und/oder hätten ihr Leben unter komplette Selbstverwaltung gestellt.

Reichsbürger in der Bundesrepublik stehen im Kontakt mit solchen Gleich- oder Ähnlichgesinnten in anderen Teilen der Welt. Ein grenzüberschreitendes informelles Netzwerk zeichnet sich ab. Erfahrungen im Umgang mit den jeweiligen staatlichen Autoritäten werden ausgetauscht. Konkrete Handlungsempfehlungen machen die Runde. Diese Wechselwirkungen über die nationalen Grenzen hinweg stärken die Szene in den jeweiligen Ländern. Auch ihnen ist es zuzuschreiben, dass die Reichsbürger eingangs des 21. Jahrhunderts zumindest eine begrenzte Wirkungsmacht im öffentlichen Leben Deutschlands erlangt haben.

Die Nachbarn lassen grüßen

Den deutschen Reichsbürgern am nächsten sind, was niemanden überraschen kann, ihre Gesinnungsgenossen in Österreich und der Schweiz. Die räumliche Nähe erleichtert ebenso den Austausch wie die gemeinsame Sprache. Nicht genug damit, dass Nachrichten über die Aktivitäten von Reichsbürgern und anderen Staatsleugnern in einem Land nahezu von allein ihren Weg in die Medien der Nachbarländer finden. Auch eigene Verlautbarungen der Aktivisten der Szene bedürfen im gemeinsamen öffentlichen Raum der drei deutschsprachigen Länder keiner Übersetzung, sie sind unmittelbar »konsumierbar« und laden damit zur Weiterverbreitung ein.

Dieser direkte Zugang ist für die Reichsbürger und Selbstverwalter der verschiedensten Schattierungen von enormer Bedeutung. Viel mehr als das geschriebene oder gesprochene Wort können sie schließlich nicht ins Feld führen, wenn sie versuchen, mit juristisch vermeintlich sehr genauen Begründungen dem von ihnen negierten Staat Anerkennung abzutrotzen und mit Veröffentlichungen im Internet neue Anhänger für ihre Bewegung zu gewinnen. Wer einmal die Mühe auf sich nimmt, ein zentrales Dokument der Reichsbürger-Szene wie Klaus Maurers Elaborat »Die ›BRD‹-GmbH oder zur völkerrechtlichen Situation in Deutschland und den sich daraus ergebenden Chancen für ein neues Deutschland« von 2012 im Original zu lesen; wer sich einmal vertieft in die seitenlangen Schreiben an Behörden, in denen Reichsbürger beispielsweise zu begründen versuchen, warum sie ein Bußgeld für Verstöße gegen die Straßenverkehrsordnung nicht zu bezahlen gedenken; wer nachzuvollziehen versucht, wie Reichsbürger aus dem Begriff des Personalausweises die Nichtexistenz des Staates Bundesrepublik ableiten, der wird schnell feststellen: So detailversessen und nicht selten haarspalterisch, wie die Staatsleugner argumentieren, ist jeder Versuch, ihre Beweisketten in den Begrifflichkeiten eines anderen nationalen Umfeldes oder gar einer anderen Sprache zu reproduzieren, eine echte Herausforderung. Die historische, sprachliche und auch kulturelle Nähe Deutschlands, Österreichs und der (Deutsch-)Schweiz ist hingegen eine Einladung auch an die Reichsbürger jeglicher Couleur in den drei Ländern, voneinander zu lernen, Erfahrungen auszutauschen und ihre Aktivitäten zu vernetzen.

Der österreichische Ableger

Gleich nach Deutschland ist Österreich das Land in Europa, in dem die meisten Staatsleugner zu finden sind. Das Innenministerium in Wien schätzte 2016 die Zahl der aktiven Reichsbürger und Selbstverwalter auf 750, Anfang 2017 auf 1100 und zur Jahresmitte bereits auf 1300 Personen, von denen 130 als Waffenbesitzer registriert sind. Weitere 20 000 Personen im Land seien für derartige Ideen zumindest ansprechbar, folgert der österreichische Verfassungsschutz aus der Kommunikation in sozialen Netzwerken und anderen Quellen. Setzt man die Zahl der Aktivisten ins Verhältnis zur Gesamtbevölkerung, ergibt sich eine Größenordnung, die mit deutschen Verhältnissen in jeder Weise vergleichbar ist: In der Bundesrepublik, die knapp zehn Mal so viele Einwohner hat wie das Nachbarland, sprach das Bundesinnenministerium Anfang 2017 von mindestens 10 000 Reichsbürgern.

Die Zersplitterung der Reichsbürger-Szene ist in Österreich kaum kleiner als in der Bundesrepublik. Neben Parteigängern des vermeintlich fortbestehenden Deutschen Reiches (vorzugsweise in seiner großdeutschen Ausprägung unter Einschluss Österreichs) finden sich Souveräne oder Freie Menschen, Verschwörungstheoretiker, Sektenanhänger und Esoteriker; nicht selten sind Rechtsradikale und Antisemiten mit von der Partie. Obendrein ist das Spektrum der Reichsbürger-Spielarten noch um mindestens eine pittoreske Nuance reicher: Ingmar Peitl, der als »Ingmar von/aus Österreich« firmiert und sich als »Ururenkel des deutschen Reichs-, österreichischen Adeligen und italienischen Cavaliere Vittorio Emanuele I., Franz Behaghel von Adlerscron/von Flammerdinghe« ausweist, beansprucht allen Ernstes den Thron der versunkenen k.u.k. Monarchie für sich.

Mit der Abdankung des letzten Kaisers Karls I. 1918 und dem Verzicht von dessen Sohn Otto auf die Nachfolge habe zwar die Dynastie der Habsburger ihre Ansprüche eingebüßt, argumentiert Peitl in einschlägigen Internetforen. Die seit dem Mittelalter bestehende Erbmonarchie sei damit aber noch lange nicht erledigt, sie bestehe im staatsrechtlichen Sinne fort. Die Rechte und Pflichten des Monarchen, so Peitl, seien seinerzeit automatisch auf den obersten General des Reiches übergegangen, seinen Urgroßonkel Viktor Weber Edler von Webenau nämlich. Und im Zuge der Erbfolge sei 1994 er an diese Stelle getreten.

Deutlich mehr Gewicht in der Szene der Staatsleugner hat der *Staatenbund Österreich*, der sich im November 2015 zusammenfand und mit Begriffen der US-stämmigen Bewegung *One People's Public Trust* (OPPT) operiert. Die Anhänger dieser Gruppe werden von den Behörden daher auch nicht als Reichsbürger bezeichnet, sondern als »Freemen«. Das Österreich, das sie zu repräsentieren vorgeben, ist nach ihrer eigenen Darstellung ein Zusammenschluss freier, »souveräner« Menschen und ein »unantastbares, souveränes und absolutes Völkerrechtsobjekt« (dass es nicht Objekt, sondern Subjekt heißen müsste, sei hier nur am Rande bemerkt). Die Republik Österreich hingegen sei nur eine Firma, der kein Österreicher Gefolgschaft schulde.

Die *Staatenbündler* begründen ihre Theorie von der Nichtexistenz des österreichischen Staates bis ins Detail mit den gleichen

Argumenten wie jene deutschen Reichsbürger, die die Bundesrepublik auf eine Firma reduzieren wollen. Doch es ist nicht die Qualität der juristischen Beweisführung, die den *Staatenbund* zu etwas Besonderem in der österreichischen Staatsleugner-Szene macht, sondern seine Struktur. In ihm sind neun Untergruppen aus dem ganzen Land zusammengeschlossen; neun Gruppen, die jede für sich die Eigenbezeichnung Staat verwenden und nicht nur dem Namen nach mit den neun österreichischen Bundesländern identisch zu sein beanspruchen. Damit gilt der *Staatenbund* als die bisher erfolgreichste Strömung in der Szene der Staatsleugner Österreichs.

Geführt wird der *Staatenbund* von Monika Unger, einer Landwirtin aus der Steiermark, die neben diversen anderen Titeln das Amt einer Präsidentin auf Lebenszeit beansprucht. Auf Vorträgen, mit denen sie regelmäßig Dutzende, manchmal sogar Hunderte Neugierige anzulocken versteht, fabuliert sie von der Verschwörung der Mächtigen gegen die »kleinen Leute« und von Milliardensummen auf einem Treuhandkonto, die »der Vatikan, die City of London und Washington DC« jedem einzelnen Menschen widerrechtlich vorenthielten. Im Oktober 2016 erließ sie ein »Regelwerk« als Verfassung ihres *Staatenbundes*. In einem Schreiben vom 21. Januar 2017 forderte sie das österreichische Bundesheer auf, den *Staatenbund* als neuen Gesetzgeber Österreichs anzuerkennen, als »Weltbrandstifter« titulierte Politiker zu verhaften und dafür zu sorgen, dass der Übergang »so friedlich wie möglich« vonstattengehe.

»Papierterrorismus«

Wer mit den Verlautbarungen deutscher Reichsbürger vertraut ist, wird in Ungers Äußerungen nicht viel Neues erkennen können: Vieles sind einfach Versatzstücke, die nur neu zusammengefügt wurden. Auch die reichsbürgerliche Praxis dies- und jenseits der Grenze unterscheidet sich kaum. Was im einen Land Erfolg oder zumindest öffentliche Aufmerksamkeit verheißt, wird im anderen Land kopiert.

Wie die verschiedenen deutschen Reichsbürger-Gruppierungen vertreibt auch der *Staatenbund Österreich* selbst gestaltete

Personaldokumente, Führerscheine und Autonummernschilder und lässt sich dafür bezahlen: »Zehn Euro für den Beitritt zum Staatenbund, 50 Euro für einen Diplomatenpass«, berichtet das Nachrichtenmagazin »Profil«. Ebenso wie die deutschen Reichsbürger lockt auch Unger Leichtgläubige an mit dem Versprechen, als Bürger ihres Bundes müssten sie keine Steuern, Abgaben und Strafmandate mehr bezahlen. Hier wie dort wenden die Reichsbürger beziehungsweise Freemen die berüchtigte Malta-Masche an, um missliebige Beamte unter Druck zu setzen: Sie reklamieren bei einem Schuldenregister in den USA die Zahlung angeblich ausstehender Bußgelder, schalten ein Inkassounternehmen auf Malta ein und zwingen so die Betroffenen, Zeit, Kraft und Geld in die Abwehr der drohenden Strafmaßnahmen zu investieren. Wie die Reichsbürger in Deutschland überschütten auch ihre Gesinnungsgenossen in Österreich Ämter und Behörden mit unzähligen Eingaben und anderen umfänglichen Schriftstücken – ein Vorgehen, das Innenminister Wolfgang Sobotka von der konservativen ÖVP als »Papierterrorismus« bezeichnet hat.

Diese deutsch-österreichischen Parallelen überraschen umso weniger, wenn man um die direkte Verflechtung der Reichsbürger-Gruppen in beiden Ländern weiß: Monika Unger stand bereits vor der Gründung ihres *Staatenbundes Österreich* im engen Kontakt mit Dagmar Tietsch, einer früheren Mitstreiterin des bundesdeutschen Reichsbürger-Gründervaters Wolfgang Ebel, die sich 2014 selbst zur »Vorläufig amtierenden Reichskanzlerin« aufschwang und fortan von Abbenrode im Nordharz aus mit einer *Kommissarischen Reichsregierung* den *Reichsverfassungsrechtlichen Staat Deutsches Reich* zu vertreten beanspruchte. Und so wie Unger aus dem Erfahrungsschatz der bundesdeutschen Reichsbürger schöpfen konnte, strahlt ihr eigener *Staatenbund Österreich* auch nach Deutschland aus. Wie die Wochenzeitung »Die Zeit« berichtete, haben in Bayern, Schleswig-Holstein und Baden-Württemberg bereits Staatsleugner für ihre Länder die Souveränität ausgerufen und suchen nun nach Mitstreitern in den anderen 13 »Staaten« Deutschlands.

Unger indes könnte als Führungsfigur der österreichischen Reichsbürger-Szene für längere Zeit ausfallen. Als ihr *Staatenbund* im April 2017 ein »Völkerrechts-Gericht« gegen Polizisten, Richter und Gerichtsvollzieher anberaumte und ankündigte, dafür Räumlichkeiten des Grazer Landesgerichts quasi zu beschlagnahmen, nahm die Polizei in einer Großrazzia sie und 25 weitere Führungsmitglieder ihrer Gruppe fest. Die gegen sie erhobenen Vorwürfe lauten Widerstand gegen die Staatsgewalt, Nötigung, gefährliche Drohung, Erpressung und gewerbsmäßig schwerer Betrug. Im Falle einer Verurteilung könnte Unger eine Haftstrafe drohen. Ob dem *Staatenbund Österreich* unter diesen Umständen ein längeres Dasein beschieden sein wird, ist eher ungewiss.

Schwere Nötigung

Ebenfalls im Kontext der OPPT-Bewegung agierte in Österreich der *International Common Law Court of Justice Vienna* (ICCJV). Laut Eigendarstellung ist der ICCJV ein »für die Menschen tätiger internationaler Gerichtshof«, der sich die Aufgabe gestellt habe, »als Schlichter, Beobachter, Bewahrer und Hüter der Menschenrechte und des Völkerrechts zu fungieren«. Diese Vereinigung hatte das Potenzial, zu einer echten Bedrohung des Zusammenlebens in der Gesellschaft zu werden – und nicht etwa wegen der »Haftbefehle« gegen die neun Landeshauptleute Österreichs und weitere Politiker, die der ICCJV wegen »Verbrechen gegen die Menschlichkeit und Sklaverei« erließ.

Ausgetragen wurde dieser Konflikt im niederösterreichischen Waldviertel, wo eine OPPT-Anhängerin, die als Masseurin arbeitete, zunehmend in wirtschaftliche Schwierigkeiten geriet. Sie häufte hohe Schulden an und konnte ihren Hof nicht mehr halten, und als sie in psychiatrische Behandlung eingewiesen wurde, setzten die Behörden eine Rechtsanwältin als Betreuerin – im österreichischen Behördendeutsch: Sachwalterin – für sie ein. Selbst ernannte ICCJV-Sheriffs bedrängten daraufhin die Juristin auch körperlich: Mehrfach erschienen sie bei ihr zu Hause, um sie zu einer Gerichtsverhandlung vorzuladen und einen selbst ausgestellten Haftbefehl zu vollstrecken. Sie habe eineinhalb Jahre lang in Todesangst gelebt, sagte die Frau später aus.

Als das ICCJV im Juli 2014 in Waidhofen ein »Volkstribunal« gegen die Anwältin anberaumte und dafür nicht weniger als

200 Sympathisanten zusammenbrachte, griff die Polizei durch. 40 Personen wurden festgenommen, acht als Rädelsführer vor Gericht gestellt. Sechs von ihnen wurden im April 2017 wegen schwerer Nötigung, beharrlicher Verfolgung und Amtsanmaßung zu Freiheitsstrafen bis zu 20 Monaten verurteilt.

Österreichs Justiz, so zeigte sich, verfügte durchaus über das nötige Instrumentarium, um den Staatsleugnern ihre Grenzen aufzuzeigen.

Die Regierung in Wien gab sich damit jedoch nicht zufrieden und brachte eine Verschärfung des Strafrechts auf den Weg, um den Behörden eine noch bessere Handhabe gegen die wachsende Reichsbürger-Szene zu verschaffen. Der letzte Anstoß dazu kam aus Deutschland, wo im fränkischen Georgensgmünd im Oktober 2016 ein Reichsbürger einen Polizisten durch einen Schuss tödlich verletzt hatte – ein Vorfall, der auch in Österreich auf großen Widerhall stieß.

Der neue Paragraf 247a StGB – Staatsfeindliche Bewegung – bedroht nun Mitglieder von Gruppen, »deren Zweck es ist, (…) die Vollziehung von Gesetzen, Verordnungen oder sonstigen hoheitlichen Entscheidungen der Behörden zu verhindern«, mit bis zu zwei Jahren Haft. Strafbar ist bereits die Mitgliedschaft in einer solchen Bewegung. Weil der Vorwurf, sie blockierten den Vollzug von Behördenentscheidungen, allzu leicht auch gegen andere Gruppen wie etwa Umweltschützer ins Feld geführt werden könnte, spezifiziert der Paragraf noch einmal, wer tatsächlich gemeint ist: Gruppen nämlich, »die darauf ausgerichtet (sind), die Hoheitsrechte der Republik Österreich (…) rundweg abzulehnen oder sich fortgesetzt die Ausübung solcher oder behaupteter Hoheitsrechte selbst anzumaßen«. Reichsbürger also.

Nachzutragen bleibt ein Detail: Monika Unger, Gründerin des *Staatenbundes Österreich*, hatte zuvor mehrere Jahre lang für die rechtspopulistische FPÖ in der Steiermark Lokalpolitik gemacht und dafür offenbar auch entsprechende Schulungen durch ihre Partei erhalten. Eine parteipolitische Vergangenheit haben auch Marcus Steiner, der 2014 die Internet-Domain für den ICCJV registrieren ließ, und Wolfgang Empacher, der ebenfalls 2014 Haftbefehle des Pseudo-Gerichts unterzeichnete. Beide waren in führenden Positionen für das *Bündnis Zukunft Österreich* (BZÖ) aktiv, das 2005 von Jörg Haider als Abspaltung von der FPÖ gegründet worden war, nach dessen Tod aber zur Kleinpartei schrumpfte. Steiner trat noch 2013 für das BZÖ in Kärnten zur Nationalratswahl an, Empacher in Wien. Das BZÖ schloss beide aus, als ihre reichsbürgerliche Betätigung bekannt wurde. Dennoch stellt sich die Frage, wie viele Sympathisanten der Staatsleugner weiterhin in den Reihen der österreichischen Rechtsaußen-Parteien Politik machen.

Ein Model(l)hof in der Schweiz

Nach dem Gerichtsverfahren gegen die Reichsbürger-Aktivisten von Waidhofen war vom ICCJV in Österreich nicht mehr viel übrig. Doch erledigt war die Gruppe damit noch keineswegs. Um dem Druck der Justiz zu entgehen, hatte sie zu diesem Zeitpunkt bereits ihren Sitz ins Ausland verlagert: in die Schweiz nämlich, das dritte Land neben Österreich und Deutschland, für das sie juristische Zuständigkeit beansprucht. Dort ließ sie auch eine *International Intelligence Agency* (IIA) mit angeblichen Geheimdienstaufgaben sowie eine *Sheriff Association* als Verein ins Handelsregister eintragen. Zum »Erledigen von Gerichtsaufträgen«, war auf der Internetseite des ICCJV nachzulesen, sollten diese Sheriffs »geladene Waffen offen oder verdeckt« tragen. Schweizer Zeitungen berichteten übereinstimmend von einer Art Patrouillengängen der selbst ernannten Ordnungshüter in der Gemeinde Müllheim im Kanton Thurgau. Ein einschlägig bekannter österreichischer Reichsbürger, der an einer Schulung in dem 2600-Seelen-Dorf teilgenommen hatte, posierte gar mit einer Waffe, wie das »St. Galler Tagblatt« mitteilte. Der ICCJV machte in der Schweiz also genau dort weiter, wo er in Österreich aufgehört hatte.

Gastgeber des ICCJV in Müllheim und nach eigenen Angaben Friedensrichter an dem Gericht ist der wohl bekannteste Schweizer Reichsbürger-Aktivist: Daniel Model, promovierter Ökonom und Mitinhaber eines alteingesessenen Familienunternehmens aus der Verpackungsbranche, dessen Vermögen laut »Tagesanzeiger« auf 200 bis 300 Millionen Franken geschätzt wird. Für einen zweistelligen Millionenbetrag errichtete er in Müllheim den nach ihm selbst benannten Modelhof, in dem für die Öffentlichkeit

Konzerte und Vorträge veranstaltet werden. Daneben stellt er aber auch Räumlichkeiten für den ICCJV und andere dubiose Vereine zur Verfügung – zur Miete, wie er erklärt. Und er propagiert seine Idee von *Avalon*, seinem eigenen Staat, den er 2006 ausrief.

Was Model stört am real existierenden Gemeinwesen der Schweiz, hat er in einer Reihe von Interviews und Verlautbarungen ausführlich erklärt. Sein Missfallen hat zuallererst persönliche Motive: Die »Einschränkungen der Verfügungsgewalt über mein Eigentum« wüchsen »markant«, beklagt er sich über einen Staat, der dem ungebändigten Wirken der Marktkräfte immerhin die eine oder andere Grenze setzt.

Doch Model bleibt an dieser Stelle nicht stehen, er wird grundsätzlich. Alle Sozialstaaten, postuliert er, seien eine Produktionsstätte von Illusionen, sie saugten ihre Bürger aus und machten sie zu Abhängigen. Statt auf die Fähigkeiten und die Kraft des Einzelnen zu vertrauen, kultiviere der Staat Misstrauen und Bequemlichkeit, zitierte ihn die Zeitschrift »Beobachter«. Der Sozialstaat »fördert eine Opferkultur und nährt damit die Untugend, auf Kosten anderer leben zu wollen«. Mit einer solchen ultraliberalen Weltsicht steht Model, zumal in Unternehmerkreisen, bekanntlich nicht allein da.

Seinen Gegenentwurf *Avalon* beschreibt Model so: »In Avalon werden Tugenden wie Unvoreingenommenheit gepflegt, der gesunde Menschenverstand soll walten, die Freiheit ist ein Ideal, selbständiges Denken Ziel der Bildung. Es soll niemand Zwang auf andere ausüben, das Privateigentum ist gewährleistet, es gibt keine Staatsmonopole, und grundsätzlich gilt: ›no politics‹.« Staatsbürger von *Avalon* aber soll nur sein dürfen, wen er selbst dazu erklärt. Denn *Avalon* sei keine Demokratie, sondern eine Meritokratie, eine Herrschaft nicht des Volkes, sondern der Fähigsten. In der Demokratie nämlich könnten »durch das alles dominierende Majoritätsprinzip ohne Qualifikationserfordernisse an die Stimmberechtigten (…) niedere Beweggründe wie Neid, Missgunst und andere Ressentiments ›bewirtschaftet‹ werden, die – ganz ›legal‹ – zu Diebstahl an wirtschaftlich besser Gestellten führen«.

Der Staat, der böse Tyrann

Über sein Heimatland Schweiz schreibt Model in einer auf September 2015 datierten Unabhängigkeitserklärung: »Die von mir lange angenommene wohlwollende Tyrannei ist einer bösen Tyrannei gewichen, welche gegenüber den Staatsangehörigen Zwänge und Abhängigkeiten schafft, die dieselben Züge der Sklaverei aufweist, wie jene, die seit langem schon als verboten und abgeschafft gilt.« Seine Folgerung: »Ich erkläre mich hiermit als souveränes Individuum, dem niemand ohne meine Zustimmung Rechte und Pflichten auferlegen kann (…) Ich erkläre hiermit, dass ich nicht als Mitglied einer Vereinigung, Gemeinschaft oder Gesellschaft irgendwelcher Art gelten möchte, welcher ich nicht ausdrücklich beigetreten bin. Diese Erklärung richtet sich an alle Individuen und Gruppen jeglicher Art, insbesondere aber an kriminelle Vereinigungen und Staaten, die so tun, als ob sie mir ohne meine Zustimmung Verpflichtungen auferlegen könnten.«

Nicht nur mit seiner Eloquenz ragt Model aus der Masse der Schweizer Reichsbürger hinaus. Der Modelhof als eigenes (wenn auch sehr überschaubares) Staatsgebiet, als Währung eigene Feinsilber-Münzen mit seinem Profil, ein eigener bewaffneter Wachschutz ohne jegliche behördliche Genehmigung: Niemand sonst in der Schweiz hat den Anspruch, tatsächlich einen eigenen Staat zu verkörpern, so weit getrieben wie er.

Bei alledem bleibt Model realistisch genug, nicht alle Brücken hinter sich abzubrechen. Sein Unternehmen zahlt selbstverständlich die in der Schweiz fälligen Steuern, obwohl er selbst diesem Staat doch jede Zuständigkeit für seine Person abspricht. Auch in der Wortwahl ist er vorsichtiger geworden, seit sich die Justiz mit ihm und seinem Modelhof beschäftigt: Sein *Avalon* bezeichnete er zuletzt lieber als eine spirituelle Idee, die sich »eines Tages als etwas manifestieren können« werde, »was wir heute ›Staat‹ nennen«. Geraten die Interessen des Reichsbürgers Model in Konflikt mit denen des Geschäftsmannes Model, hat der Geschäftsmann wohl die besseren Karten in der Hand.

Was die Reichsbürger in der Schweiz darüber hinaus in der Öffentlichkeit unternehmen, lässt sich weder in der Außenwirkung ihrer Aktionen noch in ihrem Anspruch mit dem Modelhof vergleichen. Wenn im Kanton Wallis und anderswo Autofahrer mit selbst gefertigten Nummernschildern verkehren; wenn in Graubünden ein einzelner Reichsbürger erklärt, der Kanton sei lediglich ein Verein und könne daher keine Steuern erheben; wenn »Mensch Bernard«, wie er sich selbst nennt, auf seiner Facebook-Seite »Die Schweiz ist auch nur ein Verein« Verschwörungstheorien verbreitet: Die Öffentlichkeit im Lande sieht in solchen Aktivitäten eher ein Kuriosum oder bestenfalls ein Ärgernis. Als wirkliche Bedrohung der Gesellschaft werden die Staatsleugner bislang nicht wahrgenommen.

Die Behörden bekommen aber bereits zu spüren, dass auch in der Schweiz die Reichsbürger-Idee an Zuspruch gewinnt. So musste im April 2016 in Aarau eine wegen eines Verkehrsdelikts anberaumte Gerichtsverhandlung abgebrochen werden, weil rund 40 Reichsbürger-Sympathisanten den Prozess störten, gemeinsam mit dem Angeklagten die Legitimation des Richters infrage stellten und die Schweizer Bundesverfassung für nichtig erklärten. Erst bei einem zweiten Gerichtstermin konnte schließlich ein Urteil gesprochen werden.

Das geschilderte Verfahren richtete sich gegen Markus Zimmermann, Anhänger des OPPT-Konzepts »souveräner« Bürger und eines der 14 Gründungsmitglieder der *Heimatgesellschaft Aargau*. Relevant ist diese esoterisch angehauchte Gruppe nicht nur wegen ihrer nachgewiesenen Mobilisierungsfähigkeit. Ihre Mitglieder sind auch grenzüberschreitend aktiv.

Wie schon die Lektüre ihrer Gründungsurkunde vom November 2015 verrät, ist die *Heimatgesellschaft* aus dem an Deutschland angrenzenden, zwischen Basel und Zürich gelegenen Kanton Aargau eine Art Schweizer Filiale des *Heimatbundes der Menschen*, der vor allem in Südwestdeutschland angesiedelt ist. Thomas Dux alias »Menschensohn Dux thomas von Siegerland«, Spiritus Rector des *Heimatbundes* und Inhaber diverser selbst verliehener Ämter und Titel, beglaubigt dort, »daß die Unterschriften der Männer und Weiber, aus der Heimatgemeinde Aargau in Meiner Gegenwart vollzogen ist«. Dux wiederum hat sein ideologisches Rüstzeug überwiegend bei dem Reichsbürger-Multifunktionär Selim Sürmeli aus Stade entlehnt. Man kennt sich, man tauscht sich aus.

Und man erweist sich gegenseitig die Wertschätzung, die die Umwelt den Reichsbürgern ansonsten versagt. So belehnte der von bundesdeutschen Reichsbürgern dominierte *Heimatbund* den Schweizer Markus Zimmermann mit dem Chefposten eines »Amtes für Struktur und Zusammenarbeit«. Extra für seinen Aargauer Mitstreiter Urs Surbeck, der ein Basenkonzentrat vertreibt, mit dem laut Eigenwerbung dem Leitungswasser seine »natürliche bioenergetische Struktur-Energie« zurückgegeben wird, wurde ein »Amt für Wasser mit Bewusstsein« geschaffen. Spötter mögen sich jetzt erkundigen, was Surbeck in einem solchen Amt eigentlich tut, doch die Frage geht am Kern der Sache vorbei. In einem Milieu wie diesem ist allein das psychologische Moment von Bedeutung: Wer einen solchen Posten verliehen bekommt oder gar selbst verleihen darf, der kann sich aufgewertet fühlen gegenüber allen anderen, den Nicht-Eingeweihten, Nicht-Erleuchteten. Daraus entstehen Loyalitäten, die dann an anderer Stelle wieder abgerufen werden können.

Auch und gerade dort, wo ansonsten Distanzierung geboten wäre. Zum Beispiel gegenüber einem Mitstreiter wie Heino Fankhauser alias »Mensch Heino«. Fankhauser ist nicht nur gemeinsam mit drei weiteren Gründungsmitgliedern der *Heimatgesellschaft Aargau* in dem erwähnten ICCJV aktiv, seit dieser seinen Sitz aus Österreich in die Schweiz verlegte. Er bedient auch klassische antisemitische Verschwörungstheorien. So machte er in einem Vortrag vom November 2016, den er auf seiner Internetseite »cine12.ch« verbreitete, zunächst die internationalen Großbanken ganz allgemein für die Missstände auf der Welt verantwortlich, um dann als größte (und schlimmste) von allen die Vatikanbank zu nennen, die – so Fankhauser – der jüdischen Familie Rothschild gehöre. Doch auch solche Ausfälle, so scheint es, sind für Schweizer Reichsbürger kein hinreichender Grund, einem der Ihren die Tür zu weisen.

Freie Männer in den USA

In den anderen Ländern Europas ist das Ausmaß reichsbürgerlich anmutender Aktivitäten bislang deutlich geringer als in Deutschland, Österreich oder der Schweiz. Von den Zweigstellen etwa, die der ICCJV nach eigener Darstellung in Italien, Tschechien, der Slowakei und Estland eingerichtet hat, sind bisher kaum nennenswerte Aktionen zu verzeichnen. Die Einrichtung neuer Filialen in Polen und Frankreich, die der Pseudo-Gerichtshof auf seiner Homepage angekündigt hat, lässt auf sich warten. Insgesamt aber ist die Zahl der Staatsleugner auf dem Kontinent weiter im Wachsen – und die Zahl der Länder, in denen sich entsprechende Gruppen formieren, ebenfalls.

Gemeinsamer Ausgangspunkt für die allermeisten Aktivisten ist allerdings nicht die spezifisch deutsche Reichsbürger-Idee, sondern das Konzept des freien Menschen (Freeman). Es existiert in verschiedenen Versionen und mit diversen Erweiterungen, geht im Kern aber stets davon aus, dass der Mensch ein komplett selbstbestimmtes Wesen ist oder sich für souverän erklären kann, indem er den vermeintlich bestehenden Vertrag zwischen ihm und seinem Herkunftsstaat aufkündigt. Im einen wie im anderen Fall müsse er anstelle bestehender Gesetze nur noch das sogenannte Naturrecht anerkennen. Entstanden war diese Idee in einem Land, das der Freiheit des Individuums huldigt wie kein zweites auf der Welt: in den USA.

Die Anfänge der dortigen *Freemen-Bewegung* lassen sich bis in die 1970er- und 1980er-Jahre zurückverfolgen. Unmittelbarer Vorläufer war die 1969 gegründete rechtsextreme Organisation *Posse Comitatus,* die ein gleichnamiges, wenige Jahre nach Ende des US-amerikanischen Bürgerkrieges erlassenes Gesetz umdeutete und allen staatlichen Autoritäten oberhalb des in den Counties direkt gewählten Sheriffs jede Autorität absprach. Ihre Mitglieder gehörten zu den Ersten, die staatliche Dokumente ablehnten, Fantasiedokumente entwarfen und die Behörden mit Hunderte Seiten langen Eingaben behelligten – Praktiken, die später auch die deutschen Reichsbürger übernahmen.

Da auch in den USA die Staatsleugner-Bewegung sehr heterogen ist und eine Abgrenzung zu anderen fundamentalistischen

Strömungen oft schwerfällt, ist es schwierig, ihre heutige Anhängerschaft zu schätzen. Das von Bürgerrechtlern betriebene *Southern Poverty Law Center* (SPLC) stufte 2010 rund 100 000 US-Bürger als »Hardcore-Souveränisten« ein. Weitere 200 000 Menschen testeten bereits aus, ob sich die Techniken der Selbstverwalter ausnutzen ließen, um sich dem Zugriff der Behörden zu entziehen – ob es nun um einen Strafzettel wegen zu schnellen Fahrens ging oder um Drogendelikte.

Steuerverweigerer und Terroristen

Die US-Bundespolizei FBI wies in einem schon 2011 veröffentlichten, im Wesentlichen aber bis heute aktuellen Leitfaden darauf hin, dass es ein Fehler wäre, die »Souveränen Bürger« als Anarchisten zu katalogisieren. Sie bildeten in der Regel keine Miliz, wenngleich sie gelegentlich illegal Waffen kauften oder einsetzten. »Sie operieren vielmehr als Individuen ohne eine feste Führung. Sie kommen nur in locker verbundenen Gruppen zusammen, um zu üben, einander beim Verfassen von Schriftstücken zu helfen oder um in Gesellschaft über ihre Ideologie zu reden.«

Der momentan wohl prominenteste Staatsleugner der USA ist Winston Shrout. Jahrelang propagierte er auf Vortragsreisen im In- und Ausland und per Internet seine Theorien, warum der Staat keine Autorität über die Menschen habe, und versorgte seine Anhänger zugleich mit konkreten Handlungsanleitungen. Obwohl er nach eigenem Bekunden bereits seit 20 Jahren keine Steuern mehr zahlte, dauerte es bis zum Frühjahr 2017, ehe er vor Gericht gestellt und für schuldig befunden wurde.

Vor ihm waren bereits ungezählte andere Staatsleugner in den USA mit der Justiz in Konflikt geraten und verurteilt worden für Delikte wie Betrug, Geldwäsche oder eben Steuerhinterziehung. Doch in einem Land mit derart lockeren Waffengesetzen wie den USA erlangt der Konflikt zwischen der Staatsmacht und ihren Herausforderern schnell noch eine weitere Dimension. Sechs Polizeibeamte, berichtete das FBI in dem genannten Leitfaden, seien zwischen 2000 und 2011 in der Ausübung ihres Dienstes von »Souveränen Bürgern« getötet worden. Genannt wird unter anderem ein Zwischenfall im Bundesstaat Arkansas 2010, bei dem ein radikaler Souveränist und dessen 16-jähriger Sohn zwei Beamte erschossen, nur weil diese sie bei einer Routinekontrolle an einer Fernstraße angehalten hatten.

Vom FBI namentlich erwähnt wird auch Terry Nichols, ebenfalls ein selbst erklärter »Souveräner Bürger«, der 1995 gemeinsam mit Timothy McVeigh ein Bürogebäude der Regierung in Oklahoma City in die Luft sprengte und dabei 168 Menschen tötete. McVeigh, der mit seiner Tat zum Helden der rechtsextremen Szene aufstieg, wurde später hingerichtet, Nichols dagegen entging der Todesstrafe und erhielt lebenslange Haft. »Nach Ansicht des FBI schließen die extremistischen Souveränen Bürger eine einheimische terroristische Bewegung ein«, schreibt die Bundespolizei. Wann immer jemand ihre Ideologie infrage stelle, bestehe die Gefahr, dass diese Personen gewalttätig würden.

Von Kanada bis Neuseeland

Außerhalb der USA findet die Freemen-Theorie in Kanada die meisten Anhänger. Als ihr Guru gilt Dean Clifford aus Manitoba, der ähnlich wie Shrout in Vorträgen und vor allem per Internet seine Weltsicht verbreitet und sich dabei auch durch diverse Gerichtsverfahren nicht stoppen lässt. Landesweit seien 30 000 Personen den Staatsleugnern zuzurechnen, schätzte 2013 die renommierte Law Society der Provinz British Columbia. Unter ihnen, konstatiert die in Toronto erscheinende Zeitung »National Post«, seien bemerkenswert viele Angehörige der Squamish Nation und der anderen kanadischen Indianervölker – ein deutlicher Unterschied zu den USA, wo sich vor allem Parteigänger der rassistischen »White Supremacy«-Bewegung und andere politisch rechtsaußen verortete Personen den Staatsleugnern anschlössen.

Auch in anderen, zumeist englischsprachigen Ländern haben die Freemen beziehungsweise »Souveränen Bürger« Anhänger gefunden. Im englischen Norfolk wurde 2010 ein Mann zu einer Haftstrafe auf Bewährung verurteilt, der keine Steuern bezahlen wollte mit der Begründung, er habe seinen Vertrag mit dem Vereinigten Königreich schriftlich gekündigt und sei damit nicht länger dessen Bürger. Im irischen County Wexford stand 2011 ein Mann vor Gericht, der als »Souveräner Bürger« die fälligen Versicherungen für sein Auto nicht bezahlt hatte. Im walisischen Pembrokeshire musste ebenfalls 2011 ein Mann für mehrere Tage in Haft, weil er sich als Freeman geweigert hatte, sich einem Blutalkoholtest zu unterziehen.

In Neuseeland wurde 2013 eine Frau zu 200 Stunden gemeinnütziger Arbeit verurteilt, weil sie Ratschlägen des Freemen-Ablegers *One People's Public Trust* (OPPT) gefolgt war und im Vertrauen auf ein ihr angeblich zustehendes Millionenguthaben ungedeckte Schecks über 60 000 Dollar ausgestellt hatte. In Australien sieht sich Malcolm Roberts, seit 2016 Senator für die rechtspopulistische Partei *One Nation,* dem Vorwurf ausgesetzt, in der Vergangenheit souveränistische Thesen vertreten zu haben.

In Norwegen hat die frühere Englischlehrerin Ingunn Røiseland, die sich nach dem Vorbild anderer Selbstverwalter einen neuen Namen gegeben hat und nun nach ihrer Mutter Ingunn Sigurdsdatter genannt werden möchte, eine Gruppe von »frimenn« um sich geschart. Auch diese »Souveränen Bürger« belästigen die Behörden mit einer Flut von brieflichen und telefonischen Eingaben, in denen sie dem Staat die Legitimität absprechen.

Ein globales Netzwerk

Dass es direkte Verbindungen zwischen einzelnen dieser Staatsleugner-Gruppen und ihren Gesinnungsgenossen gibt, steht außer Zweifel. Zu den Anführern der Reichsbürger-Gruppe in Österreich, die 2014 in Waidhofen ihr »Volkstribunal« abhalten wollte, gehörte auch ein US-Bürger, der sich Terrance O'Connor, übersetzt: Souverän O'Connor, nennt. Er saß zwei Monate in Untersuchungshaft und beantragte nach seiner Freilassung in Österreich politisches Asyl, wurde Anfang 2017 jedoch in die USA abgeschoben. Wolfgang Ebel, Nestor der deutschen Reichsbürger-Szene, unterhielt Kontakte zu dem von Rassisten und Verschwörungstheoretikern in den USA herausgegebenen Wochenblatt »American Free Press«, das ganz ähnliche Feindbilder verbreitet wie die dortigen Staatsleugner. In Gold- oder Silbermünzen bezifferte Bußgeldforderungen, die bundesdeutsche, österreichische und Schweizer Reichsbürger aufzustellen pflegen, haben ihren Ursprung erkennbar nicht im mitteleuropäischen, sondern im nordamerikanischen Kulturraum. In der im Internet abrufbaren »Völkerrechtlich verpflichtenden, ergänzenden Erklärung zur Proklamation meiner Selbstverwaltung«, in die der Neu-Reichsbürger nur noch Datum, Vor- und Familiennamen eintragen muss, steht vor dem Namen die Floskel »natürlich beseelter Mensch« – in Anlehnung an die Formel der US-amerikanischen Staatsleugner »sovereign living soul«.

Man muss kein Prophet sein, um vorherzusagen, dass die internationale Vernetzung zwischen Reichsbürgern und Souveränisten verschiedenster Couleur in absehbarer Zukunft weiter zunehmen wird. Die Digitalisierung verhilft schließlich auch Verschwörungstheoretikern zu früher ungeahnten Möglichkeiten der Kommunikation. Auch die Staatenleugner nehmen aktiv an der Globalisierung teil.

Nicht jede reichsbürgerliche Theorie, nicht jede praktische Vorgehensweise ist von einem Land auf ein anderes übertragbar, schon gar nicht von Nordamerika nach Europa oder umgekehrt. Zu groß sind die politischen, soziokulturellen und historischen Differenzen. Dennoch verläuft vieles auf parallelen Bahnen – wenn auch gelegentlich zeitversetzt, in der Bundesrepublik zehn bis 15 Jahre später als in den USA, wie Trystan Stahl und Heiko Homburg in einem Aufsatz im »Handbuch Reichsbürger« konstatieren, das 2015 vom Potsdamer Institut *Demos* herausgegeben wurde.

Ob in den Behörden, ob in der Zivilgesellschaft: Wer in Deutschland den Reichsbürgern mit Erfolg entgegentreten will, wird nicht umhinkommen, sich auch mit ihren Gesinnungsgenossen im europäischen Ausland und in Übersee zu befassen. Dann wachsen auch die Chancen, sie irgendwann wieder in die Bedeutungslosigkeit abzudrängen.

Anhang

Literatur

Die Webbeiträge, Flugschriften und Artikel aus der Reichsbürger-Bewegung werden in den Kapiteln direkt mit Quellenangaben zitiert. Die Berichte der Verfassungsschutzbehörden und -ämter sowie die Parlamentarischen Anfragen in Bundes- und Landtagen werden ebenso in den Kapiteln angeführt wie Artikel und Berichte aus Zeitungen und Fernsehsendungen.

Arendt, Hannah (1986): Elemente und Ursprünge totaler Herrschaft. München.

Adorno, Theodor W.; Horkheimer, Max (1992): Dialektik der Aufklärung. Frankfurt am Main.

Bauman, Zygmunt (2005): Moderne und Ambivalenz. Hamburg.

Beckmann, Jörn; Lamberty, Pia; Seidler, Felix F. (2017): Der Reichsbürger Leitfaden. Berlin.

Begrich, David (2014): Reichsidee und Reichsideologie der extremen Rechten. In: Ministerium für Inneres und Sport des Landes Sachsen-Anhalt (Hg.): Reichsbürger. Sonderlinge oder Teil der rechtsextremen Bewegung? Tagungsband zur Fachtagung am 8. Oktober 2014, Fachhochschule Polizei Sachsen-Anhalt. Magdeburg.

Behörde für Inneres, Landesjugendbehörde Hamburg (2006): Brennpunkt Esoterik, Hamburg, online unter: http://www.agpf.de/Brennpunkt-Esoterik-HH2006.pdf , heruntergeladen am 13. 8. 2017.

Behrend, Georg (2001): Mordversuch in der Linie 48 – Aus dem Leben des amtierenden deutschen Reichskanzlers Wolfgang Gerhard Günter Ebel. In: Titanic, Nr. 1.

Bergmann, Werner; Erb, Rainer (1986): Kommunikationslatenz, Moral und öffentliche Meinung. Theoretische Überlegungen zum Antisemitismus in der Bundesrepublik Deutschland. In: Kölner Zeitschrift für Soziologie und Sozialpsychologie, Nr. 2.

Bierl, Peter (2004): Schwundgeld, Menschenzucht und Antisemitismus. Die Tauschringe, die Lehre des Silvio Gesell und die Antiglobalisierungsbewegung, online unter: http://www.rote-ruhr-uni.com/texte/bierl_tauschring.pdf, heruntergeladen am 13.8.2017.

Bierl, Peter (2012): Schwundgeld, Freiwirtschaft und Rassenwahn. Kapitalismuskritik von rechts: Der Fall Silvio Gesel, Hamburg.

Bitzan, Renate (2016): Geschlechterkonstruktionen und Geschlechterverhältnisse in der extremen Rechten. In: Virchow, Fabian; Langebach, Martin; Häusler, Alexander (Hg.): Handbuch Rechtsextremismus. Wiesbaden.

Breuer, Stefan (1993): Anatomie der Konservativen Revolution. Darmstadt.

Breuer, Stefan (2008): Die Völkischen in Deutschland. Darmstadt.

Büsch, Otto; Furth, Peter (1967): Rechtsradikalismus im Nachkriegsdeutschland. Studien über die »Sozialistische Reichspartei« (SRP). Wiesbaden.

BT Drs. 18/11970 (2017): Drucksache des Deutschen Bundestages 18/11970 vom 7. April 2017. Bericht des Unabhängigen Expertenkreises Antisemitismus.

Caspar, Christa; Neubauer, Reinhard (2012): Durchs wilde Absurdistan oder: Wie Reichsbürger den Fortbestand des Deutschen Reichs beweisen wollen. In: LKV-Datenbank, S. 539 ff.

Caspar, Christa; Neubauer, Reinhard (2017): »Ich mach' mir die Welt, wie sie mir gefällt« – Reichsbürger in der real existierenden Bundesrepublik Deutschland. In: LKV-Datenbank.

Christophersen, Thies (1978): Die Auschwitz-Lüge. Ein Erlebnisbericht. Unter Mitarbeit von Manfred Roeder. 8., erweiterte Auflage. Lausanne.

Correctiv (Hg.) (2017): Schwarzbuch AfD. Fakten, Figuren, Hintergründe. Essen.

Culina, Kevin; Fedders, Jonas (2016): Im Feindbild vereint. Zur Relevanz des Antisemitismus in der Querfront-Zeitschrift Compact. Münster.

Deutsches Kolleg (1999): Reichsverfassung (RVerfE99). Leipzig.

Erb, Rainer (2007): Organisierte Antisemiten. In: Aus Politik und Zeitgeschichte (31).

Evola, Julius (1991): Menschen inmitten von Ruinen. Vilsbiburg (Bayern).

Evola, Julius (1997): Cavalcare la Tigre. Engerda (Thüringen).

Feist, Mario (2010): Das »Fürstentum Germania« – »Nicht rechts, nicht links, sondern vorne?« In: Wilking, Dirk; Kohlstruck, Michael (Hg.): Einblicke III – Ein Werkstattbuch. Potsdam.

Fischer, Michael (2015): Horst Mahler. Biographische Studie zu Antisemitismus, Antiamerikanismus und Versuchen deutscher Schuldabwehr. Karlsruher Institut für Technologie (KIT), Diss., 2014. Karlsruhe (Baden).

Ganz, Kathrin; Meißner, Anna-Katharina (2015): Anti-Genderismus im Internet. Digitale Öffentlichkeiten als Labor eines neuen Kulturkampfes. In: Hark, Sabine; Villa, Paula-Irene (Hg.): Anti-Genderismus. Sexualität und Geschlecht als Schauplätze aktueller politischer Auseinandersetzungen. Bielefeld.

Geiges, Lars; Marg, Stine; Walter, Franz (2015): Pegida – die schmutzige Seite der Zivilgesellschaft. Bonn.

Goodrick-Clarke, Nicholas (1997): Die okkulten Wurzeln des Nationalsozialismus. Graz.

Habermas, Jürgen (1990): Die Moderne – ein unvollendetes Projekt. Leipzig.

Heinrich, Michael (2004): Kritik der politischen Ökonomie. Eine Einführung. Stuttgart.

Heitmeyer, Wilhelm (Hg.) (2012): Deutsche Zustände. Folge 10. Frankfurt am Main.

Hellbrück, David (2017): Konsequente Souveränisten. Reichsbürger als militante Querulanten. In: Dahlmann, Manfred; Scheit, Gerhard (Hg.): sans phrase. Zeitschrift für Ideologiekritik (10). Freiburg.

Hüllen, Michael; Homburg, Heiko; Krüger, Yasemin Desiree (2015): Reichsbürger zwischen zielgerichtetem Rechtsextremismus und Staatsverdrossenheit. In: Wilking, Dirk (Hg.): Reichsbürger. Ein Handbuch. 2. Auflage. Potsdam.

Innenministerium Sachsen-Anhalt (2015): Reichsbürger – Sonderlinge oder Teil der rechtsextremen Bewegung? Tagungsband zur Fachtagung am 8. Oktober 2014, Fachhochschule Polizei Sachsen-Anhalt, online unter: https://mi.sachsen-anhalt.de/fileadmin/Bibliothek/Politik_und_Verwaltung/MI/MI/4._Service/Publikationen/4._Verfassungsschutz/Brosch%C3%BCren/Tagungsband_Reichsbuerger.pdf, heruntergeladen am 13. 8. 2017.

Jünger, Ernst (1995): Der Waldgang. Stuttgart.

Jünger, Ernst (2001): Politische Publizistik 1919 – 1933. Stuttgart.

Keil, Jan-Gerrit (2015): Zwischen Wahn und Rollenspiel. Das Phänomen der Reichsbürger aus psychologischer Sicht. In: Wilking, Dirk (Hg.): Reichsbürger. Ein Handbuch. 2. Auflage. Potsdam.

Kellershohn, Helmut (2016): Vorbürgerkrieg. In: Gießelmann, Bente; Heun, Robin; Kerst, Benjamin; Suermann, Lenard; Virchow, Fabian (Hg.): Handwörterbuch rechtsextremer Kampfbegriffe. Schwalbach/T.

Kimmel, Michael (2016): Angry White Men. Die USA und ihre zornigen Männer. Bonn.

Kositza, Ellen; Kubitscheck, Götz (2015): Tristesse Droite. Die Abende von Schnellroda. Schnellroda (Sachsen-Anhalt).

Krebs, Pierre (1982): Die europäische Wiedergeburt. Tübingen.

Kreutzmüller, Christoph (2010): Wirtschaftsantisemitismus. In: Benz, Wolfgang (Hg.): Handbuch des Antisemitismus. Begriffe, Theorien, Ideologien. Berlin.

Kühnl, Reinhard; Rilling, Rainer; Sager, Christine (1969): Die NPD. Struktur, Ideologie und Funktion einer neofaschistischen Partei. Frankfurt am Main,

Lang, Juliane (2015): Familie und Vaterland in der Krise. Der extrem rechte Diskurs um Gender. In: Hark, Sabine; Villa, Paula-Irene (Hg.): Anti-Genderismus. Sexualität und Geschlecht als Schauplätze aktueller politischer Auseinandersetzungen. Bielefeld.

Lenk, Kurt (1994): Zum Strukturwandel politischer Ideologien im 19. und 20. Jahrhundert. Begriff und Phänomen des ideologischen Bewußtseins. In: Lenk, Kurt (Hg.): Rechts, wo die Mitte ist. Studien zur Ideologie: Rechtsextremismus, Nationalsozialismus, Konservatismus. Baden-Baden.

Löwenthal, Leo (1990): Falsche Propheten. Studien zum Autoritarismus. Frankfurt am Main.

Mahler, Horst (2004): Das Ende der moralischen Geschichtsbetrachtung führt zur Antwort auf die Judenfrage. Einlassung zur Anklage wegen Volksverhetzung vor der 22. Großen Strafkammer des Landgerichts Berlin (522) 81 Js 3570/KLs (1/03). Kleinmachnow (Brandenburg).

Mauer, Klaus (2012): Die »BRD«-GmbH. Potsdam.

Ministerium des Innern des Landes Brandenburg (Hg.) (2014): Reichsbürger und »Selbstverwalter«. Eine Information des Verfassungsschutzes. Potsdam.

Moeller van den Bruck, Arthur (1923): Das Dritte Reich. Hamburg.

Müller, Jan-Werner (2016): Was ist Populismus? Berlin.

Münkler, Herfried (2009): Die Deutschen und ihre Mythen. Berlin.
Nierth, Markus; Streich, Juliane (2016): Brandgefährlich. Wie das Schweigen der Mitte die Rechte stark macht – Die Erfahrungen eines zurückgetretenen Ortsbürgermeisters. Berlin.
Nickisch, Ernst (1953): Das Reich der niederen Dämonen. Reinbek.
Pitcavage, Mark (2012): The Lawless Ones. The Resurgence of the Sovereign Citizen Movement. 2. Aufl. New York.
Pittwald, Michael (2002); Ernst Niekisch – Völkischer Sozialismus, nationale Revolution, deutsches Endimperium. Köln.
Postone, Moishe (2005): Nationalsozialismus und Antisemitismus. In: Postone, Moishe: Deutschland, die Linke und der Nationalsozialismus. Politische Interventionen, Freiburg, S. 165 – 194.
Puschner, Uwe; Schmitz, Walter; Ulbricht, Justus H. (Hg.) (1996): Handbuch zur »Völkischen Bewegung« 1871 – 1918. München.
Rathje, Jan (2014): »Wir sind wieder da«. Die Reichsbürger: Überzeugungen, Gefahren und Handlungsstrategien. Berlin.
Rathje, Jan (2017): Reichsbürger, Selbstverwalter und Souveränisten. Vom Wahn des bedrohten Deutschen. Münster.
Rensmann, Lars (2005): Demokratie und Judenbild. Antisemitismus in der politischen Kultur der Bundesrepublik Deutschland. Freie Universität Berlin, Diss. Wiesbaden.
Richter, Franz (Hg.) (1951): F.R.-Briefe. Privatdruck.
Roeder, Manfred (1979): Ein Kampf ums Reich. Eine Dokumentation und politische Streitschrift um die Nachfolge des Reiches. Schwarzenborn / Knüll (Hessen).
Röpke, Andrea: 2017 Jahrbuch rechte Gewalt: Chronik des Hasses. München.
Röpke, Andrea; Speit, Andreas (2011): Mädelsache! Frauen in der Neonazi-Szene. Berlin.
Röpke, Andrea; Speit, Andreas (2013) (Hg.): Blut und Ehre. Geschichte und Gegenwart rechter Gewalt in Deutschland. Berlin.
Salzborn, Samuel (2014): Rechtsextremismus. Baden-Baden.
Salzborn, Samuel (2017): Angriff der Antidemokraten. Die völkische Rebellion der Neuen Rechten. Weinheim.
Schivelbusch, Wolfgang (1983): Lichtblicke. Zur Geschichte der künstlichen Helligkeit im 19. Jahrhundert. München, Wien.
Schlamann, Gabriele (2010): Die Auseinandersetzung mit dem »Fürstentum Germania« in der Gemeinde Plattenburg 2009. In: Wilking,

Dirk; Kohstruck, Michael (Hg.): Einblicke III – Ein Werkstattbuch. Potsdam.
Schmitt, Carl (1963): Der Begriff des Politischen. Text von 1932 mit einem Vorwort und drei Corollarien. Berlin.
Schmitt, Carl (1993): Politische Theologie. 6. Auflage. Berlin.
Schulze, Christoph (2017): Brandenburger Asylfeinde demonstrieren seltener. In: Mitteilungen der Emil Julius Gumbel Forschungsstelle. Moses Mendelssohn Zentrum für europäisch-jüdische Studien. Ausgabe 1. Potsdam.
Schumacher, Gerhard (2016): Vorwärts in die Vergangenheit! Durchblick durch einige »reichsideologische« Nebelwände. Hannover.
Sieferle, Rolf Peter (2017): Finis Germania. Schnellroda (Sachsen-Anhalt).
Sökler, Dr. med. M. (2005): Gutachterliche Stellungnahme für die Deutsche Krebsgesellschaft zur ›Germanischen Neuen Medizin (GNM)‹, begründet von Dr. med. Ryke Geerd Hamer, Weimar, online unter: http://www.krebsgesellschaft-mv.de/_downloads/17789_gutachten-zu-hamer-dkg.pdf, heruntergeladen am 13.8.2017.
Spark, Alasdair (2003): New World Order. In: Knight, Peter (Hg.): Conspiracy theories in American history. An encyclopedia. Santa Barbara.
Speit, Andreas (Hg.) (2010): »Ohne Juda, ohne Rom«. Esoterik und Heidentum im subkulturellen Rechtsextremismus. Braunschweig.
Speit, Andreas (2016): Bürgerliche Scharfmacher. Deutschlands neue rechte Mitte – von AfD bis Pegida. Zürich.
Spenger, Oswald (1959): Der Untergang des Abendlandes. München.
Stahl, Trystan; Homburg, Heiko (2015): »Souveräne Bürger« in den USA und deutsche Reichsbürger. Ein Vergleich hinsichtlich Ideologie und Gefahrenpotential. In: Wilking, Dirk (Hg.) (2015): Reichsbürger. Ein Handbuch. 2. Auflage. Potsdam.
Storz, Wolfgang (2015): »Querfront«. Karriere eines politisch-publizistischen Netzwerks. OBS-Arbeitspapier 18. Frankfurt am Main.
Stöss, Richard (2010): Rechtsextremismus im Wandel. Berlin.
Vierkant, Maica; Schulze, Christoph (2016): Die neue Partei am rechten Rand. Programm und Positionen der Alternative für Deutschland (AfD). Potsdam.
Weiß, Volker (2012): Moderne Antimoderne. Arthur Moeller van den Bruck und der Wandel des Konservatismus. Paderborn.

Weiß, Volker (2017): Die autoritäre Revolte. Die Neue Rechte und der Untergang des Abendlandes. Stuttgart.
Weißmann, Karlheinz (2016): Rubikon. Berlin.
Wildt, Michael (2017): Volk, Volksgemeinschaft, AfD. Hamburg.
Wilking, Dirk (Hg.) (2015): Reichsbürger. Ein Handbuch. 2. Auflage. Potsdam.
Wyrwa, Ulrich (2010): Kapitalismuskritik. In: Benz, Wolfgang (Hg.): Handbuch des Antisemitismus. Begriffe, Theorien, Ideologien. Berlin.
Zick, Andreas; Küpper, Beate (2015): Wut, Verachtung, Abwertung. Rechtspopulismus in Deutschland. In: Melzer, Ralph; Molthagen, Dietmar (Hg.): Wut, Verachtung, Abwertung. Rechtspopulismus in Deutschland. Berlin.

Dank

Der Dank aller Autorinnen und Autoren gilt:

- den Engagierten und Betroffenen vor Ort, die namentlich nicht erwähnt werden möchten, um nicht gefährdet zu werden, für ihre Offenheit und Vertrauen;
- den Initiativen und Opferberatungsstellen: Zentrum Demokratische Bildung in Wolfsburg, Arbeitsstelle Rechtsextremismus und Gewalt in Niedersachsen, Antifaschistisches Pressearchiv und Bildungszentrum e. V. in Berlin, Verein Argumente & Kultur gegen Rechts in Bielefeld, Projekt GegenPart – Mobiles Beratungsteam gegen Rechtsextremismus in Anhalt für Hinweise und Literatur;
- den Kolleginnen und Kollegen: Johannes Baldauf, Gideon Botsch, Alexander Bühler, Janine Clausen, Rocio Rocha Dietz, Julian Feldmann, Nieke Lehna, Ernö Lörincz, Norbert Mappes-Niediek, Jan Raabe, Andrea Röpke, Volker Weiß und Volkmar Wölk für ihre Anmerkungen und Einwürfe;
- den Redaktionen von »taz. die tageszeitung«, NDR (Norddeutscher Rundfunk) und »Der Rechte Rand« für das Verständnis für die zeitweilig eingeschränkte Mitarbeit;
- Christoph Links für die Ermutigung und das Vertrauen und für das Lektorat;
- dem gesamten Team des Ch. Links Verlages für die Unterstützung und Umsetzung.

Register der Organisationen, Institutionen und Parteien

Personenregister

Autorinnen und Autoren

Andreas Speit
Jahrgang 1966, Diplom-Sozialökonom und freier Journalist, Autor der »taz Nord«-Kolumne »Der Rechte Rand«, regelmäßige Beiträge für die »taz« und WDR; mehrere Auszeichnungen u. a. durch das »Medium Magazin« und den Deutschen Journalistenverband; Autor und Herausgeber diverser Bücher zum Thema Rechtsextremismus und Rechtspopulismus, darunter zuletzt »Bürgerliche Scharfmacher – Deutschlands neue rechte Mitte« (2016) und mit Andrea Röpke »Blut und Ehre. Geschichte und Gegenwart rechter Gewalt in Deutschland« (2013).

Jean-Philipp Baeck
Jahrgang 1983, Soziologe und Kulturwissenschaftler; Redakteur der »taz« in Bremen und Hamburg; Recherchen zur rechten Szene, zum Islamismus und dem Auftreten von Rassismus und Antisemitismus; Arbeitsschwerpunkte sind Flüchtlings- und Migrationspolitik, hier vor allem die Diskriminierung der Roma-Minderheit in Deutschland und Europa; Mitherausgabe von Berichten über die Situation abgeschobener Roma in Serbien, Kosovo und Mazedonien.

David Begrich
Jahrgang 1970, Facharbeiter für Archivwesen, danach Studium der Theologie und Sozialwissenschaften an der kirchlichen Hochschule in Ost-Berlin; Mitarbeiter der Arbeitsstelle Rechtsextremismus bei »Miteinander e. V.« in Magdeburg; Publikationen u. a. in den »Blättern für deutsche und internationale Politik«.

Hinnerk Berlekamp
Jahrgang 1963, Studium der Lateinamerikawissenschaften und Allgemeinen Geschichte in Rostock und Havanna; 1990 bis 2017 politischer Redakteur bei der »Berliner Zeitung« mit Schwerpunkt Außenpolitik, weitere Veröffentlichungen in Tageszeitungen und Magazinen; seit 2017 freiberuflich tätig.

Susann Bischof
Jahrgang 1987, Gesellschaftstheoretikerin und Soziologin, wissenschaftliche Referentin am Institut für Demokratie und Zivilgesellschaft in Jena, Arbeitsschwerpunkte extreme Rechte und soziale Bewegungen; zuletzt erschien in Zusammenarbeit mit Matthias Quent »Was bewegt die Zivilgesellschaft? Protestereignisanalyse als Indikator für soziale Konfliktpotenziale« (2017).

Christa Caspar
Politikwissenschaftlerin, lebt und arbeitet in Berlin; mehrere Veröffentlichungen mit Reinhard Neubauer zum Thema Reichsbürger, darunter zuletzt »Der Umgang mit ›Reichsbürgern‹ in der Verwaltungspraxis aus juristischer Sicht« in dem von Dirk Wilking herausgegebenen Handbuch »Reichsbürger« (2015).

Carsten Janz
Jahrgang 1982, Studien der politischen Wissenschaft, Soziologie und BWL in Hannover; Volontariat bei RTL; freier Fernseh-Journalist, hauptsächlich für den NDR in Schleswig-Holstein tätig; Arbeitsschwerpunkte sind Rechtsextremismus, Islamismus, organisierte Kriminalität und Rockergruppierungen.

Gabriela Keller
Jahrgang 1975, Philologin, Redakteurin im Team Investigativ von »Berliner Zeitung« und »Berliner Kurier«, bis April 2017 Reporterin im Ressort Reportage / Recherche bei der »taz« und zuvor von 2006 bis 2011 freie Nahost-Korrespondentin in Syrien und dem Libanon, schreibt über soziale Ungleichheit, Extremismus, demokratischen Zerfall, Behördenwillkür und Lücken staatlicher Kontrolle; interessiert sich vor allem für die Machtstrukturen hinter den Nachrichten und Geschichten abseits der tagesaktuellen Berichterstattung.

Reinhard Neubauer
Jurist, seit 1990 Justitiar der Kreisverwaltung Potsdam bzw. Potsdam-Mittelmark, Bad Belzig; mehrere Veröffentlichungen mit Christa Caspar zum Thema Reichsbürger, darunter »Durchs wilde Absurdistan oder: Wie ›Reichsbürger‹ den Fortbestand des Deutschen Reichs beweisen wollen« (2012).

Jan Rathje
Jahrgang 1980, Politikwissenschaftler, leitet das Projekt »No World Order. Handeln gegen Verschwörungsideologien« der Amadeu Antonio Stiftung; Arbeitsschwerpunkte sind Rechtsextremismus, Rechtspopulismus, Verschwörungsideologien und Antisemitismus; journalistische Arbeiten für »Vice« und »Jungle World«, Autor des Buches »Reichsbürger, Selbstverwalter und Souveränisten. Vom Wahn des bedrohten Deutschen« (2017).

Paul Wellsow
Jahrgang 1977, Politikwissenschaftler, wissenschaftlicher Mitarbeiter der Fraktion Die Linke im Thüringer Landtag, regelmäßiger Autor u. a. für »Der Rechte Rand«; zuletzt erschienen Beiträge von ihm in den Bänden »Schreddern, Spitzeln, Staatsversagen. Wie rechter Terror, Behördenkumpanei und Rassismus aus der Mitte zusammengehen« (Hg. Bodo Ramelow, 2013) und »Made in Thüringen. Nazi-Terror und Verfassungsschutz-Skandal« (Hg. Bodo Ramelow, 2012).

Dirk Wilking
Jahrgang 1957, Studium der Germanistik und Ethnologie; Arbeit in Flüchtlingswohnheimen mit Roma-Jugendlichen, interkulturelle Projektarbeit bei der Regionalen Arbeitsstelle für Bildung, Integration und Demokratie (RAA) in Forst (Lausitz), Museumsleiter, Berater beim Mobilen Beratungsteam Brandenburg, Geschäftsführer bei Demos – Institut für Gemeinwesenberatung; Herausgeber von »Reichsbürger – Ein Handbuch« (2015).